揭穿中華民國百年真相

本書承蒙台灣教授協會贊助出版

目錄

序

揭穿百年眞相

張炎憲／台灣歷史學會理事長

2011 年，適逢中華民國建國百年，國民黨政府大張旗鼓，從去年底就開始籌劃百年慶典，卻名之為「精彩百年」，而避談「建國」。為何如此，據云有其現實考量，怕「建國」引起爭議，而以「精彩」二字表述。建國百年而避談「建國」，豈不怪哉！

自 1912 年中華民國建國以來，已有百年歷史。這段歷史真如中國國民黨政府和馬英九總統所言充滿精彩，處處精彩嗎？還是充滿國民黨自家說法，矇騙史實，取其所需，棄其所惡；或是誇張史實，膨脹自己，矮化別人；或是捏造史實，故意扭曲，美化自己？

在台灣的中國國民黨政府自認是歷史的贏家，有權書寫歷史，也有權解釋歷史。台灣人民只能隨之起舞，順其擺弄，久而久之，國民黨的說法成為一言堂，歷史真相被淹沒、曲解，甚至被毀棄、踐踏。

在慶祝「精彩百年」鑼鼓喧天中，我們邀請 16 位研究者，從歷史史事中重新耙梳撰寫，希望能撥開雲霧，揭穿百年的真相。這 116 個條目，雖不能涵蓋所有歷史，但從其中已能瞭解中國國民黨政府所謂的「精彩」與歷史真相的巨大反差。本書所涉史實極多，但可歸納成五個脈絡來理解。

一、中華民國建國之後，同時存在兩個以上的政府

自 1912 年，中華民國成立之後，實際掌權的合法政府是北洋政府，如袁世凱、段祺瑞等。孫文在廣州成立的政府，被視為叛亂團體，不能代表中華民國。國民黨北伐完成之後，在南京成立國民政府，才取而代之成為中華民國的政府，但不久發生中原大戰、以及中國共產黨在江西南部的叛亂，後雖經國民黨圍剿逃至陝西延安，但仍繼續維持一個政府的型態。

1931 年，日本勢力進入中國之後，先後扶持滿洲國、殷汝耕、汪精衛等政權，至 1945 年日本戰敗，才瓦解結束，所以在中日戰爭期間，中華民國同時存在數個政府。1945 年至 1949 年之間，中華民國也存在國共兩個政府，相互爭奪領導權。

在中華民國的國名之下，有兩個以上政權的存在已是常態，這些對立的政權不惜動用武力，相互爭奪，致使生靈塗炭，造成浩劫。

二、孫文、蔣介石的偉人形象是造神運動的結果

孫文一生從事革命運動，雖令人敬佩，但並不是唯一的革命者，當時可說是英雄並起的年代，黃興、宋教仁、章炳麟等也都是雄踞一方的革命領袖；中華民國能夠誕生，袁世凱的權力運作，逼清宣統帝退位，革命運動才能順利成功，而袁世凱也因擁有實力，成為第一任的中華民國總統；孫文革命之路越

不順利，越走向獨裁，集中權力於一身，其晚年的「三民主義」、「五權憲法」和「建國大綱」雖成為國民黨的統治法典，但真的是治國的靈丹仙藥嗎？日後證明其學說很多是東拼西湊的大雜燴，付之實行時弊病叢生，造成許多憲政難題，阻礙民主的發展。

在孫文革命陣營中，蔣介石資歷淺，排不上孫文繼承人的行列。但因緣際會，出任黃埔軍校校長後，握有軍權，才有本錢角逐權位。孫文去世時，胡漢民、汪精衛、廖仲愷等都是黨之領導人，尤其汪精衛更是孫文得意幹部，有繼承人的態勢。但因黨內元老之間互鬥，蔣利用機會，逐一削弱對手，北伐到南京又獲江浙財團的支助，實施清黨，違背了孫文聯俄容共意旨，從此由紅色將軍轉成反共的右派強人，之後利用軍閥之間的矛盾，採取合縱連橫之策，瓦解對方，終於步上政治的顛峰，成為中國最有權勢者。為了壓制黨內派閥，塑造自己在國民黨的正統地位，乃尊孫文為國父，自己為總裁，並以孫文的傳人自居，樹立起國民黨內獨尊的地位。國民黨史或國民黨的中國現代史中，孫文與蔣介石被塑造成偉大的領袖，是有其政治目的和需要，但台灣人民卻被灌輸接受這種說法。

三、1949 年中華人民共和國建國後，中華民國的定位

國共之間的鬥爭，國民黨本來佔盡優勢，但自 1948 年之後，共產黨卻逐漸取得優勢，終於打敗國民黨，而建立新的政權。中共認定中華人民共和國的成立，已宣告中華民國的滅亡，因此以當代修前代的方式修纂「中華民國史」（全 36 冊，2011 年

出齊），宣示其承續中華民國的正統性 。

國民黨政府敗逃台灣之後，一直以中國的合法政府自居，與中華人民共和國爭奪聯合國的中國席位。在 1950、60 年代美國反共政策下，尚能保有聯合國席位，後因亞非國家紛紛獨立與美蘇中三角關係的轉變，聯合國席位面臨不保的危機。在蔣介石「漢賊不兩立」的僵硬政策下，終而被趕出聯合國，賊立而漢不立，失去代表中國的合法性。從此捍衛中華民國只能在國內講，一出國門不只不被承認，自己也不敢捍衛。長期以來台灣已經成為國際社會慣稱的名詞，但國民黨政府對此既怕又不認同，仍堅持「中華民國」名號，使得台灣遲遲無法掙脫枷鎖，建立民主體制。

四、中華民國以戒嚴體制統治台灣

國民黨政府敗逃台灣之後，1950 年 3 月 1 日，蔣介石「復行視事」，再次恢復總統職位，已經下野的總統未經選舉，即能自行復位，當時已引起違憲的質疑。繼之以動員戡亂和戒嚴令加之於台灣人民身上，限制言論思想，實行黨禁、報禁，使台灣虛有「自由中國」之名，其實是活在蔣家獨裁的威權體制。

國民黨政府雖已於 1948 年實施憲政，但為了鞏固政權，仍延續訓政時期，以黨領軍，以黨領政的方式統治台灣，並厲行反共政策，逮捕共產主義者、台獨主張者、以及異議份子，造成許多冤案、錯案與假案，牽連無辜，使台灣社會籠罩在恐怖氛圍中，人人自危，而產生冷漠逃避的心態，不敢關心國事、參與政治。蔣家父子更藉黨政軍特建立起威權統治，蔣介石被塑造成反共先知、革命舵手、永遠的領袖。在中國時期，蔣介石隨時都受到敵對者的挑戰，無法獨霸天下；逃亡到台灣之後，反而一人獨尊，無人敢與之抗衡，想要連任，就修改臨時條款，有人反對，如雷震者，就逮捕下獄，因此在無人阻擋之下得以連任總統，致死方休，而且父死子繼，蔣經國繼承父業，也安穩坐上總統之位，同樣死於任上。

五、台灣與中華民國的關係

1912 年中華民國成立時，台灣早在 1895 年成為日本的殖民地。孫文曾經為爭取日本的援助來到台灣，但未有鼓勵台灣獨立的言論出現。台灣人也未因孫文來台而參與中華民國的建國工程。

在 1943 年 12 月，美、英、中三國發表開羅宣言之前，國民黨和共產黨都支持台灣脫離日本而獨立，開羅宣言之後才轉而宣示台灣是中國的一部分，一旦日本戰敗則收歸中國。這說明國共兩黨本來不視台灣為領土，後因國際政局的轉變才改變初衷，宣誓要收復台灣。

1945 年 8 月，日本敗戰後，依盟國太平洋戰區統帥麥克阿瑟的第一號指令，台灣由中國戰區統帥蔣介石派人接收，蔣介石據此派陳儀來台接收，旋即將台灣納入中國領土，當時引起英、美兩國的異議，但因終戰不久，百廢待舉，歐洲與中國又是多事之秋，英美兩國也就沒有繼續追究。其實戰爭國雙方未簽訂和約之前，一方怎可擅自決定領土歸屬。

日本戰敗後不久，國共雙方兵戎相見，終使國民黨失去中國領導權，1949 年 12 月敗逃台灣，在此危急存亡之秋，幸好 1950 年 6 月韓戰爆發，美國宣布派兵防衛台灣，國民黨政權才得以轉危而安。因東亞變局，遲至 1951 年 9 月 8 日，盟國與日本才簽訂舊金山和約，中華民國與中華人民共和國則未被邀請。和約內容規定日本放棄台灣、澎湖的主權，但未說明放棄給誰。在舊金山和約生效日之前，中華民國與日本簽訂和約，日本依舊金山和約的規定，亦放棄台澎，但未說明放棄給中華民國。國際之間的和約具有法律約束力，宣言只是因應當時政情需要的聲明，並不具法律約束力，更何況開羅宣言並沒有美、英、中三國元首的簽字。

依舊金山和約的規定，中華民國並沒有取得統治台灣的合法性，因此而有「台灣地位未定論」之說，其實台灣主權應是屬於台灣人民，只是台灣人民迄今尚未公開行使。在舊金山和約簽訂前，中華民國是軍事接收佔領台灣，其間發生二二八大屠殺、動員戡亂、戒嚴令、白色恐怖政治案件等等都是軍事佔領期間所發生的事情。一個尚未取得合法性統治的政權竟然任意發佈命令，屠殺台灣民眾，其所做所為不僅違反人權，更有合法性與正當性的問題。

從台灣歷史發展來看，台灣是在 1945 年日本戰敗後，才被國民黨統治，與中華民國發生關係。就中華民國而言，1945 年之前與台灣沒有關連，1949 年之後，失去中國領土，被中華人民共和國視為亡國，蔣介石也認為中華民國已亡，要在台灣重建復興基地。因此對台灣來說，它是流亡政府統治台灣。

因為國民黨政府是少數的統治集團，深怕台灣人覺醒而危害其政權，所以對台灣採取戒嚴統治，摧毀台灣人意識，壓抑台灣歷史文化。在嚴峻肅殺的氛圍裡，台灣人不畏強權，投入民主運動，終於使台灣步入民主自由的國家，中央民意代表全面改選，總統由人民直接選出。這是台灣人民努力的成果，絕非是統治者的賜予，反而是台灣民眾教導國民黨統治者如何學習民主、如何從戒嚴體制邁向民主體制。

近日，由於 2012 年總統大選迫近，馬英九政府提出「九二共識」，並推出國旗、國旗歌的競選廣告片，以此說明國民黨捍衛中華民國主權，以及一中各自表述的主張。但與 1992 年會談有關的前總統李登輝、前陸委會主委黃昆輝和談判代表辜振甫都說明沒有「九二共識」，蘇起也說是他創造的名詞，但馬英九仍然信誓旦旦說有，並且以此恐嚇如不承認「九二共識」，就會受到中國抵制。而中國至今從未表明有「一個中國、各自表述」的共識。馬英九的說法其實是在矇騙台灣人民，導引錯誤的認知。況且 2008 年陳雲林來台時，馬英九政府下令不能懸掛國旗、手拿國旗，並以警察力量拆下國旗、逮捕手拿國旗的民眾。當馬英九會見陳雲林時，被陳稱之為「您」，還甘之如飴，不敢吭聲。踐踏中華民國，莫此為甚！而今為了選舉，竟重新祭出國旗，表示國民黨是維護中華民國尊嚴的政黨。這種前後矛盾的作法，如此把台灣人都當歷史白癡耍弄，若中華民國百年有知，當與台灣人民同悲。

再說「九二共識」無論是一個中國或一中各表，都是圍繞在中華民國和中華人民共和國的身上，台灣仍然沒有發言權。回顧中華民國百年歷史，中國本位主義的史述史論汗牛充棟，台灣主體論述卻被忽視，而淪為其附屬地位。但如揭穿百年真相，則國民黨政權的本質、領導者的面目、中華民國的國家面貌都將現出原形。而台灣人民在中華民國體制與國民黨威權統治下，為了擺脫被殖民的命運，為了追求民主自由、建立理想國家，不知付出多少血淚與犧牲，才有今日成就，其種種動人事蹟才是緊扣台灣土地與人民感情的精彩詩篇。

001

孫中山是不負責任的空想家

李福鐘

國民黨人從孫中山開始便迷信革命，把革命當成達到一切目標的手段。孫中山在《民權主義》中說：「實行革命，要中國駕乎歐美之上，造成世界上最新最進步的國家。」另外在《孫文學說》中更說：「革命有非常之破壞，……則不可無非常之建設。」這種「先破壞再建設」、「革命萬能」的論調，到了孫中山的徒子徒孫手裡，愈發只記得「破壞」而忘了其他，因此蔣介石為了革他人之命，一輩子迷信「槍桿子裏出政權」，至於毛澤東，變本加厲以砸爛一切為手段，以為這樣就可以建立共產主義天堂。

當了中華民國一個世紀神主牌的辛亥革命，事實上就是中國近代史上一切大破壞的開始。1911 年 10 月辛亥革命爆發，革命軍與大清帝國援軍先後在漢口與漢陽展開激戰，期間陸陸續續有十多個省份宣布獨立。這樣的情勢，事實上給了野心家袁世凱機會，面對分崩離析的大清帝國，袁世凱一方面繼續對革命陣營施加軍事壓力，另方面則回過頭來與大清國皇室商談「退位」條件。換句話說，辛亥革命所造成的混亂局面，事實上為袁世凱創造了攫取權力的絕佳機會，因為袁世凱所握有的北洋六鎮兵力，遠非革命黨所能匹敵；而一盤散沙的革命陣營內部，各省實力派人物心中則各有盤算，不見得願意支持以同盟會為首的革命陣營領袖。而當時所謂「革命黨」，亦非有組織的單一政黨，嚴格來講，只是一些區域性地下團體，出於各自不同的考量，以推翻滿洲人統治為共同交集的結盟關係。在擦槍走火的革命號角催生下，一個注定要由軍事強人「逐鹿中原」的局面就此誕生。

簡言之，辛亥革命事實上為二十世紀初的中國，創造了一個大混亂的開端。欠缺實力的革命黨沒有足夠力量可以收拾殘局，實力派軍人則虎視眈眈，先一個個據地為王，成氣候的大軍閥則問鼎中原，企圖以軍事征伐一統天下。直到 1940 年代後半期，中國最大的兩個軍事集團——國民黨與共產黨——終於來到決一死戰的境地。辛亥革命不僅沒有像孫中山所期望的，「造成世界上最新最進步的國家」，反而亂無章法，產生一個難以收拾的爛攤子。而國民黨領導人從孫中山到蔣介石，再從蔣經國到馬英九，一個個把辛亥革命當成圖騰崇拜，豈不怪哉？原因無他，因為國民黨史學家始終不敢面對真相，而國民黨的政治頭面人物要仰賴辛亥革命這面圖騰獲取政權的正當性。在這種私心自用的考量下，人民的死活才不是這些人在乎的事情。

1900 年 4 月 28 日梁啟超曾經寫一封信給孫中山，不贊成以武裝革命推翻大清國，梁啟超的策略是：「借勤王以興民政，則今日之時勢最相宜也。……草創既定，舉皇上為總統，兩者兼全，成事正易，豈不善哉」。梁啟超走的是溫和改革路線。

可惜迷信暴力革命的孫中山不信這一套，他一定要先搞「破壞」，直到他死的時候，破壞之路還漫無邊際，看不到終點。就這一點來說，孫中山其實是一個非常不負責任的政治空想家。

【延伸閱讀】

（1）李澤厚、劉再復，《告別革命——二十世紀中國對談錄》，台北：麥田出版公司，1999年2月。

（2）C. Martin Wilbur, Sun Yat-sen: Frustrated Patriot, New York: Columbia University Press, 1976.

002

中華民國是誰締造的？

李筱峰

說起中華民國的建國，中國國民黨編寫的歷史課本最典型的句型是──「國父領導革命，經過十次失敗，百折不撓，最後終於推翻滿清，建立民國。」所謂「國父」，即中國國民黨奉為「總理」的孫文。順理成章地，中國國民黨也就成為他們津津樂道的締造中華民國的開國政黨。而其前身「同盟會」，以及孫文最早成立的革命團體「興中會」，遂成為國民黨課本所青睞的選擇性內容。此外，還會特地突顯角色原本不甚了了的蔣介石的重要。

其實，客觀理解這段中華民國的建國史（清末革命史），即使沒有孫文，沒有興中會，1900 年代中國的革命風潮依然是風雲際會，風起雲湧的。

根據歷史學者統計，從 1894 年到 1911 年，也就是滿清帝國最後那 17 年間，中國出現 173 個革命團體從事排滿倒清的運動，「興中會」以及改組後的「同盟會」也不過是其中較大的團體而已。不客氣說，1905 年 8 月同盟會在東京成立時，與孫文一同加入同盟會的興中會會員只有 3 人而已，當時孫文常有

「囊空如洗，將有絕糧之虞，望我輩竭力接濟」。同盟會的組成，除了孫文等人之外，黃興、宋教仁、陳天華等代表湖南系統的「華興會」，以及陶成章、章炳麟、蔡元培、秋瑾等代表江浙系統的「光復會」，都是重要的角色，另外還有「科學補習所」等幾個組織參加。孫文之所以能當上同盟會的總理，完全出於同盟會中的最大系統的「華興會」領袖黃興的禮讓推舉。實際上同盟會的實際領袖，仍是黃興。黃興之所以禮讓孫文，是為了讓孫文以總理名義便於向粵籍華僑募款資助革命，後來孫文將捐款中飽私囊，因此與「光復會」(同盟會中的次大系統)鬧翻，被「光復會」要角的章炳麟斥責「不是人」。「光復會」人士因此退出同盟會，在江浙一帶自行發動革命行動，如火如荼展開，女革命家秋瑾壯烈成仁。

又據學者統計，1894 年到 1911 年之間發動的群眾起事(革命事件)計有 29 次之多。國民黨編寫的歷史課本所吹噓的「國父領導革命，經過 10 次失敗，百折不撓，最後終於推翻滿清」顯然不把其他 19 次的革命行動放在眼裡。況且 1911 年的「武昌起義」根本是「共進會」和湖北的新軍革命團體「文學社」共同策劃發動的，不僅與「同盟會」無直接關係，更與孫文無關。武昌革命時，孫文並不知情，當時他人正在美國的丹佛市，10 月 12 日吃飯時看報紙，才知道中國武昌發生革命事件。

再說，武昌革命之後，中國的南方各省雖然紛紛獨立，但是北方仍在滿清帝國的控制之下，如果不是最後袁世凱藉勢玩雙面手法，迫使清庭退位，革命行動仍是相當艱鉅，中華民國的出現恐怕還要拖延相當時日。

所以根據史實，中華民國的締造，是投入相當多的人力的。把整個開國的功勞，完全歸功於孫文或同盟會，是不合史實與情理的。

【延伸閱讀】

張玉法，《中國現代史》，台北：東華書局，1977 年。

003

孫文變成「國父」？

李筱峰

假設孫文先生今天忽然活過來，魂遊台灣，他一定會非常訝異地發現台灣的人怎麼把他叫做「國父」？

孫文有生之年不曾被稱為「國父」，到了 1940 年 4 月，蔣介石主導的國民政府頒布公報訓令，「尊稱總理為中華民國國父」。當時是黨政不分的「訓政時期」，以一黨一人之言而號令天下，孫文之所以被奉為「國父」，其實是蔣介石個人的政治盤算。按蔣介石本來在國民黨陣營中，原屬「排不上生肖」的後輩豎仔，即使後來被派任為黃埔軍校校長，但是卻曾在孫文去世的五個月前數度違抗孫文的命令，被孫文叱責為「本其日本士官、保定軍官之一知半解，而全不知世界大勢，不知未來之戰陣為何物…」。如此一介武夫，後來卻靠著軍權一路鬥倒汪精衛、胡漢民（這兩人是孫文原本屬意的繼承人）等等黨中前輩大老，最後篡升到權力頂峰。所以由蔣介石來尊孫文為「國父」，不僅可以洗刷過去叛逆篡升的歷史，更可以樹立其繼承孫文的「正統」地位。

然而歷史也真會作弄人，蔣介石主導的中華民國政府，最後卻敗逃到台灣來，使得原本不屬於中華民國的台灣，最後卻成為唯一稱呼孫文為「國父」的所在。

其實，孫文與台灣的關係極淺。他來過台灣的時間很短，第一次來台灣是在 1900 年 9 月 28 日，他從日本來到台灣，為了籌措惠州起義的革命經費，試圖爭取台灣總督的支持，沒有結果，於 11 月中旬離開台灣，回抵東京，停留台灣約一個半月；第二次是路過台灣，時間在 1913 年 8 月初，當時民國已成立，袁世凱專政，引起「二次革命」。孫文偕胡漢民離開上海赴廣東、福建，經台北赴日本；第三次也只是路過台灣，時間在 1918 年 5 月下旬，孫文在廣州軍政府中受桂系軍人排擠，因此離粵，經汕頭取道台灣、日本，到上海。

由上可見孫文真正停留過台灣的時間不會超過兩個月，而且他當年來台灣時，心中根本不可能把台灣看成中國的領土，因為當時的台灣早已被清國在馬關條約中永久割讓給日本。所以，我們可以斷定，假設孫文今天魂遊台灣，看到這個當年他只來過一個多月的地方的人，竟然都稱他叫「國父」，他必定非常訝異。

即使回到原本中華民國的立場，稱孫文為國父是否恰當，有待商榷。蓋因在中華民國的建國史中，孫文的地位與貢獻固然不可磨滅，但是即使沒有孫文，一九〇〇年代中國的革命風潮，依然是風雲際會，風起雲湧。中華民國的出現，是投入相當多的人力、心力的而成的，非孫文一人能成其功。（詳見本書〈中華民國是誰締造的〉）。

再者，現代國家是國民意志的結合，而不是幾個將門貴冑、或幾個草莽英雄以武裝革命發動政變「打天下」打出來的。所以現代國家與過去的封建王朝迥然不同，舊王朝有開國的君主，現代國家是群策群力的結合體。因此，將某一特定人物尊為「國父」，實在是封建王朝的殘留意識在作祟。

再說，1912 年中華民國成立時，台灣是在日本的殖民統治下。在中華民國締造的過程中，並沒有台灣的影子（少數台人如翁俊明等參與其中，是零星的個人行為）直到 1945 年台灣才被中華民國接管，不幸一年四個月後，因為適應不良而爆發二二八事件，1949 年蔣介石的國民黨政府扛著「中華民國」的名號，來到這個沒有參與中華民國締造的台灣。這個沒有參與中華民國開國的台灣，反而成為今天唯一掛牌「中華民國」、唯一稱孫文為「國父」的所在。

在台灣掛名「中華民國」的蔣政權，不僅要台灣人稱呼孫文為「國父」，還要將孫文的言行編成「三民主義」、「國父思想」的教材灌輸給台灣學子，如此作法，除了樹立蔣介石繼承孫文的「正統」地位之外，更以對「中華民國國父」的崇拜，作為台灣人認同「中華民國」的指標之一。

【參考資料】

- 李筱峰，《台灣人應該認識的蔣介石》，台北：玉山社，2004。
- 《國父年譜》，台北：中央文物供應社。

004

誰是孫中山的接班人？

李福鐘

1949 年國民黨政府敗逃來台之後的宣傳品，包括國中小學課本，莫不傾盡全力塑造孫中山與蔣介石的「繼承」關係，尤其一張孫中山與蔣介石共乘火車面對面的照片，以及另一張孫中山坐在椅上，而蔣介石身著戎裝站立其後的合照，被國民黨當局拿來大肆宣揚，深恐台灣人不知道蔣介石曾經和孫中山合照過。當然，曾經和孫中山合照的人不知凡幾，國民黨政府雖然口口聲聲尊稱孫中山為國父，但卻小氣到不肯讓大家欣賞孫中山與其他人的合照。

蔣介石是孫中山的「接班人」嗎？當然不是。孫中山 1925 年去世之時，論權力地位，論國民黨內資歷，排在蔣介石前面的就算沒有一百多，也有好幾十人，包括辛亥革命爆發後出任廣東省都督的胡漢民，以及興中會時期便跟隨孫中山的汪精衛，更不用講一大批後來與孫中山鬧翻而分道揚鑣的同盟會革命元老。所以說，蔣介石憑什麼崛起？要是孫中山活到七老八十，蔣介石還有機會扳倒他的競爭對手嗎？

孫中山是十九世紀末、二十世紀初領導中國革命黨的重要領袖之一，但並非唯一領袖。孫中山或許聰明過人，能力亦強，但個性稍嫌專斷，且往往固執己見，也因此有些同盟會同志選擇與其決裂，最著名便是章炳麟（太炎）、陶成章。1914 年孫中山為推動倒袁（世凱），改組國民黨為「中華革命黨」，許多同盟會時代元老或者不願參加（如黃興、李烈鈞），或者對於要蓋手印宣誓對孫中山個人效忠難以接受（如張繼）。總而言之，孫中山在中華革命黨成立之後，其追隨者以「廣東幫」組成黨內核心，是不爭的事實。1928 年萱野長知[1]* 寫信給馮自由，希望他在編撰《中華民國開國前革命史》時「毋偏於廣州及廣東人」，就是因為 1921 年以後孫中山兩度在廣州籌組政府，所親信的大多是廣東人，包括陳炯明、許崇智、廖仲愷、胡漢民、汪精衛、鄒魯等。其中陳炯明因為與孫中山理念不同，甚至舉兵叛變。1923 年孫中山回到廣州主持大本營，並準備與蘇聯合作，此時孫中山身邊的主要助手，文人有廖仲愷、胡漢民和汪精衛，武將則是粵軍統帥許崇智。許崇智是擊潰陳炯明勢力，讓孫中山能夠順利回到廣東的重要功臣。

因此若要評斷孫中山屬意的接班人究竟是誰？理論上應該是這四個人中的一位才對。然而廖仲愷 1925 年 8 月被暗殺，胡漢民與許崇智則在「廣東幫」的內鬥中落敗，被逐出權力核心。而最後的勝利者汪精衛並未得意太久，1926 年 3 月在「中山艦事件」中遭盟友蔣介石背叛，此後蔣介石憑著手中握有的黃埔軍系，逐步奪取了廣州國民政府的支配權，孫中山原先在國民黨內扶植的廣東幫勢力，最終敗給了江浙勢力代表人物蔣介石。

1 萱野長知是孫中山最信賴的日本友人之一（另一位為宮崎滔天），曾經長期參與支持同盟會的反滿革命。

若要問孫中山在世時，心目中的接班人選是誰？或許可以1924年年底孫中山赴北京參加所謂「善後會議」時的人事安排，一窺究竟。當時孫中山要留守廣州的胡漢民「代理大元帥」，而與孫中山一同前往北京的左右手則是汪精衛。日後孫中山病逝北京，遺囑即是由汪精衛代擬。因此，試問：孫中山來不及指定的接班人究竟是誰？答案恐怕是汪精衛才對。

【延伸閱讀】

(1) 薛君度，《黃興與中國革命》，香港：三聯書店，1980年9月。
(2) 金以林，《國民黨高層的派系政治：蔣介石「最高領袖」地位是如何確立的》，北京：社會科學文獻出版社，2009年11月。

005

國民黨是叛亂團體

李福鐘

在 1991 年終止動員戡亂之前，國民黨政府總愛稱呼中國共產黨是「叛亂團體」，是「共匪」；其實國民黨忘了自己也曾經是叛亂團體，是中華民國政府通緝的對象。如果國民黨認為 1928 年把孫傳芳、張作霖打垮，自己就是正統，北洋政府被貶抑為「軍閥」；那麼按照這種邏輯標準，1949 年中國共產黨把國民黨打垮，中華人民共和國建立，共產黨政權才是中國的「正統」，逃來台灣的國民黨政府，究竟成了什麼？

1911 年辛亥革命爆發後，同年 12 月中華民國臨時政府成立，孫文被各省代表聯合會推舉為臨時大總統，臨時參議院通過五色旗（紅、黃、藍、白、黑）為中華民國國旗。只不過孫文一直屬意以青天白日滿地紅旗為國旗，因此致信參議院，希望暫緩實施，等未來民選國會成立後再行公決。不久（3 月 10 日）袁世凱於北京就任臨時大總統，確定五色旗為中華民國國旗。不論孫文高不高興，總之當時世界各國所承認的中華民國政府為袁世凱所主政的北洋政府，二次革命也好，成立軍政府搞護法戰爭也好，甚至後來在廣州另立中華民國政府，出任非常大總統也好，孫文所領導的南方政權毫無疑問是「叛亂團體」，孫文自然也就被北洋政府通緝在案。總不能自己叛亂不叫叛亂，而別人叛亂就叫「共匪」吧！

當然，1928 年國民黨終於「叛亂成功」，藉著軍事北伐，先後把吳佩孚、孫傳芳、張作霖等軍事集團一一打垮。國民政府一躍成為中華民國的正統政權，中華民國國旗改頭換面為青天白日滿地紅旗。如果按照國民黨御用史觀，北洋政府是軍閥，袁世凱竊國，那麼這種史觀就是「成者為王，敗者為寇」史觀，是暴力至上史觀。因為只有勝利者說的話才算數。

那麼，國民黨又如何解釋 1949 年的潰敗，以及亡命台灣的事實？到了這個地步，還指責勝利者是「共匪」，是「叛亂團體」，國民黨的軍人政客們，難道不精神錯亂嗎？

【延伸閱讀】

（1）陶菊隱，《陶菊隱回憶錄》，台北：漢京文化公司，1987 年 5 月。
（2）楊天石，《近代中國史事鈎沈》，北京：社會科學文獻出版社，1998 年 9 月。

006

蔣介石如何登上權力頂峰？

李福鐘

眾所周知，蔣介石之所以能在國民黨內奪取大位，完全是靠著手中握有的黃埔嫡系部隊。正如毛澤東日後的名言：「槍桿子裡出政權」，蔣介石其實就是最迷信槍桿子的野心家。1925 年孫文病逝之時，蔣介石在國民黨內只不過是黃埔軍校校長，兼國民革命軍第一軍（黨軍）軍長。不論是黨齡、資歷，或是功勳、人望，遠遠排在黨內領導層的後段班，理論上根本輪不到他來繼承大位。要不是靠著槍桿子，蔣介石何德何能，能夠在接下來的權力鬥爭中勝出？

問題是，這場國民黨內的權力爭奪戰過程如何？競爭者有哪些？蔣介石究竟利用了哪些手段，才扳倒了其他人？

首先，蔣介石相當熟諳「聯合次要敵人，打擊主要敵人」的技巧。1925 年 3 月孫文在北京去世，國民黨內為了接班問題暗潮洶湧，汪精衛與胡漢民各有支持者，兩人都想爭取孫文所留下的權力真空。胡漢民的勢力來自於許崇智所領導的廣東軍（粵軍），以及國民黨內反對國共合作的保守派；而汪精衛的後台，則是蘇聯派駐廣州的代表鮑羅廷（Michael Borodin）。雖然莫斯科的支持讓汪精衛有恃無恐，然而畢竟胡漢民陣營擁有廣東在地軍隊，汪精衛必須找到同樣份量的軍事力量支持，才可能在關鍵時刻，與胡漢民抗衡。因此，汪精衛找上了蔣介石。

處理完孫文在北京的喪事，汪精衛返回廣州途中，先與在汕頭督軍的蔣介石會面密談。蔣介石日記中對此含糊其詞，但明顯的，這是一次雙方互相擁抱的密謀。

1925 年 8 月 20 日，國民政府財政部長、同時也是孫文生前得力助手廖仲愷，在國民黨中央黨部門口遇刺身亡，國民政府主席汪精衛宣布廣州戒嚴，並任命蔣介石為廣州衛戍司令。經追查，粵軍部份將領涉嫌重大，蔣介石很快動手逮捕涉案者，並繳械其部隊。然而這樣還不夠，汪、蔣決定進一步瓦解許崇智轄下粵軍。9 月 20 日，蔣介石奇襲效忠許崇智的部隊，並在當天下午強迫許崇智遠赴上海，形同放逐。蔣介石和汪精衛 1925 年的結盟，讓他一躍成為廣州國民政府最強勢的軍頭。

然而汪、蔣蜜月期並未持續太久，羽翼漸豐的蔣介石冀望藉著北伐擴張影響力，而汪精衛和鮑羅廷都認為應該謹慎行事。最終在 1926 年 3 月 20 日發生擦槍走火的「中山艦事件」，疑神疑鬼的蔣介石相信汪精衛要「做掉」他，於是先下手為強，以類似軍事政變方式宣布廣州戒嚴。這起事件造成蔣、汪決裂，蔣介石成為汪精衛培養出來的「法蘭根斯坦」（Frankenstein），尾大不掉，並且最終讓汪精衛全盤皆輸。

蔣介石在中山艦事件後要對抗汪精衛並不容易，因為汪精衛背後有莫斯科撐腰，因此蔣介石需要新的盟友。於是蔣介石回過頭來，與國民黨內右派保守勢力合作。這些右派勢力原本是汪、蔣結盟時的敵人，現在反而成為蔣介石政治鬥爭中的可能盟友。蔣介石在與汪精衛翻臉之後，不惜重新與昔日敵人結盟，這就是蔣介石的權謀術。蔣介石一生靠槍桿子打天下，但如果缺少過人的陰狠手段，恐怕還爬不上九五之尊的寶座。

【延伸閱讀】

（1）毛思誠編，《民國十五年以前之蔣介石先生》，香港：龍門書店，1965 年 11 月影印版。
（2）郭恒鈺，《共產國際與中國革命——第一次國共合作》，台北：東大圖書公司，1989 年 1 月。

007

蔣介石從「紅色將軍」到「清黨」

李福鐘

蔣介石從 1924 年孫文開始推動「國共合作」之後，被安排做為「黨軍」統帥。當時國民黨內普遍將蔣介石視為「紅色將軍」，因為他是蘇聯派駐廣州的代表鮑羅廷（Michael Borodin）和國民黨左派領袖汪精衛亟力培植的年輕將領，用意在於有朝一日能夠捍衛左派紅色政權。蔣介石不僅曾被孫文派往莫斯科考察蘇聯軍事制度，同時黃埔軍校還大量接收蘇聯送來的軍事裝備和教官，以及實驗由政治委員「監軍」的蘇聯紅軍體制。黃埔軍校在 1926 年以前，根本就被視為是國共合作的「鐵衛隊」。

然而蔣介石與汪精衛在 1926 年 3 月為「中山艦事件」和北伐的問題鬧翻之後，蔣介石的「紅色將軍」地位開始動搖，而且不再受汪精衛與鮑羅廷信賴。從汪精衛與鮑羅廷的角度來看，蔣介石不僅愈來愈難以控制，而且有叛變之虞；從蔣介石的角度來說，則是原本肝膽相照的汪精衛，遲早有一天會「做掉」他。國民黨左派（即支持國共合作派）陣營內的鐵三角「汪－鮑－蔣」出現裂痕。蔣介石在 1926 年 7 月開始北伐之後，意識到必須另結盟友，否則汪精衛和鮑羅廷極有可能先行動手，利用軍事失利或者其他理由，罷黜蔣介石。為此，蔣介石轉向國民黨內元老派代表人物之一的張靜江輸誠，並和國民黨右派（反對國共合作派）團體「西山會議派」秘密合作。[1]自此，蔣介石已不再是 1925 年以前充當汪精衛政治打手的「紅色將軍」，而是日漸轉向以反共為號召的右派法西斯軍頭。

然而，日後由蔣介石所授意編寫的《蘇俄在中國》一書中，蔣介石總是刻意要擺出一付「反共先知」的形貌，卻也太過虛偽了。蔣介石似乎生怕後人知道他曾經與汪精衛、鮑羅廷過從甚密，特地在《蘇俄在中國》一書中說：「我個人服膺國父的教誨，始終相信三民主義的思想體系和國民革命的方略之中，沒有馬克斯主義和俄國布爾雪維克的成分在內。」這種「此地無銀三百兩」的自白如果可以相信，那麼又何必對於早年與汪精衛、鮑羅廷合作，共同整肅以胡漢民為首的右派，那麼諱莫若深呢？

1927 年 3 月底蔣介石所控制的北伐軍佔領上海，江浙財團慨允給予財政支助，同時蔣介石取得英、美、法等資本主義大國的支持，終於讓蔣介石獲得足夠籌碼與蘇聯攤牌。4 月 12 日，蔣介石的便衣部隊與上海幫派勢力合作，一起對中國共產黨所控制的工人武裝組織展開鎮壓，是為國民黨之「清黨」。從此之後，蔣介石以反共領袖自居，雖然在 1949 年輸掉了整個中國

1 所謂「西山會議派」，意指 1925 年 11 月 23 日國民黨部分中央執行委員、中央監察委員和候補中央執行委員在北京西山碧雲寺召開的「國民黨一屆四中全會」，參加這一全會的國民黨政治人物，被視為國民黨內反對國共合作的右翼政治組織「西山會議派」。其代表人物有林森、居正、戴季陶、張繼、謝持、鄒魯、葉楚傖、張知本等。

大陸，卻還能靠著反共這面旗幟在全球冷戰中站穩陣腳。然而時光倒回1920年代初的廣州，四十歲以前的蔣介石究竟是「左」還是「右」？當時的老國民黨人可不是那麼確定。至少汪精衛和胡漢民，可說對此點滴在心頭。

【延伸閱讀】

（1）陳公博，《苦笑錄：陳公博回憶（1925－1936）》，香港：香港大學亞洲研究中心，1979年。
（2）楊天石，《蔣氏秘檔與蔣介石真相》，北京：社會科學文獻出版社，2002年2月。

008

北伐從未成功

李福鐘

長久以來，國民黨標準的黨史論述都是「辛亥革命／北伐／抗戰／剿匪」，除了辛亥革命是孫文的功勞外（事實上也不盡然），其他都是蔣介石的豐功偉業。其中「剿匪（剿共）」當然是蔣介石最大的敗筆，不僅「共匪」愈剿愈多，而且最後自己還逃到台灣來。有關這一點就不必多費唇舌了。「抗戰勝利」事實上也幾乎不是國民黨或蔣介石個人的成就，日本帝國投降的對象是同盟國，如果不是美國在太平洋戰場浴血苦戰，以及最後兩顆原子彈的毀滅威力，日本帝國要向中華民國投降還不曉得是哪年哪月。

最後就剩下北伐了。北伐真的成功了嗎？

北伐戰爭，結局以吳佩孚、孫傳芳集團瓦解，而張作霖勢力撤出關外作收。當然，張作霖途中被炸死於皇姑屯，張學良於 1928 年 12 月 29 日通電宣布奉、吉、黑、熱四省「易幟」（改懸青天白日滿地紅旗），表面上國民政府統一了全中國。然而如果「統一」如此理所當然，又該如何解釋 1930 年出現的閻錫山、馮玉祥、李宗仁、白崇禧聯合叛變，以致於爆發「中原大戰」？在這場國民黨軍閥派系的大混戰爆發前及結束後，大大小小的各省軍人叛變仍時有所聞，通常是某一省或數省軍閥通電反對中央（例如1931年的廣東事變，或是1933年「閩變」），有時候則是各省軍閥在地方上大打出手（例如四川劉湘、劉文輝之間沒完沒了的衝突）。如果說1928年北伐真的「成功」，之後哪來那麼多的軍閥混戰？當然，這時候的軍閥們已經不是過去北洋政府時代的舊軍閥，而是國民黨北伐過程中培養出來的「新軍閥」。北伐之後依然有那麼多軍閥劃地稱王，顯然北伐的實質內涵必須被重新檢驗。

持平而論，1926年7月廣州國民政府確實出動麾下精銳部隊向湖南攻擊，因而開啟了北伐戰爭序幕，之後北伐軍與葉開鑫、吳佩孚的主力部隊分別在長沙、岳陽、武昌激戰，一舉佔領湖南與湖北兩省。同時，國民革命軍還向東進攻江西省，逐一克復南昌、九江等城市。在1926年下半年間，國民革命軍確實打了不少勝仗，因而顯得聲勢浩大。然而幾乎同時，原本效忠吳佩孚與孫傳芳的各省軍閥，見國民黨勢不可擋，於是選擇「輸誠」，也就是以本身在地勢力加入國民革命軍陣營。如此一來，北伐原本「軍事統一」的方針，一下子轉變成為「招降納叛」。像浙江省的陳儀、山西省的閻錫山、四川省的劉湘與劉文輝、雲南省的龍雲、新疆省楊增新等，都是這樣子「入夥」到國民革命軍的序列之中。甚至像葉開鑫這樣的手下敗將，也都在歸順之後，被收編為國民黨的武裝部隊。至於最後「入股」的東北軍張學良，麾下當然更是兵多將廣。這批地方軍閥由於都是各據一方的霸主，對於是否死心塌地效忠南京政府，或者要不要接受蔣介石號令，意見不僅分歧，而且十分善變。

除此之外，國民革命軍在開始北伐之前，原本就是由好幾個不同派系的軍隊組成。其中勢力最大有四：一是蔣介石所領導的黃埔軍（黨軍）；二是李宗仁、白崇禧所領導的桂系；三是廣東在地的粵軍（李濟深、陳濟棠、陳銘樞、張發奎等）；四是盤據華北、西北的馮玉祥（西北軍）。在北伐過程中，各個系統的隊伍各有戰功，也因此對於蔣介石日後「共主」的地位，不時要加以挑戰。

經由以上分析，北伐真的「成功」了嗎？或者只是由一群新面孔，取代原本的吳佩孚、孫傳芳等舊軍閥呢？

「北伐」神話一旦揭穿，蔣介石在中華民國歷史上的豐功偉業，還剩下什麼？

【延伸閱讀】

（1）C. Martin Wilbur, The Nationalist Revolution in China, 1923-1928, Cambridge: Cambridge University Press, 1983.
（2）張同新，《國民黨新軍閥混戰史》，北京：人民出版社，2010 年 10 月。

009

國民黨新軍閥混戰

李福鐘

正如上一篇的說明，奠都南京之後的國民政府既然是由一羣來路不同的新軍閥拼湊而成，各路人馬為爭權奪利大打出手，自然也就不是什麼難以理解的事。雞毛蒜皮的小衝突姑且不去理會它，因為數量實在太多，不知從何說起；必定要是驚動中央政府，跨省區動員作戰的才算數，平均每年也要出現好幾起。而這還不包括從 1927 年起就和國民黨勢同水火的共產黨叛亂。因此說南京國民政府是個「新軍閥集團」，一點也不為過。既然國民黨歷史家總愛嘲笑北洋軍閥動不動就「混戰」，那麼熱愛混戰程度不輸北洋集團的國民黨，何嘗不也是另一種型態的軍閥集團？總不能成王敗寇，好名聲都歸國民黨，而壞事都由北洋政府來扛吧。

國民黨的新軍閥們何時開始養成混戰的習慣？其實打從北伐開始沒多久，國民政府逐漸對外擴張地盤起，這批統稱「國民革命軍」的武裝勢力，就開始沒完沒了的內部鬥爭與兼併。所以說，國民黨在消滅了統治中華民國長達十六年的北洋集團同時，卻也繼承了北洋軍閥既有的行為模式，黨同伐異，同類相食。就這點來說，國民黨的新軍閥與北洋舊軍閥，其實享有同樣的 DNA。

國民黨新軍閥發生混戰，通常都跟蔣介石意圖集權中央，消滅異己有關。北伐在張學良宣布改掛青天白日旗之後落幕，然而北洋集團勢力瓦解，卻意味著國民黨內各武裝派系之間的衝突開始。蔣介石想削弱派系力量，於是試圖召開所謂「全國編遣會議」，邀集各派系將領協商全國裁軍事宜；李宗仁、白崇禧、馮玉祥、閻錫山等人不是三歲小孩，自然知道蔣介石打什麼算盤，因此編遣會議淪為各懷鬼胎，各個山頭暗地裡更加積極擴張勢力。

最早大動作向外擴張的，是李宗仁與白崇禧所領導的桂系（廣西軍）。桂系在北伐期間從湖南打到湖北，收編了不少兩湖地方原有的小股勢力。白崇禧在討伐奉張（張作霖）戰役時，更併吞了原本屬於湖南軍閥唐生智的部隊，進軍至河北省。如此一來，桂系成了蔣介石的中央軍之外，勢力最大的軍事集團。而蔣介石在 1927 年 8 月北伐期間曾被逼下野，主謀便是李宗仁、白崇禧等人，因此蔣介石計劃削弱派系勢力，第一個開刀的便是桂系。蔣介石的做法是合縱連橫，一方面挑撥桂系與其他派系之間的矛盾，另方面則鼓動被桂系併吞的湘鄂將領起來叛變。蔣介石的手段果然重挫桂系在兩湖與華北的擴張行動，然而卻也引發其他新軍閥人人自危，於是閻錫山（晉軍）、馮玉祥（西北軍）、桂系三方面遂被迫團結起來，1930 年與蔣介石公開翻臉，成為北伐之後最大規模的內戰，因為戰場跨越華北到華中多省，因此被稱為「中原大戰」。

中原大戰最後因蔣介石成功拉攏到張學良的東北軍助陣，導致閻、馮、桂聯盟瓦解，蔣介石更加確立自己所領導的中央軍系的權威。然而反蔣勢力暫時落敗，並不表示蔣介石完全獲得國民黨內其他軍事集團的效忠，1930 年之後各省叛變仍此起彼落。從 1928 年北伐結束至 1937 年中日戰爭爆發之前，被國民黨史學家稱羨的「黃金十年」，其實也是新軍閥彼此混戰的十年。

【延伸閱讀】

（1）李宗仁口述，唐德剛撰寫，《李宗仁回憶錄》，台北：曉園出版社，1989 年。
（2）張同新，《國民黨新軍閥混戰史》，北京：人民出版社，2010 年 10 月。

010

訓政的眞面目

薛化元

對國民黨而言，所謂訓政的正當性是建立在孫文的遺教。而孫文的訓政構想，在於他反對「代議制度」，而強調人民直接行使選舉、罷免、創制、複決「四權」。問題是當時中國人民受教育比率偏低，連代議政治的正常運作，都有困難，更遑論直接民權。因此，孫文主張以軍事力量取得政權以後，先透過訓政，再進入憲政體制。至於在訓政體制下，則由國民黨掌握完全的政治權力，「訓練人民行使」四權，「以黨領政」進行「黨治」。包括胡適及後來起草現行中華民國憲法的張君勱，當時主張民主政治的菁英，都反對此一制度，並批評此舉將延宕中國民主憲政的發展。

1928 年國民政府北伐成功，取代原本的中華民國政府，定都南京，進入訓政時期。可是以胡漢民為首，雖然強力要求推動訓政，卻反對制訂訓政時期的根本大法——約法。國民黨當局先制訂了「訓政綱領」，其主要內容包括：「一、中華民國於訓政期間，由中國國民黨全國代表大會代表國民大會，領導國民行使政權。二、中國國民黨全國代表大會閉會時，以政權付託中國國民黨中央執行委員會執行之。」1929 年 3 月 21 日，中國國民黨舉行第三次全國代表大會，通過「確定總理主要遺教為中華民國訓政時期最高根本法案」，以「三民主義、五權憲法、建國大綱及地方自治開始實行法，為訓政時期中華民國最高之根本法」。

國民黨當局的作法引起了黨外民主人士的不滿，國民黨內具自由民主意識者也不支持。1930 年國民黨黨內大分裂，汪精衛、閻錫山、馮玉祥、李宗仁等人在北京另立國民政府，雖被蔣介石擊敗，但是他們主張制訂約法，則受到好評。主導國民黨當局的蔣介石則排除胡漢民在中央的勢力，在 1931 年 6 月 1 日公布施行「中華民國訓政時期約法」（簡稱「訓政時期約法」），但是內容仍是政權由國民黨行使，「以黨領政」、「以黨領軍」。

依照「訓政時期約法」規定，國民政府主席代表國民政府，有權就五院院長及各部會長人選提請國民政府依法任命。1931 年 12 月以前，蔣介石原為國府主席，然而「九一八事變」發生，在黨內政敵交相指責下，蔣因此下野，林森繼任。蔣下野後國民黨中全會隨即通過修正「國民政府組織法」，修正後的新法規定：「國民政府主席……不負實際政治責任」，「憲法未頒布前，行政、立法、司法、考試、監察各院，各自對中國國民黨中央執行委員會負責」，等於將國府主席改為「虛位」國家元首。在訓政時期約法並未修改的情況下，國民政府組織法竟然違反約法之規定。直到林森於 1943 年 8 月過世，蔣介石以中國國民黨總裁兼任國民政府主席後，國民政府主席又成為「實權元首制」。制度基本是因人設事，量身裁衣。

由於訓政是軍政往憲政發展的過渡，1929 年 6 月，中國國民黨第三屆第二次中央執行委員會全體會議也明訂訓政時期為 6 年。不過，1935 年制憲仍然延宕，人民也沒有機會真正被訓練行使直接民權。行使選舉、罷免、創制、複決「四權」的訓政工作，也沒有徹底落實。雖然，1936 年國民政府公佈「中華民國憲法草案」（通稱「五五憲草」），並選舉制憲國民大會代表。不過，制憲工作並未展開。

【延伸閱讀】

(1) 荊知仁，《中國立憲史》，臺北：聯經出版事業股份有限公司，1993。
(2) 繆全吉編著，《中國制憲史資料彙編——憲法篇》，臺北：國史館，1989。
(3) 羅志淵，《中國憲政史》，臺北：臺灣商務印書館，1967。

011

「黃金」十年？

趙慶河

國民黨政府經常將 1927-1937A.D 的統治時期比喻為黃金十年，頗以此為傲，誠然，在國民政府統治中國時期，這段時間相對較安定、較有建設，但若以此標榜，反而此地無銀三百兩，顯現出整體成就的薄弱，讓人感覺：原來「黃金十年」竟是「鍍金十年」！

這段國民政府引以為榮的十年，事實上是內憂外患、戰亂不止的十年，當時全球正受經濟大蕭條的侵襲，法西斯與共產主義之極權政權盛行，國民政府外有日本的侵略，內則軍人發動內戰、共產黨武裝鬥爭，戰亂從未停止過。以外患而言，從 918 事變之後，國民政府被日本佔領的領土（東北、熱河），面積超過德、法兩國的總和。國民黨無力抵抗外患，但內戰的規模卻一日大過一日，桂系李宗仁、國民軍系馮玉祥、閻系閻錫山，再加上汪精衛，成為反蔣的大聯盟，這種內戰有時規模大到匪夷所思，以 1930 年的中原大戰而言，中央軍和反蔣各派，雙方動用的兵力加起來超過百萬；此外，國民黨對中共的五次圍剿，不但規模大、範圍廣（中共有兩萬五千里長征之說），而且是半國際戰爭，國民黨有希特勒的德國軍事顧問團擘畫，中共則有蘇聯撐腰，類似法朗哥的西班牙內戰，但規模大很多。

外患與內戰使經濟幾乎破產，軍事費用的支出太高是主因，1928 年夏之前一年，軍事開支為三億六千萬元法幣，之後一年，政府的收入不過三億三千四百萬元，宋子文等人努力解決難題，舉公債、整頓稅務，在往後的十年雖有成效，但國防經費依然佔政府年度預算的一半，這種排擠效應使經濟停滯（D.S.Paauw 的說法），有幾個統計數字可反映這種情形：1931-1936 年的五年中，整個農業產量增加不到 1%；1932-1936 年的的平均生產量比 1932 年還低；國內投資與國內資本存量相比，1931-1936 年的蝕本額超過十七億五千萬元法幣，只好靠借外款維持，南京時期政府經費 25%來自借款；孔、宋家族把持的財經界，雖然也有建立制度、整頓稅制、改革金融等成績，但「水過地皮濕」，利用各種投機管道，聚斂了無數私人財富，助長了官僚式資本主義，D.S.Paauw 認為國民政府在 1937 年時甚至比 1927 年還無力促進經濟的發展。

以國民政府最自豪的經濟建設都已經如此，更何況其他方面，在政治方面，表面上開始了地方自治，但卻堅守一黨專政不放，「訓政」也不斷延長，國民政府自創品牌的「新生活運動」，批評者疑其復古，但事實上卻是法西斯的中國化，這樣的政策導向是無法吸引五四以來深信民主與科學的知識份子的，再加上民生凋敝、農村破產，更使佔人數最多的農民離心離德，據 1935 年的調查，全國大概有二千萬農民離村，流徙都市或他鄉；1936 年調查，每年缺糧三億餘擔，全國有一半以上的農家是負債的；賦稅種類繁多，有的縣份多達 30 餘種，其中 26 種是附加稅，1937 年統計，佃農佔全國農民的三分之二，平均地權的說法徒託空言，難怪中共以土改號召，即能以鄉村包圍城市，掀起農民革命的高潮。

名義雖稱統一，但國民政府在這十年間治權所及的只有江浙周圍幾省，其他地區不是被日本佔領就是大小軍閥割據，國民政府曾利用對中共的圍剿深入西南各省，卻因西安事變而告中止，國民黨東征西討事實上只建立起一個拼湊的中央政府，一時姹紫嫣紅開遍，轉眼又都付之斷垣殘壁，終經不起中共的蠶食和日本的鯨吞，如以實情論，薛光前稱此一時期為「艱苦的十年」是較為合適的，若硬是將之稱為黃金十年，反而顯現其政績的乏善可陳。西方諺語有云：會發光的不一定是金子，發明「黃金十年」一詞的美國魏德邁將軍是否也有這種弦外之音就不可得知了。

【延伸閱讀】

(1) 張玉法，《中國現代史（下冊）》，台北：東華書局，1977 年 7 月。

(2) 張玉法主編，《中國現代史論集 • 第八輯 • 十年建國》，台北：聯經出版事業公司，1982 年 2 月。

012

蔣介石的特務機構

劉熙明

特務機構是任何國家體制必備的組織。對蔣介石主導的國府政權而言，特務主要工作又比較不會引起爭議者，是抗日、剿共與台灣時期的反共。他們在敵後犧牲奉獻，可歌可泣的悲劇或出生入死的英勇事蹟，成為讓後人為之動容的無名英雄。

但蔣也利用特務暗殺無武裝人士等迫害人權之事，並湮滅這些讓蔣與特務們會受到負面評價的證據，此與其他也迫害人權的眾多獨裁者一樣。

蔣建立的務機構主要是軍事的軍統（今國防部軍事情報局前身）與國民黨的中統（今調查局前身），其他有特務性質的機構如憲兵、警察、各省警備司令部等，亦由蔣直接領導。蔣統馭政出多門的特務機構之方式，被視為是彼此制衡，分而治之。他們的任務除反共與抗日外，負面評價是假革命理念，或保衛領袖的想法，或其他冠冕堂皇的愛國名義，協助蔣進行國府或國民黨內的派系鬥爭，以及協助蔣整肅或暗殺國府內部不會威脅蔣生命的反蔣之自由派或政治異議人士，或威脅與可能威脅蔣之利益者，甚至波及無辜。

特務被灌輸的意識型態除了必備的救國救民與保護領袖外，與黃埔系一樣，成為效忠蔣私人的國家暴力工具。他們「秉承領袖意旨，體念領袖苦心，做領袖的耳目，做領袖的手足」，他們的領袖只有唯一的蔣介石。尤其蔣為達其政治目的，可以不擇手段。因此，特務的冒險犯難，除深入敵後，可能成為犧牲奉獻的無名英雄外，當然要協助領袖「安內攘外」與保護領袖的安全。這類意識型態配合他們擁有國家暴力，「所負的特種任務要忍人所不能忍，為人所不能為、不屑為」，此包括可以為領袖而實行政治暗殺與構陷政府要員等等非法濫權的任務，他們甚至配合蔣企圖暗殺有國家名位的副總統李宗仁。他們也成為暗殺、殺害後毀屍滅跡、殘暴與恐怖行動的執行者。

特務這些作為除了蔣不知情的私人構陷外，包括蔣口頭命令、或蔣縱容、默認、包庇、或蔣授權特務全權處理下的政治暗殺與集體殺害政治犯，甚至波及無辜。

例如，1946 年 3 月，江蘇省南通的國府軍特共同殺害八名參加反國府遊行示威的中學教師與學生。特務利用黑夜綁架他們，秘密殺害後，捆上石頭，成串拋入長江，希望屍體永沉江底，不會被發覺，但屍體還是浮上來，成為中共所稱的「三一八」南通慘案。周恩來、朱德及中共機關報與臨近的上海多個報紙雜誌均譴責特務暴行，要求徹查。此慘案應該是地方軍特自行殺人，由於當時反國府人士未查出兇手，因而成為懸案。此轟動全國的政治暗殺案，國府相關檔案未記載，但蔣與南京中央的特務機構應該知道是國府特務的作為。

特務類似滅跡，企圖造成查無殺人證據的作為，也見於台灣二二八事件不少被殺害的失蹤罹難者被丟海或被任意掩埋，讓家屬找不到遺體。

又如，1949 年國府在中國潰敗時刻，蔣下令特務處決發動西安事變之一的楊虎城，特務並殺害楊之子女，以及楊虎城秘書夫婦連同其一名不到十歲的小孩。不久，蔣又下令特務殺害關在重慶牢獄中的全部二百多名共黨或左派等政治異議人士，並波及無辜小孩。四川重慶的紅色旅遊地點渣滓洞、白公館與戴公祠，都是蔣介石特務機關血腥歷史的見證。

蔣對特務執行政治暗殺的作為，不論是否蔣的命令，均予以庇護，使他們得以安然脫身。蔣如果面臨強大壓力，被迫必須調查時，則隱諱特務機構的高層主使人，司法審判只及於執行的殺手。例如 1946 年昆明西南聯大教授聞一多被地方特務領導人揣摩蔣意殺害後，蔣在輿論沸騰後仍庇護主謀。

由於特務根深蒂固的革命意識形態，自認效忠領袖甚至可以殺害擁有國家重要職務的蔣之政敵。他們缺乏人權理念，迫害人權的作為也被他們視為是神聖工作。弔詭的是，被他們視為神聖的這些作為，他們之中始終效忠蔣並跟隨蔣來台者，與蔣一樣，將這些被歷史視為負面形象之事帶入墳墓，湮滅證據，蔣介石日記也不記載，似乎說明了他們也自知這些手段見不得人。雖然如此，被中共俘虜或對蔣變節的特務等回憶錄，以及台灣民主化之後，特務透露革命是可以不擇手段的殺人等一些蛛絲馬跡，證明了蔣運用國家暴力機器從事迫害人權的一面，甘為領袖犧牲的特務也因此成為迫害人權的執行者與幫兇。

【延伸閱讀】

（2）馬振犢，《國民黨特務活動史》，北京 ： 九州出版社，2008 年。

（2）魏斐德（Wakerman, Frederic E.）原著、梁禾譯，《間諜王——戴笠與中國特工（Spymaster： Dai Li and the Chinese Secret Service, Berkeley, Calif. : University of California Press, c2003）》，南京 ： 江蘇人民出版社，2007 年。

013

蔣介石的政治暗殺

劉熙明

政治暗殺在中國封建或專制政權內部互相殺伐的歷史長河中，不足為奇，蔣介石的作為與其時代也延續此特徵。例如，國府或國民黨內部的派系鬥爭中，反蔣系與蔣系均彼此暗殺對方重要人士；國共之間的恐怖暗殺；國府抗日的暗殺漢奸或漢奸嫌疑犯，如蔣下令暗殺汪精衛與唐紹儀，但刺汪失敗。其中的負面形象是政治暗殺無武裝人士，甚至波及無辜亦在所不惜的迫害人權作為。

蔣提到的政治暗殺在蔣介石日記（以下簡稱蔣日記）中有二：一是民國元年為了「革命」，承認親自暗殺革命元勳陶成章。此案在輿論與孫中山公開要求追查真相與緝兇的環境中，蔣被迫逃亡日本，以後不了了之。二是抗戰期間殺「漢奸」唐紹儀：「唐紹儀在滬斃命，實為革命黨除一大奸，此賊不除，漢奸更多，偽組織與倭寇更無忌憚矣。總理一生在政治上之大敵為我黨革命之障礙，以唐奸為最也。」蔣日記雖未提到是由他下令暗殺唐，但學術界已公認是蔣主使。

蔣掌握國家暴力機器的特務機構後，牽涉蔣個人政治目的或私心的政治暗殺，不論是否蔣下令，均由特務執行。蔣日記與目前見到的政府國家檔案幾乎無此方面記載，故難以從中瞭解蔣與其有何關係。但眾多被中共俘虜或變節的國府高級特務之回憶指出，蔣以口頭命令暗殺不會危及蔣的知識分子等特定人士，如宋慶齡人馬的楊杏佛與《申報》的史量才。與蔣有關的政治暗殺對照其他類似作為，都一樣地湮滅證據。

與蔣有關的政治暗殺，配合其他回憶資料，再對照蔣日記後，蔣日記如有相關記載，不論是否與他口頭命令有關，經常是流水帳、簡略或可能誤導真相。此情形除了可能是蔣日理萬機，不記載他認為不重要之事外，當然也與蔣知道其日記必然公開，遂選擇性或故意隱諱對他為負面評價的記載有關。其中1939 年，軍統在越南河內暗殺離開抗戰陣營的汪精衛，蔣日記只記載「汪未刺中不幸中之幸也」，此未明言他下令刺汪。記載暗殺汪與唐紹儀的共同特徵是與民族大義有關，也不會被認為是蔣的私人利益。

迫害人權的政治暗殺不見得都是蔣主使，也有可能是特務私自「秉承領袖意旨，體念領袖苦心」或揣測蔣之心意，自行殺害蔣的政敵。但即使非蔣口頭命令，蔣的態度或默認、或包庇縱容，甚至可能是空白授權特務全權處理。這些案件除非是影響蔣利益的特殊考量，如聞一多案，事後都不追究。此亦是為何不少研究國府國家暴力的學者，認為蔣必須對此負起碼的政治責任。

例如，1946 年昆明西南聯大教授聞一多被國府雲南警備總司令霍揆彰揣摩蔣意殺害，對照奉蔣之命令調查此事的國府高級特務唐縱無奈留在大陸的日記，以及蔣本人的日記，確定蔣得知聞一多案真相。但蔣在輿論沸騰、美國壓力與國共表面上必須和解時，仍幕後主導如何掩飾部分真相。蔣認為殺聞一多的執行兇手是執行「革命」任務，但被迫讓他們在法庭上挺身做「烈士」，以司法審判處死刑。蔣日記與當時被迫公開的案情，都隱諱幕後元凶是霍揆彰。只是蔣日記無心流露罵霍揆彰誤事，對照唐縱日記，得以確認蔣縱容主謀元凶，與蔣日記企圖曲解真相。

1950 年以後蔣在台灣，已是可以控制全局的唯一領導人，所以在台灣內部大致上沒有採取政治暗殺，取而代之是羅織違反人權的法律或假匪諜案來槍決、關押或軟禁相關人士。但是蔣之權力無法企及的海外，蔣採取起碼空白授權特務全權處理，甚至波及無辜的政治暗殺。例如，1955 年 4 月國防部保密局為了殺害中國總理周恩來，在印尼外海成功爆破「克什米爾公主號」飛機，周恩來未登機，逃過一劫，但造成十六名無辜中國人士被害。此案在台灣策劃的谷正文提到他是奉保密局長毛人鳳之令，蔣介石事前不知道保密局要炸飛機。在香港放置炸彈的執行兇手逃回台灣後，國民黨政府拒絕香港政府的引渡要求，並保護兇手。毛人鳳事後才向蔣匯報，蔣不僅沒有生氣，還將毛人鳳晉陞中將。又如，1965 年國民黨政府特務在巴基斯坦機場欲暗殺返回中國的李宗仁，但被識破而失敗。

蔣介石的政治暗殺中，當然存在政敵彼此之間暗殺對方。

但下令或縱容特務政治暗殺無武器的知識分子，甚至波及無辜，不論古今中外，在重視道德與人權的潮流下，此種迫害人權的作為，正是蔣與執行的特務負面形象的重要原因。

【延伸閱讀】

（1）劉熙明，〈蔣中正與蔣經國在戒嚴時期「不當審判」中的角色〉，中央研究院台灣史研究所籌備處，《台灣史研究》第 6 卷第 2 期，2000 年。

（2）馬振犢，《國民黨特務活動史》，北京 ： 九州出版社，2008 年。

（3）陳楚君、俞興茂編，《特工秘聞——軍統活動紀實》，北京 ： 中國文史出版社，1990 年。

014

蔣介石效法希特勒

劉熙明

蔣介石曾是希特勒的崇拜者，他宣稱「我們需要中國的希特勒」，蔣之此意識形態與法西斯主義的特徵有關。法西斯主義在意識形態上排斥共產主義和自由主義，主張極權的國家社會主義；在政治制度方面，主張建立「一個國家，一個領袖，一個政黨」的中央集權體制。希特勒也藉此建立鞏固個人領袖地位的獨裁政權，並讓德國成為強國，這均與國民黨的反共與以蔣介石為領袖的以黨治國理念一致，此也被蔣認為可以結合國民黨的革命精神。

德國在第一次世界大戰戰敗後，執政的威瑪共和體制被迫接受賠償鉅款與不得重整軍備等屈辱的凡爾賽和約。約略與此同時，1910 年代末期由義大利等國興起的法西斯組織，在 1922 年首先由義大利墨索里尼取得政權，並以國家至上與維護民族利益做為施政主軸。此後德國在野的納粹黨在希特勒領導下，主張採取義大利的法西斯主義模式，要求廢除不平等條約，擴張軍備，拒絕戰爭賠款。1933 年希特勒與納粹黨取得政權，德國從敗仗恥辱中，迅速復興。

德國壯大的過程讓也遭受列強壓迫的中國內部，包括國府各派系與眾多知識分子非常羨慕，形成一股學習風潮。又由於國共軍事衝突與國府內部山頭林立，法西斯主義的個人獨裁更成為重點。蔣對希特勒以法西斯主義的組織和管理方法感到興趣，特別想瞭解黨的領導人如何能夠讓眾多追隨者維持嚴格的紀律，怎樣對可能出現的敵人或異己派系採用嚴厲的制裁措施，並獲得成功，以便鞏固自己領導人地位與國民黨政權。

蔣效法希特勒的方式，當時主要表現於組織類似納粹黨衛軍的力行社與實施新生活運動。

1932 年成立力行社的目的是建立鞏固蔣統治的秘密組織，蔣自兼社長，戴笠掌握由蔣直接指揮的特務機構。蔣除了透過德國顧問瞭解希特勒與法西斯外，為了更進一步瞭解法西斯思想與組織形式，批准力行社成員分批到德國考察，他們回國後發表一系列推崇德國、義大利法西斯主義的文章，大力宣傳學習法西斯的統治技術與領袖獨裁是救國之道，主張盡速發展軍隊政工及特務系統，擁戴蔣為最高領袖來統一國家。蔣又同意力行社成員提議建立一支模仿希特勒黨衛軍的武裝力量，成立一支別動隊，以執行特殊任務。

而建立嚴密、龐大又可以鎮壓異己的特務機構，也被視為是效法希特勒的重要措施。中央軍核心的黃埔系也對法西斯領袖對軍隊的高度獨裁統治極力吹捧，並宣傳效忠蔣介石，以便蔣可以保障對軍事擁有絕對的控制權。

蔣介石又參考法西斯主義成功動員民眾獲得政權的方式，企圖透過 1934 年開始的新生活運動以創造群眾支持的基礎。

蔣認為新生活運動結合法西斯主義理論與中國傳統文化後，中國可以由亂變治。該運動名義上是改善國民道德與動員群眾，實際目的是要把蔣對國家的控制權，從軍隊延伸到更廣泛的領域。

蔣因掌握軍權與特務，在1930年代前期中國風行法西斯主義政治思潮與確立國民黨領袖獨裁制的環境下，成為獲利者。然而蔣效法希特勒掌權的這些措施，在國際形勢迫使希特勒在中日之間選擇日本，以及全世界反法西斯浪潮下，不得不公開拋棄法西斯主義旗號及聯德方針。但蔣對法西斯主義的好感並未消失，台灣的威權體制與造神運動，即被眾多自由派人士與共產黨視為是法西斯體制的翻版。

【延伸閱讀】

(1) 段瑞聰，《蔣介石と新生活運動》，京都：慶應義塾大學出版會，2006年。
(2) 柯偉林（W.C.Kirby）著，陳謙平、陳紅民、武菁、申曉雲譯，《蔣介石政府與納粹德國（Germany and Republican China, Stanford: Stanford University Press, 1984）》，北京：中國青年出版社，1994年。
(3) 馬振犢、戚如高，《蔣介石與希特勒—民國時期的中德關係》，台北：東大圖書公司，1998年。
(4) 馮啟宏，《法西斯主義與三0年代中國政治》，國立政治大學歷史學研究所碩士論文，1998年。

015

論汪精衛南京政權

趙慶河

近代中國史上，汪兆銘（精衛）是一個評價起伏最大的人物，從創建民國的民族英雄到對日抗戰的「漢奸」。孫文的同盟會時期，汪精衛是重要的排滿革命理論家，文筆極富感情，曾在革命刊物「民報」撰文和當時立憲派的言論巨擘梁啟超大打筆戰；當黃花崗起義失敗後，革命黨迷漫著失敗氣氛，汪氏激於義憤，主張革命者要有「烈德」，「以鮮血溉其同種」，進而實施當時無政府主義者最流行的行動：暗殺清帝宣統的生父攝政王，其後雖然失敗被俘，但因攝政王要拉攏民心，只判其監禁並未處斬。汪氏行動行前所留下來的絕命詩傳誦一時：慷慨歌燕士，從容作楚囚；引刀成一快，不負少年頭。毫無疑問，汪精衛是當時革命黨最具魅力的英雄，而更具戲劇性的是他只關了很短的時間，就因爆發辛亥革命，引來袁世凱的逼清帝退位，汪氏被付予協調南方革命黨的任務而被光榮釋放。

孫文雖當選為臨時大總統，但也有反對的聲音，有人主張：以功應選黃興，以才應選宋教仁，以德應選汪精衛，可見當時汪氏的聲望。汪精衛在孫文討袁、護法時期，確實與孫有些疏離，但在孫文實施聯俄容共政策的時候，又因其省識時潮的敏感度，再次與孫合作，並成為其左右手，1924 年孫文病逝時，他和宋慶齡隨伺在側，「國父遺囑」即出自其草擬，孫文臨終呼喊「和平、奮鬥、救中國」的說法也是根據他的轉述，孫死後，在俄國顧問的支持下，汪氏聯合蔣介石，成為 1925 年廣東國民政府主席，是孫文的真正繼承人。可是 1926 年蔣介石以當時的廣州衛戍司令的身份，利用中山艦事件逼走汪氏，蔣介石因此崛起。

抗戰前的國民政府雖然內憂外患，但黨內的內鬥並未稍歇，蔣、汪二人分合轉折最具代表性。最初蔣逼汪下台，後來又基於共同利益清黨反共，隨著軍事的發展，蔣介石漸佔優勢，這對曾為蔣介石上司並提拔過他的汪氏而言，實難以忍受，汪成為反蔣領袖，也聯合發動過幾次反蔣軍事行動，均歸失敗，後因日本侵華局勢嚴重，才使二人勉強合作。

在對日本侵華的態度上，汪精衛主張「一面抵抗，一面交涉」，但對於與日本全面交戰，卻有很深的憂慮，早在 1935 年就撰文表示：「和不能了事，戰也沒有盟友」，國際援助不可恃，蘆溝橋事變後，隨著軍事上的挫敗，讓汪氏陷入更深的亡國憂慮中，他認為日本自明治維新以來備戰六十餘年，工業發達，經濟力與兵力強大，反觀中國，產業落後，內戰不已，實不能再戰，「戰必敗」、「戰必亡」，他要當政者「心口如一」，說老實話，不能心裡認為不能抗戰，口裡卻高喊抗戰，唱高調誤國，他認為蔣介石在西安事變時「和共產黨立了一張賣身契」，「共產黨要打到底，蔣先生便打到底」，後果一定對中共、蘇聯有利，難道不能轉圜？這就是他主張和平運動，後來更成立南京親日政權的心路歷程。

1938 年 12 月 29 日，汪精衛發表「豔電」，表示接受日本善鄰友好、共同防共、經濟提攜等條件，並由重慶出走，開始展開謀和，這是後來 1940 年 3 月 30 日在南京成立汪氏政權的開端。協助汪推動和平運動的主要人物是高宗武、周佛海、陳公博、梅思平、陶希聖，高、陶二人後因對汪、日所簽之密約不滿而逃回重慶。汪精衛認為對日和平始有餘力對抗共黨，冀望西方國家調解已不可能，只能自救，汪氏開始時希望用言論勸蔣謀和，但隨著軍事的潰敗，重慶有淪陷亡國之虞，才建立政權以擴大影響力。汪氏認為這才是挽救危亡的務實之道，也是實踐孫文「大亞洲主義」的遺教，他舌燦蓮花的口才可以將「大亞洲主義」和「大東亞共榮圈」畫上等號。

南京汪政權持續有五年半的時間，它合併了北平的王克敏政權和南京的梁鴻志政權，與重慶使用同樣的國旗（多加一布條，書「和平反共救國」）、同樣的國號和國民黨。汪政權企圖利用日本與重慶之間的矛盾而有所作為，例如爭取日本撤軍或統一各地的偽政權，但成果相當有限，日本為了誘使蔣介石談判，有時也會給汪政府一些好處，主要的有交還租界、撤廢治外法權和訂立同盟條約，尤其是同盟條約，日本承諾：俟戰爭結束後，將從中國撤軍並放棄駐兵權，更被汪政府宣傳為「中國近百年來獨一無二的平等條約」，可是從未實現。1944 年汪精衛病重，赴日就醫後病逝，汪政權即由陳公博、周佛海主持，但日本的敗象已露，他們開始向重慶政府暗中輸誠，直到日本戰敗，南京汪政府崩潰。

南京汪政權被國共兩黨冠以「偽政權」或「漢奸」的名號，但汪始終將自己定位在和平運動上，周佛海甚至將它和重慶政府比喻成和、戰兩條路線的分進合擊。談和不能算有罪，不管戰前或戰爭中，蔣介石和日本的秘密接觸從未斷絕，和談的密使（孔祥熙、張季鸞）都有溝通的管道，所談內容，有些喪權辱國的條件也不比汪遜色，只是未成事實而已。若是指責它分裂政府、依靠外力，那麼孫文的護法政府、廣東國民政府，中共的蘇維埃政府，難道一點都沒有嗎？所不同的是，汪政權是在日本佔領區建立，不是靠自己的武力，因而失去政權的自主性，日本要它收括資源或清鄉來打自己的同胞，都得乖乖配合，完全失去民族主義的立場。我們從事後來看，汪精衛的許多預言固然有對有錯，但他最正確、精準的一項是：蔣介石的聯共抗日將導致中共崛起，蘇聯坐收漁利，戰後果然成真，一一實現。

【延伸閱讀】

(1) 張玉法，《中國現代史（下冊）》，台北：東華書局，1977 年 7 月。

(2) 中國近代史學會、聯合報系文化基金會，《慶祝抗戰勝利五十週年兩岸學術研討會論文集（上冊）》，台北：聯經出版事業公司，1996 年 9 月。

016

論滿洲國

趙慶河

滿洲國（1932-1945A.D）的出現是日本大陸政策的結果，日本自明治維新後急遽向亞洲大陸擴張，朝鮮、中國首當其衝，而根據中國的歷史經驗，外族侵入皆由北而南，尤以滿清入關的經驗最值得注意，因而形成征服中國必先征服滿、蒙的策略，「滿、蒙先行論」、「滿洲第一主義」成為日本對外拓展的優先，尤其是日本陸軍派，更將滿、蒙視為日本權益存在的特殊區域，因此征服朝鮮，連結滿蒙，並排除競爭對手俄國，成為其必要手段。

為達此目標，日本發動甲午、日俄戰爭擊敗清、俄兩國，獨攬滿洲利益，並以南滿鐵路之腹地所在設置關東都督府（後變成關東司令部），統率關東軍成為進取中國東北的急先鋒。中華民國建立之後，東北由奉軍掌控，日本欲使滿洲脫離中國，因此對奉系張作霖的態度既拉攏又防範，常取決於其與中央政府的親疏，而日、奉之間的分合，也證明了民國初肇時局之不安，從而增強日本右翼軍人的野心，終於演變成為 1927 年炸死張作霖的皇姑屯事件。使張學良以東北歸降中央，關東軍以武力取東北，建立滿洲國，都是這個事件的後續。

在主觀上，滿洲國的建立也有滿人部族民族主義的因素，滿洲人原是東北女真族裔，在中國北方曾建立過強大的金國，有極光榮的過去。明末，滿清應邀入關平亂，事成不退，進而統一中國，統治了二百多年，拓展了比明帝國多出一倍的領土，是強悍而有為的部族。滿清因長期統治漢人而受其同化，喪失部族特徵，幾乎與漢人無異，因此，滿清的開疆闢土事實上也是為漢人開拓了廣大的天地，況且除了統治初期滿漢衝突較激烈外，清帝國諸帝也都表現稱職，其中康、雍、乾三帝更被譽為英主，締造盛世，清帝國一直到宣統退位，都還能維持實際有效的統治，在中國歷朝並不多見。這樣的清帝國在漢人革命黨的眼中竟是「韃虜」、「腐敗的滿清政府」，「莫使滿胡留片甲」，要將他們殺得乾乾淨淨，即使後來他們自動退位，和平交出政權，民國政府也不遵守承諾，既不撥給經費，後又將之逐出紫禁城，漢人革命時要「驅逐韃虜」，革命成功後就改成「五族共和」，十足欺負滿族，這些心懷不滿的滿清親貴，以及身蒙浩蕩皇恩的遺老，一有機會當然想恢復皇統。

1930 年代，世界經濟大恐慌，社會主義者認為是資本主義崩潰的警訊，因而刺激了右翼法西斯勢力的橫行，以掠奪他國資源來解決本國的經濟問題，這就是日本發動 918 事變，占領東北建立滿洲國的基本背景。當時國民政府正進行對中共的圍剿，歐美各國也忙於處理經濟危機而自顧不暇，日本關東軍在違反本國政府的訓令下強行發動戰爭，當時蔣介石冀望國際調停，指令張學良不予抵抗，致使東北被日本佔領，關東軍參謀部乃依計畫， 於1932年3月9日擁立清廢帝溥儀成立滿洲國，定都長春，從918到滿洲國，關東軍只花了六個月的時間，這是由於以國聯為主的國際社會無力調停（英美政府甚至對日本以武力遏止共產勢力有些盼望），以及國民政府的消極策略所致。

918事變事實上也是日本右翼軍人「櫻社」寄望以國外的軍事成功來奪取政權的手段，設計事變的板垣征四郎、石原莞爾等人，甚至有發動政變的準備，其後雖被安撫，但關東軍已自由行動，甚至暗殺首相犬養毅。關東軍認為日本與英美終須一戰，占領滿蒙是充實資源的備戰，因此，須將中國分而治之，根據民族自治原則，成立滿蒙政權。滿洲國建立之後，日軍又占領熱河，進取華北，逼國民政府簽訂「塘沽協定」，扶持內蒙德王政權，就是這樣政策邏輯的結果。

滿洲國依存於日本的軍事勢力，喪失國家的自主性，與溥儀想恢復部族原始光榮的本意大相逕庭，日本的干預使清室親貴舊臣憤懣不已，建國功臣、首任國務總理鄭孝胥就因主張滿洲國由國際共管而觸怒日本，於1935年被撤職；另一功臣興安北省省長凌升，也因不滿日人而被冠以莫須有的罪名，與其弟、妹夫、秘書一起被處死。當時滿洲國境內，日本是真正的主人，漢人人數最多但最受壓抑，日本人特別照顧朝鮮族，稱其與日本同族同宗，是準高等民族，用此來協助鎮壓漢人。在日本控制滿洲國的十餘年中，日本每以武力當後盾，逼中國承認滿洲國，抗戰期間，或公開或秘密，承認滿洲國成為每次的必要條件，一直到日本敗戰。

日本扶持滿、蒙建立政權，在理論上符合民族自決原則，挑戰漢族大一統思想的專橫性，但現實運作卻有困難，東北地區的漢族人口遠多於滿族，而且滿清入關二百多年，政權的重心南移，食毛踐土的君臣感情已淡，況且日軍以征服者的高壓統治，橫徵暴斂以支持大東亞戰爭，終難獲得民心，因此使滿洲國成為滿清遺老的想像國度，難逃傀儡政權之譏。

【延伸閱讀】

（1）鄭樑生，《中日關係史》，台北：五南圖書公司，2001 年 6 月。
（2）中國近代史學會、聯合報系文化基金會，《慶祝抗戰勝利五十週年兩岸學術研討會論文集（下冊）》，台北：聯經出版事業公司，1996 年 9 月。

017

黃埔軍校的同學會

趙慶河

每提到「同班同學」這個名詞時，心中就會湧現幸福的感覺，畢竟同窗之情是最真摯的，當社會日趨功利、現實的時候，這種感受就成為醍醐灌頂的清涼甘泉。可是也有一種情況會使你感到恐怖、猙獰而絕望，下面這段敘述是將同班同學放入某一特定的時空下，所衍生而來的變化：

在會昌城下進行肉搏戰的時候，雙方作戰的中級幹部，都是黃埔同學，他們不僅彼此認識，而且有許多是兒童時的好朋友，他們在黃埔時，或者是同隊同班，在軍隊時，或者是同營同連，但在肉搏戰中，竟彼此叫著小名或諢名對罵，那邊罵這邊：「中共為什麼要造反？」這邊罵那邊：「你為什麼要做反革命的走狗？」雙方都有些人，一方面像瘋狗一樣的混殺，一方面又忍不住在那裏暗掉眼淚……。

敘述這件事情的當事人是黃埔一期畢業，後來加入中國共產黨的陳賡；記載這件事情的是中共創立人之一，後來又脫離中共的張國燾。而會昌之戰發生在北伐期間，那時國民黨已宣布清黨，中共發起南昌暴動失敗，向南移師至會昌，與國民黨嫡系錢大鈞部隊發生激戰。

這種同班同學血戰惡鬥的場面並非單只這一次，從清黨後到敗逃來台為止，幾乎有國共戰爭，就會有同學惡鬥的場面，變成一種別開生面的「同學會」，尤其是黃埔創校初期的教職員和前四期的畢業生，更是惡戰連連，幾乎到了勢不兩立的地步。

引起同學互鬥的根本原因是孫文採行聯俄容共政策，他接受俄援，成立黃埔軍校（俄國曾援助國民黨三百萬盧布創辦軍校），並容納當時成立不久的中共進入國民黨，結果弄得國共不分。在清黨之前，黃埔軍校的學生中，屬共產黨和屬國民黨的幾乎勢均力敵，中共學生組織一個青年軍人聯合會，國民黨學生就組織一個孫文主義學會與之對抗，由於各有政治盤算，雙方面和心實不和。

孫文去世，國共分裂，黃埔軍校也跟著分裂。追隨蔣介石而後來位居要津的教職員有何應欽、戴傳賢、邵力子、陳立夫、張治中、蔣鼎文、陳誠、錢大鈞、劉峙、陳繼承、周至柔等，而形成往後蔣介石軍事政權的核心。至於另外的教職員中，後來加入中共而成為其重要幹部的有：政治部主任周恩來、教授部副主任葉劍英、政治教官聶榮臻、高語罕、惲代英（此人後來被蔣介石槍斃）、于樹德、李富春、張國燾以及左傾的郭沫若。

在前四期的畢業生中，國、共雙方都有優秀幹部，國民黨方面：胡宗南、袁守謙、杜聿明、鄭洞國、黃杰、王叔銘、賀衷寒、宋希濂（以上第一期）、鄭介民（第二期）、康澤（第三期）、戴笠、胡璉、高魁元（第四期）等；在中共方面有：徐向前、陳賡、蔡申熙、許繼慎、李之龍（第一期）、林彪、陳遠湘、文強（第四期）等。這些當年急就章訓練出來的軍校生，是北伐、中日戰爭及國共內戰的主力，動輒率領數十萬大軍馳騁疆場，徐向前、林彪還是中共建國的十大元帥。

在 1926 年以前這些親愛精誠的師生同學，後來卻不斷地出現老師與學生對抗、或同學與同學爭戰的悲劇場面，有時候學生聯合起來和「校長」及「教官」戰鬥，有時候「校長」或「教官」下令槍斃自己的學生，有時候學長打敗學弟，有時候學弟俘虜學長（這裡面第四期的林彪最風光，打敗最多師長，俘虜最多學長、學弟），讓局外人看了鼻酸，也為人性的扭曲而悲嘆不已。

隨著國民政府的建立，黃埔校軍由黨軍而成為國軍，成了國民黨打天下的主力，並以陸軍官校的傳統在臺灣延續其香火。然而黃埔軍校的建立，原本即有同床異夢的政治妥協，又在戰亂相尋之際倉促成立，訓練未成熟即投入戰場（黃埔軍校前四期的畢業時間在 1925 年 2 月至 1926 年 8 月，不到兩年的時間畢業了四屆），由這群素質參差不齊的軍人來主導江山沉浮，不但掌管軍事，還進一步管政治，實已超過黃埔軍人的負荷極限，國民黨在中國的失敗，論者指出即與此有關，最近，郝柏村（十六期）也撰文同意部分的觀點。

黃埔軍校在戰場上的「同學會」雖然造成兄弟相殘的悲劇，但雙方各有意識形態的堅持，還算有點理想色彩，但也因為有前面這一段恩怨的糾葛，使中共每次要軟化國民黨意志的時候，就把這種同學關係拿出來應用，西安事變後，中共急著要和國民黨和解，周恩來一見蔣介石，就恭敬地喊「蔣校長好」，事情也就更好商量了；當年鄧小平也曾指示廖承志寫信給蔣經國，希望「相逢一笑泯恩仇」（鄧小平、蔣經國、楊尚昆、廖承志都是莫斯科中山大學的同學，是另一所國、共同學關係複雜的學校）。想不到事隔多年的現在，中共又重施故技，又利用從前的那點老關係，把黃埔軍校舊址修好，號召兩岸黃埔校友聯誼（事實上黃埔傳統只在臺灣延續與中國共產黨無關），而臺灣的黃埔退休將領竟然趨之若鶩，完全忘了蔣校長「反共絕無妥協」的訓示，也忘了從前學長人頭落地的悲哀，實在令人遺憾。

【延伸閱讀】

（1）張國燾，《我的回憶（第一冊）》，香港：明報月刊，1974年。
（2）中華文化基金會，《六十年來中國留俄學生之風霜踔厲》，台北：中華圖書出版社，1988年7月。
（3）張玉法，《中國現代史（下冊）》，台北：東華書局，1977年。

018

論孔、宋家族

趙慶河

孔（祥熙）、宋（子文）家族是近代最顯赫的財經世家，也是南京國民政府所依賴的江浙財團的代表。1927 年蔣介石清黨之後，俄援斷絕，其經費來源，就是靠江浙財團的支持。中國共產黨稱國民政府被蔣、宋、孔、陳四大家族掌控，其中除掌握黨務的陳家（陳果夫、陳立夫兄弟，C.C 派）較為獨立外，蔣、宋、孔三家盤根交錯，幾成一體。孔宋家族彼此有姻親關係，宋氏三姊妹的大姊宋靄齡嫁給孔祥熙，二姐宋慶齡嫁給孫文，小妹宋美齡嫁給蔣介石，再加上孔宋家族有西方國家最喜歡的西式教育與基督教信仰，使這個集團無往不利。國民政府時代有上海娘娘宋美齡（孔家子姪輩的暱稱）的撐腰，呼風喚雨 20 餘載，即使共產黨掌權，還是有一位廣東娘娘宋慶齡以孫文遺孀、「國母」的身分，在共產中國普受尊崇；而宋美齡則以「民族救星」蔣介石夫人的角色在台灣享受同樣的榮華，並憑其巨富，在美國和其餘的孔宋家族成員，得以頤養天年，這在鬥爭激烈的中國近代史上可謂異數。

孔祥熙出身山西太谷商人之家，後來信基督教，受教會栽培赴美受教育，這一點與宋家相同，孔祥熙、宋子文長期擔任國民政府的財經要員，雖然也有若干制度上的建樹，但卻累積了萬貫家財，其手段有欠磊落，難怪有聚斂大臣之譏，中共政權甚至將之歸類為促使國府崩潰的因素。孔祥熙無論是擔任行政院長或是財政部長、中央銀行總裁等職務，總是有辦法以國家機器的名義聚財，即使是以1935年較具正面貢獻的幣制改革，孔氏也都可以用來取得個人的暴利，他最擅長的是套利，戰前利用發行公債的利率差價、實施法幣的匯兌差額，抗戰期間及戰後則利用經手美援，控制匯率，賺進了大把鈔票，據孔氏的親信夏晉熊回憶：孔氏之女曾告訴他：「打了八年仗，爸爸為他（指蔣介石）積了十來億美金，不能說沒有功勞」。可見孔、宋、蔣姓氏雖異，卻是名符其實的利益共同體，如果抗戰時期就聚斂了幾十億美元，相較於羅斯福總統打算用來拯救中國的五億美元援華案，就可看出這個集團如何「置國家生死於度外」了。

相較於孔祥熙，宋子文介入的方式較為迂迴，1933年宋子文以私人股票公司的方式成立「中國建設銀公司」，動員中外投資以支持中國經濟的發展，隨著國民政府掌控力的增強，這個公司也跟著水漲船高，1934年資金1260萬元，1936年即遽增至1億1500萬元，於是宋子文就可用此基金介入各種電力、採礦、治水等企業領域。孔宋掌控中央銀行、中國銀行、交通銀行、中國農民銀行（簡稱中、中、交、農四行），以及中央信託局，以政府資金公私兩便，名為富國，其實也富家，既以官員身分，又以私人身分，在經濟投機活動中全面而充分的活躍起來，與他們所宣稱要打倒的滿清官僚一模一樣。

宋靄齡由於撮合了蔣介石與宋美齡的婚姻，頗得蔣氏夫婦的寵信，宋美齡無子，因此孔氏子女，尤其是長子孔令侃、二女孔令俊（孔二小姐）最得寵愛，成為當時最具代表性的「太子幫」。孔令侃的「揚子建業公司」、二小姐的「嘉陵企業公司」利用特權，勾結杜月笙等幫派頭子，成為壟斷交易的機構，孔家炒作外匯的基地，戰後用特權標賣美援軍用物資，國共內戰期間，囤積物資，操作物價，發國難財，引來蔣經國打老虎的也是他們的傑作。孔二小姐的行為乖張更是當時報紙最愛捕捉的新聞人物，這位女扮男裝的小姐，曾在宵禁時飆車，不爽取締的警察，而加速將之撞傷，也因為交通部的新聞特派員拍攝其愛犬，令她不快，而命眾將其打傷，而她和龍雲的三兒子在重慶中央公園當街拔槍火併，傷及眾多無辜的事件，更是轟動，成為抗戰時期另一類流血流汗的典型。

蔣介石因宋子文一開始就反對他和宋美齡的婚事，又不太聽話，不像孔祥熙那樣唯命是從、又不抓軍權，而宋子文則曾成立稅警團，培養了孫立人，因此比較寵信孔祥熙，抗戰初期蔣介石私下與日本秘密謀和的事即交給孔祥熙進行。孔宋雖係同一集團，但既聯合又鬥爭，私下衝突不斷，只有碰到共同敵人危及其生存時才會槍口一致對外，而其中連繫的樞紐就是宋美齡，以這樣的黨政關係，兼之有基督教會及美國友人的支持，使其進可攻退可守，這也是該集團能在現代中國縱橫捭闔數十載而不衰的原因所在。

【延伸閱讀】

(1) 張玉法主編，《中國現代史論集・第八輯・十年建國》，台北：聯經出版事業公司，1982 年 2 月。

(2) 壽充一編，《孔祥熙其人其事》，北京：中國文史出版社，1987 年 8 月。

019

盟軍接收台灣

陳翠蓮

1943 年 12 月，美英中三國領袖於開羅舉行會議後共同聲明，將使日本竊取自中國的領土如東北、台灣、澎湖群島歸還中國。1945 年 7 月的波茨坦宣言，提出日本無條件投降之要求，並貫徹開羅宣言。1945 年 8 月 15 日，日本正式表明無條件投降，盟軍最高司令官麥克阿瑟（Douglas McArthur）所指揮之盟軍最高總司令部佔領日本，由美國政府進行實際統治。9 月 2 日，麥帥向日本發出一般命令第一號，完成受降手續，其中有關臺灣的部分為：「舉凡在中國（滿洲除外）、臺灣及法屬印度支那北緯十六度以北部分的前日軍指揮官與一切陸、海、空及後備部隊，均應向蔣介石總統投降。」中華民國國民政府遂依據麥帥該指令，代表盟軍接收臺灣。

國民政府於9月任命陳儀為台灣省行政長官兼警備總司令、公佈臺灣省行政長官公署組織條例、成立警備總部前進指揮所，10 月 5 日起，行政長官公署秘書長葛敬恩率警總副參謀長范誦堯等 47 名人員、憲兵第九團士兵一排，共 71 人搭乘美軍運輸機抵台北。17 日陳孔達率國府 70 軍及長官公署官員搭乘美軍運輸艦、在美軍軍機掩護下自基隆碼頭登岸。24 日，行政長官陳儀抵達松山機場，同日國府軍隊分乘美軍艦艇抵達基隆，另有憲兵、警備總部特務團、警察共約 3000 人自福州抵台。

25 日代表盟軍舉行受降典禮，會議堂上懸掛美、英、蘇、中四面國旗，陳儀代表盟軍在中山堂（台北公會堂）舉行中國戰區台灣區受降典禮，接受臺灣軍司令官安藤利吉投降。其後，安藤被任命為在臺日本官兵善後聯絡部長，至翌年 4 月完成所有接收工作。

【延伸閱讀】

(1) 陳翠蓮，《派系鬥爭與權謀政治—二二八悲劇的另一面相》，台北：時報出版公司，1995。
(2) 薛化元編著，《台灣地位關係文書》，台北：日創社，2007。

020

戰後接收變劫收

陳翠蓮

因為盟軍在日本的廣島與長崎投下兩顆原子彈，日本無條件投降。國民政府並未預料到勝利如此迅速降臨，見證戰爭結束並參與接收工作的邵毓麟指出：「對日勝利隨著原子彈的閃光，如疾電般的『襲擊』我們，連迎接勝利的準備時間都沒有，因此對收復地區的接收工作和政務工作，政府在事先並沒有建立制度、研究計畫，更談不上人員的訓練。」

雖然 1945 年 9 月 9 日在南京舉行了受降典禮，但國民政府軍隊大多還在滇西、緬北等西南地區的崇山峻嶺中，要到達前線受降尚須耗費相當時日，只好借助原被日本佔領區的日軍。8 月 15 日，中國戰區最高指揮官、國民政府軍事委員會委員長蔣介石向日軍中國戰區總司令下達「日軍暫時保有武器及裝備，保持現有態勢，並維持所在地之秩序與交通」；「日軍應受國軍指揮，共同作戰，擊退共軍」等六項投降原則，借助投降日軍的力量，防止共軍搶奪勝利果實。

國民政府在毫無準備的情況下開始了接收工作，除了軍事接收較有秩序之外，其他在政治、經濟、金融方面的接收一場糊塗。

一、黨政軍競相接收。9月初以陸軍總部之下設立了「黨政接收計劃委員會」，各省市亦成立相應機構；10月間又成立了以宋子文勢力為主的「行政院收復區全國性事業接收委員會」，各省市又相應成立「敵偽物資產業處理局」，接收工作重心由軍事系統轉向了行政系統；黨務系統、特務組織也莫不競相接收，爭取地盤，造成接收機關多如牛毛的現象。例如，天津地區有26個接收單位、杭州28個、北平32個、上海89個之多。

二、各種勢力競相牟利，你爭我奪，於是出現「此封彼揭」、「封條重重」的狀況，為了爭奪資源，不惜對立，打鬥、開槍、流血衝突。

三、接收人員窮奢極侈，大發「接收財」。各接收機關專事於經濟事業的接收，以多報少、混水摸魚、中飽私囊者比比皆是；

四、更有甚者，強佔民房與財產、指控漢奸罪名敲詐勒索，無法無天、無所不用其極。民間厭惡接收人員惡形惡狀，於是稱「接收」為「劫收」，並以金子、車子、房子、位子、女子的「五子登科」加以諷刺。

【延伸閱讀】

(1) 邵毓麟，《勝利前後》，台北：傳記文學出版社，1984年。
(2) 丁永隆、孫宅巍，《南京政府崩潰始末》，台北：巴比倫出版社，1992年。

021

國民政府接收台灣實況

陳翠蓮

跟隨陳儀來台的接收人員中，多認為因為抗戰勝利台灣才得以光復，因而抱持優越感，其中也不乏機會主義者。上海《新聞天地》報導指責，來台公務員中「有一部分是帶有觀光性質的，一部分是來作生意的，另一部分卻是為做官發財而來，他們為了是可以『有名』，也可以『淘金』，真正想為台省做一點工作的，可比說占成份甚少。」吳濁流則指出，接收人員從節衣縮食、戰爭的困頓生活中，突然跳到物資豐盛、遍地黃金的台灣，眼中只有私利私欲，隨之「五子登科」地發起國難財。

戰後台灣接收複製了在中國的「五子登科」、「接收變劫收」，最受詬病的問題包括：一、爭奪物資，例如接收人員為了爭奪日產與房舖，任意張貼封條、競相佔領房產，屢屢出現一屋數封的情況，爭奪激烈時，彼此竟發生武力對抗的事件。二、貪污舞弊，接收人員將公產中飽私囊、盜取變賣的情況不計其數，其中最著名的例子如長官公署秘書長葛敬恩勾結美軍軍官私吞黃金 60 公斤事件、專賣局吞沒 70 公斤鴉片卻謊稱白蟻蛀食事件、葛敬恩女婿李卓芝盜賣台灣紙業公司機器案、專賣局長任維鈞貪污案、貿易局長于百溪貪污案、台北縣長陸桂祥貪污案等，經新聞媒體報導，貪污腐敗的情形到了聳人聽聞的地步。三、牽親引戚，接收官員非專業人員不說，又經常安排親友佔住閒缺，例如省參議員林日高曾公開質詢農林處檢驗處長葉聲鐘將台籍技正弄走，以自己的二房姨太謝吟秋來補技正缺；《民報》報導，高雄一所專修學校的劉性校長，以他不識字的岳父充任教員引發學潮；台中法院全院職員 50 人，僅院長妻舅等遠近親戚即佔過半的二十餘人等等，再再成為民間笑柄。四、軍紀敗壞，軍隊士兵不但偷、搶、拐、騙，不守秩序、毫無紀律可言，甚至屢屢發生與人衝突時，以手槍威脅、槍殺民眾的事件，民間乃稱七十軍士兵為「賊仔兵」、「土匪兵」。

面對接收官員貪婪腐敗、軍人為非作歹的情況，民間報刊一再抨擊，自日治時期建立起守法觀念的台灣民眾忍無可忍，對中國觀感日益低落，從滿懷期望逐漸變成失望、絕望，乃與日本統治兩相比較，謔稱為「狗去豬來」。民間流傳「盟軍轟炸驚天動地、台灣光復歡天喜地、接收官員花天酒地、政治混亂烏天暗地、人民痛苦呼天強地」的打油詩，正說明了台灣民眾由怨生恨的心理轉變過程。

【延伸閱讀】

(1) 李筱峰，《解讀二二八》，台北：玉山社，1998 年。

(2) 唐賢龍，《台灣事變內幕記》，出版資料不詳。

022

地名中國化扭曲台灣認同

戴寶村

地名相當於人類在地表上活動所留下的足跡，包括一地的自然地理環境特徵，及人文歷史發展特質，更有助於人地關係的聯結。

台灣地名中蘊含豐富的人地互動特色，包括呈現台灣地形的特殊性，如崎頂、墩仔腳、大沙灣、大南澳、鼻頭角等。也有呈現其中氣候、生物特色者，如風櫃尾、鹿寮、山豬窟、茄苳腳、樟樹灣等。也有呈現族群的多元性，如北投、艋舺為平埔族語，達邦、烏來、知本為原住民部落名。也有包含原漢關係的紀錄，如竹圍、木柵、土城、石牌等。也有殖民政權更迭所留下的地名，如西班牙殖民留下的關渡、紅毛城、三貂角、富貴角。也有記錄來台移民及其拓墾軌跡，如惠來、泉州厝、海豐、新莊、舊庄、五股、六結、十八份、三張犁、永春埤等。

1945 年 10 月 25 日中華民國軍事接收台灣後，行政長官公署「為破除日本統治觀念」，隨即於 11 月 17 日制訂公布「臺灣省各縣市街道名稱改正辦法」，作為改正街道名稱之依據，通令全省各地於縣政府成立後兩個月內改正，凡是地名中具有紀念日本人物者，如明治町、大正町，具有宣揚日本國威者，如大和町、朝日町，及顯明為日本名稱者，如梅枝町、若松町等，皆須進行改正，但新名稱應具有下列意義：甲、發揚中華民族精神者，乙、宣傳三民主義者，丙、紀念國家偉大人物者，丁、適合當地地理或習慣且具有意義者。1974 年台灣省警務處再頒布「台灣省道路命名及門牌編訂辦法」，其頒訂的道路命名原則有五大項：發揚中華民族精神、宣揚三民主義、紀念國家偉大人物者、適合當地地理史蹟或習慣者、具有表揚善良之意義者。但實際上各地所定地名，後兩者都被忽略，而大量採用前三項具有洗腦作用的街道名稱。

以台北市街路名為例，其命名原則可歸納為五類：一、中國省市名稱：將台北市化成中國的縮影，如迪化街、天水路、酒泉街、哈密街、承德路等，表示懷念「固有國土」之意；二、表現光復國土之意：如光復南北路、復興南北路等；三、傳播政治理念：如辛亥路、莒光路、民族東西路、民權東西路、民生東西路、莊敬路、愛國東西路等；四、倫理道德價值觀：如四維路、八德路、忠孝東西路、仁愛路、信義路等；五、政治人物之名：如延平南北路、中正路、中山南北路、逸仙路、林森路等，可說全數是政治意識下的產物，與歷史發展過程中自然生成的地名相去甚遠。

國民黨政府對台灣地名的大規模變動，從掃除台灣人對日治統治的記憶出發，幾乎全數抹殺了具有歷史、地理、人文意義的地名，進而以政治霸權與文化霸權從地名上強行灌輸中國政治、道德、文化意識，將人民從意識上抽離生長的土地與文化，造成人民與土地背離，認同錯亂，因而無法凝聚正常的國家意識。

【延伸閱讀】

(1) 廖秋娥，〈地名權的歷史地理面向—以台東市的街道名為例〉，《台東文獻》復刊第 11 期，2005 年 12 月。
(2) 戴寶村，〈從地名考察台北市歷史〉，收於戴寶村主編，《台灣歷史的鏡與窗》，台北：財團法人國家展望文教基金會，2002 年。

023

台灣人日本軍與台灣人國軍

張炎憲

1940 年代，台灣人歷經兩個政府的統治：日本與中華民國，也被捲入日本的大東亞戰爭和中國的戰爭。台灣人沒有自己選擇的權利，只能依據統治者的需求，亦步亦趨配合作戰，而這兩個政權又是相互對抗敵視，台灣人參加日軍作戰，事後不敢說，惟恐被烙上標記。參加國民黨軍隊的台灣人到中國參加戰爭，有的戰死，有的被共產黨俘虜，轉而成為共產黨軍；有的被派往參加韓戰，如被美軍俘虜，又轉成為反共義士回到台灣；有的則客死中國。國共兩黨相互爭奪中國領導權，台灣人在國共鬥爭中被犧牲，但在反共的前提下，回到台灣也不敢說，只能默默活下來。戰爭帶給台灣人無奈的悲運，失去自主，真不知為何而戰，為誰而戰。

據 1973 年日本厚生省公佈，台灣人被動員參與戰爭者有 207,183 人，包括軍人 80,433 人，軍屬 126,750 人。其中戰歿者 30,304 人，包括軍人 2,146 人，軍屬 28,158 人。

因戰後台灣人國籍改變，無法取得日本補償，而國民黨對台灣人補償問題，也不理不睬。1972 年，日本與中華民國斷交後，兩國之間已無外交關係，更沒有辦法進行協議。1975 年旅日台灣人與同情台灣人遭遇的日本人士組成「台灣人原日本兵補償問題思考會」，由日本明治大學教授宮崎繁樹擔任首席代表，王育德擔任事務局長，向日本政府要求補償，並透過訴訟手段達到立法目的。1992 年 4 月 8 日東京最高裁判所判決原告敗訴。經過 12 年的努力，雖然在法庭上失敗，但博得日本人的同情。1987 年 9 月日本眾議院和參議院分別通過「對台灣居民陣亡者遺族支付弔慰金法」，並通過 1988 年的預算，開始支付陣亡及重傷殘者每人 200 萬日幣弔慰金，至 1995 年 3 月 31 日正式結束，總共核定 29,645 件申請案。（重傷殘 421 件，死亡 29224 件），總核發金額 5,929,000 萬日幣。

1994 年 12 月 14 日，日本政府決議以 120 億補償台灣人日本軍（軍人及軍屬）及民間相關債務，包括五項：(1) 原日本軍人軍屬未支付薪津；(2) 軍事郵便儲金；(3) 外地郵便儲金；(4) 簡易保險；(5) 郵便年金。自 1995 年 10 月 2 日開始發放，至 2000 年 3 月 31 日結束。共支付件數約 27 萬件，總金額約 128 億日幣。上述弔慰金與債務補償，才使得台灣人原日本軍的問題告一段落。

台灣人在戰後當過國軍的數目至今仍然不清楚。根據許昭榮的研判，至少有 15000 人；依據 1990 年 8 月，台灣省兵役處的清查資料（不包括台北市和高雄市）滯留中國的台灣人國軍有 1569 人。

由於國共雙方鬥爭對立，遲至 1987 年 11 月 2 日，政府才開放「一般民眾赴大陸探親」，1989 年 3 月 31 日，再開放「滯留大陸台籍前國軍人員及眷屬返台定居」。

國民黨政府對跟隨它來台灣的軍人，都予以安撫照顧，並有「退除役官兵輔導委員會」負責。但對台灣人國軍則不理不睬。許昭榮見此憤恨不平，於 1991 年 9 月被解除黑名單後返台，開始著手討回公道的運動。他曾數次進入中國調查，深知台灣人在中國的慘痛遭遇，1994 年 11 月，他聯合台籍老兵，組織「中華民國原國軍台籍老兵暨遺族協會」，並出任理事長，多次帶領老兵向國民黨抗議，並在立法院舉辦公聽會，訴之民意的支持。1996 年 12 月行政院終於核定「台灣地區光復初期隨國軍赴大陸地區作戰人員撫慰金發放辦法」，對早期撤退返台者補償 20 萬元，對戰後、失蹤及滯留者（含病故）最高給予 80 萬元的撫慰金。但比較中國來台老兵有「戰士授田憑據補償條例」、「民國 59 年以前（以後）退除役官兵補償辦法」、「國軍老舊眷村改建條例」等照顧特定族群的作法，則台灣人國軍的待遇遠遠不如。

許昭榮不只致力推動台灣人國軍的補償，為了建立「戰爭與和平紀念公園和紀念碑」，費盡心血，其中波折不斷，屢屢受到阻撓。2008 年 3 月 22 日馬英九當選總統，許昭榮感到心灰意冷，竟選擇馬英九就任總統的 5 月 20 日，在公園內「台灣無名戰士紀念碑」前引火自焚。因他的犧牲，2009 年 5 月 20 日，紀念公園與紀念館正式落成啟用。

台灣人日本軍與台灣人國軍為了捍衛統治者在戰爭中犧牲

生命；事後歷經爭取，才能獲得補償，但其金額遠比日本人和外省特殊族群不如。這些慘痛經驗與台灣人沒有自己國家保護有關。

延伸閱讀：

(1) 許昭榮《台籍老兵的血淚恨》，台北：前衛，1995 年。
(2) 許昭榮，《動盪時代的無奈：台籍老兵血淚故事》，南投：國史館臺灣文獻館，2005 年。
(3) 李展平，《烽火歲月：台灣人的戰時經驗》，南投：國史館台灣文獻館，2005 年。
(4) 李展平，《戰火紋身的監視員：台籍戰俘悲歌》，南投：國史館台灣文獻館，2007 年。

024

1946 年中國的選舉弊端初現台灣

李筱峰

中華民國政府接管台灣的第二年，1946 年，有一場「國民參政員」的選舉，中國人的官場鬥爭文化表露無遺。

按國民參政會，係中國對日抗戰時的臨時民意機關。1937 年 7 月盧溝橋事變後，中日戰爭爆發，翌年三月間，中國國民黨臨時全國大會開會，制定抗戰建國綱領，關於政治部分，規定有：「組織國民參政機關，團結全國力量，集中全國之思慮及識見，以利國策之決定與實行。」，因此，遂有同年 7 月之「國民參政會」的誕生。國民參政會可說是當時中國為適應對日抗戰之需要，而由其政府遴選國內及僑外各界人士所組織，以備其政府諮詢的機構。

二次大戰結束後，國民參政會已是第四屆。第四屆參政員原本在是年（1945 年）7 月屆滿，後來又延長六個月，因此，依據國民參政會組織條例第四條的規定，台灣省得補選參政員八名，參加第四屆國民參政會。又照規定，已經成立省參議會的省份，以省參議員為選舉人，選出國民參政員。

1946 年台灣省行政長關公署民政處接奉行政院的命令，辦理台灣省國民參政員的補選，於 8 月 16 日由省參議會完成投票手續。此次選舉，參選者共四十人左右。經台灣省參議會參議員投票，結果原本得票的前幾名如下：

林　忠：22 票

林宗賢：17 票

羅萬俥：16 票

林獻堂：14 票

廖文毅：13 票

林茂生：12 票

杜聰明：12 票

吳鴻森：12 票

陳逸松：12 票

楊肇嘉：12 票

若依原來得票情形，從林忠到廖文毅前五名應該是確定當選，其餘第六高票有 5 人同票，應設法從中選出三名。但實際狀況卻有節外生枝的發展：當時負責此次選舉的監選工作的行政長官公署民政處長周一鶚卻宣佈，選票出了問題：廖文毅的十三張票中，有一張票的「廖」字因墨跡未乾被弄髒；另外，楊肇嘉的十二張票中有一張票的「肇」字多了一劃，是否有效，不能確定。於是舉行祕密會議，至下午二時半猶熱烈討論，周一鶚堅持要請示中央。 結果會議決議，待向中央請示而後定。

按，當時參政員並無選舉條例，而省縣市參議員選舉條例中，有以字跡模糊不能認識，而為無效之規定。若準此以觀，則儘管「廖」字弄髒，仍能辨識該字為「廖」；「肇」字多一劃，也能辨識該字為「肇」，不至於「不能認識」。台灣在日治時代自 1935 年起開始民選（半數）市、街、庄協議會員，即用「記名」投票辦法，以所記票能辨認出為某人時即屬有效，自是以後台灣的各種選舉即準此而行，已成慣例。是故，長官公署如此節外生枝，使得台民連呼嘖嘖。所以《民報》發表社論，批評此舉乃小題大作，「儘管有簡易的辦法何必如此小鰍大浪？」（社論〈參議員選舉揭曉了〉，《民報》，1946.8.17）

此事經向南京中央請示後，8 月 31 日最高國防委員會的審議終於裁示：廖文毅、楊肇嘉兩票皆無效！因此，廖文毅的得票數變成十二票，應與其他同得十二票的林茂生、杜聰明、吳鴻森、陳逸松共五人抽籤決定四名當選。而楊肇嘉的得票數變成十一票，旋告落選。

抽籤事宜於 9 月 6 日舉行。就在抽籤的前夕，9 月 5 日晚上 8 時，林茂生向省參議會秘書長連震東送了一份申明書，表示放棄參加抽籤的權利。顯然，林茂生對於長官公署這一小題大作的動作頗不以為然，故明辭意以示抗議。林茂生主持的《民報》，亦於 6 日的晨刊報導了他宣佈棄權的消息，新聞標題是：「自動放棄抽籤權利／林茂生正式申明／其餘四名可自然獲選／參政員選舉完滿結束」。

不意，林茂生的申明，當局並不接受。連震東接到林茂生的申明書，頗為震驚，翌日清晨專程造訪林茂生，把文書退回，苦勸林茂生不要辭退。當局以林茂生手續不完備，沒有接受林的棄權。因此，當天的抽籤仍照預定進行。

6 日的抽籤，引起社會注意，會場擠滿了新聞記者和旁觀人士。籤分成兩種，一為人名籤，一為當選或落選籤。抽籤方式是，先由省參議員顏欽賢抽出一人名籤，繼之由另一位省參議員林璧輝抽出當選或落選籤。第一個被抽出的人名籤就是廖文毅，接著抽當選或落選籤，全場摒氣靜觀，抽出結果，落選！全場啞然無聲。原本獲十三票應以第五高票當選的廖文毅，竟然因此而落選了。憨直的台灣人，沒有人去追究人名籤的箱子裡面是否放的是所有的人名，另一個箱子放的是否只有落選籤。

社會上議論紛紛，認為此事件是國府當局刻意要打擊廖文毅。

翌年，二二八事件爆發，廖文毅剛好赴中國考察，與事件無涉，卻被行政長官公署當局列入通緝名單，從此廖文毅流亡海外，走上台灣獨立運動的道路。

【延伸閱讀】

（1）李筱峰，《台灣戰後初期的民意代表》，台北：自立晚報文化出版部，1986。
（2）李筱峰，《林茂生・陳炘和他們的時代》，台北：玉山社，1996。

025

二二八大屠殺

李筱峰

二次大戰後，中國國民政府接管台灣，台灣民眾初表歡迎，殷切期待，詎料戰後台灣，政風腐敗，特權橫行，經濟壟斷，生產大降，米糧短缺，物價暴漲，失業激增，軍紀敗壞，盜賊猖獗，治安惡化……，民心日漸流失，終至怨聲載道。

1947 年 2 月 27 日晚，台北市延平北路發生專賣局查緝員打傷女煙販並釀成槍擊民眾致死命案，28 日台北市民向相關機關抗議未果，反遭行政長官公署機槍掃射，情勢一發難收，擴及全島，各地蜂起，全島騷動，許多外省人成為民眾毆打洩憤的對象。

各級民意代表與社會菁英旋即組成「二二八事件處理委員會」，與行政長官陳儀交涉善後處理事宜，進而提出政治改革要求，情況漸趨穩定，然而，陳儀一面虛與委蛇，一面向南京請兵。國府主席蔣介石採用在台軍政特務人員一面之詞，決定派兵來台。3 月 8 日傍晚，國府軍隊在基隆登陸，當時正在碼頭工作的工人，莫名其妙遭到突如其來的軍隊的掃射。3 月 9 日軍隊進入台北，繼而向南挺進，在各地展開鎮壓與屠殺，死傷慘重。二二八事件處理委員會隨即被陳儀宣佈為非法組織而被命解散。參與開會的許多社會領導菁英，也開始被列為清算整肅的對象。

自3月10日起，全島各地社會精英，包括民意代表、教師、律師、作家、醫生、記者，紛紛被捕遇害。許多家民間報館，也一一遭陳儀當局查封。

3月20日，長官公署開始在全島各地展開所謂「清鄉」的行動，以連坐法的威脅，要求民眾交出武器和「惡人」。在「清鄉」的過程中，各地不斷有人被捕槍斃，且多未經公開審判。台灣到處充斥著冷冽的肅殺之氣。

國府軍隊假「綏靖」、「清鄉」之名對台灣民眾進行屠殺。試舉以下史例了解：

軍隊登陸基隆後的情形，根據一位基隆市民向台灣史學者楊逸舟作了目擊證言，說：「登陸的士兵對著碼頭工人與苦力，未加任何警告就突然用機槍掃射，瞬時有數十名、數百名的工人應聲倒下，悲鳴與號聲四起。市民見狀，便亂奔亂竄，慢一步的人就成為槍口的獵物。惡魔突然降臨，橫掃市街，死傷者倒在路面，到處皆是…。」

當時奉派來台的整編21師的副官處長何聘儒也回憶說：「該團在基隆要塞部隊的配合下，立刻架起機槍向岸上群眾亂掃，很多人被打得頭破腿斷，肝腸滿地，甚至孕婦、小孩亦不幸免。直至晚上我隨軍部船隻靠岸登陸後，碼頭附近一帶，在燈光下尚可看到斑斑血跡。」

楊逸舟又記述：「數百名被認為暴徒的人們，足踝被貫穿鐵線，三五人一組被拋進海中。有時，十數人一組，用鐵線貫穿手掌，有的已氣絕，有的半氣絕，統統綑成一團，拋入海中。不數日，無數的無名屍像海綿似的吸飽海水，浮上海面，漂到海邊來。」

住在基隆的許曹德，當時年僅十歲。軍隊登陸當天，他躲在門縫邊，窺見殺戮的鏡頭，以下是他的片段回憶：「我不知道什麼時間軍隊登陸，但聽到風聲，家裏準備緊閉店門、防止意外的下午，便聽到南榮市區方向傳來可怖的槍聲、人群奔逃嘶叫聲、軍隊對行人吆喝站立聲、不斷的雙方向射擊聲。從店門的縫隙看出去，看到軍隊舉槍對任何起疑的人物，無論大人小孩一律射殺的恐怖鏡頭。我軟躺的門邊，趕快爬進後面臥房，一聲不響的掩臥在被耨中，母親、大哥也躲到後面天井的醬菜倉庫。直到黃昏，我們仍然不停的聽到外面恐怖的槍聲、機關槍聲、抓人的命令聲、喊冤枉的呼救聲，子彈甚至都打到店門，樓房外牆柱子也感到軍隊槍托的碰撞聲。直到深夜，整個市區戒嚴，平常晚上必然聽到的盲人按摩的幽怨吹笛聲、行人聲、馬路卡車聲，一下戛然而止，化為死城。_第二天，恐怖加劇，街上任何人物移動、任何抗拒，當場射殺。我們聽到附近軍隊衝進巷子、民房，搜捕嫌疑人物。我們偷偷看到馬路上一批批青年在槍尖下押向市區，看到一輛輛軍用卡車載著面露恐懼的青年駛向市區。我們看到馬路邊從昨天躺臥到現在，今天又增多的一具具屍體。我看到比戰爭時期被轟炸、被飛機射殺的場面，更驚怖百倍的鏡頭：射殺一個人就像踩死一隻螞蟻一樣。我們整天都活在極度的恐懼中，不知這些野蠻軍隊，會不會衝進我們店裏搜捕。我看到媽媽從未如此害怕過，只看她不斷唸大悲咒、唸阿彌陀佛。我們最怕大哥發生意外，他們是鎮壓軍隊懷疑的對象。此時，任何二十幾歲的台灣人，只要踏出門口，休想活著回來。」

美國國務院所刊行的《對華白皮書》中，曾提到軍隊濫殺的情形，茲引一段如下：「三月九日起，發生廣泛而無差別的殺戮行為。在美國領事館員的宿舍前面，工人並未有任何挑釁行為，就被刺刀刺死。也看到軍人搶奪行路人的錢財。婦女從家中被拉走，老人跑出去抗議，即被兩個軍人砍倒。服務於教會醫院的一位加拿大籍護士，勇敢地奔梭於槍彈中，搶救受傷的人們。當她帶領負傷者往醫院的途中，軍人從後面開槍把負傷者射死。年輕的台灣青年被綑縛起來，用鐵線貫穿手掌，拉過街道盡端。教會附近，一個小學女教師從後面被擊，被掠奪。有一美國婦人的家，受到附近陣地的機槍射擊，一個英國企業家要去救她，子彈貫穿了他的衣服，幸未打中身體。另一個外國人看到一個騎自行車的青年，被憲兵叫下來，用刺刀刺穿了手掌。有人要躲，有人要逃，可是人們被射擊。軍人看到任何喜愛的東西，即掠奪過來。三月十日，領事館附近萬華一帶，許多商店主人被射擊。」

數日來二二八事件處理委員會的開會地點中山堂，自 3 月 8 日下午以後，頓然成為慘絕人寰的殺戮場。根據一位法官向楊逸舟的口述：「陳儀於八日下午，最先派了一個大隊包圍中山堂，其中的一中隊衝進中山堂內，把各樓各室正在處理各部門事務的學生、青年共兩百多名，亂殺一陣。有的被刺刀刺死，有的被推出窗外。當中有幾個女學生，被抓住長髮拋出窗外，發出悲鳴，青蛾似地從空中亂舞而下，罵著中國兵：『鬼畜生的支那兵！』『阿姆！救人啊！』，直到氣絕。從四樓掉落下來的人，頭破骨折，當場死亡。但從二、三樓被拋出來的人，只會半死。這時在外面待機的士兵，就用刺刀補死。屍體手上帶錶的被切斷手掌，指頭帶戒指的被切斷手指。愈來愈多的士兵在搜索屍體身上的口袋，鈔票被搜光。」

台灣旅滬六團體對於當時全島多處民眾遭屠殺的慘況，有如下的記述：

「屠殺方法殘酷無倫，（一）如基隆車隊用鐵絲穿過人民足踝，每三人或五人為一組，捆縛一起，單人則裝入麻袋，拋入海中，基隆海面最近猶時有屍首。（二）高雄軍隊對集會中千餘民眾用機槍掃射，全部死亡。台北別動隊使用機槍及坦坦彈殺害平民。（四）基隆軍隊割去青年學生二十人之耳鼻及生殖器，然後用刺刀戮死。（五）台北將所捕平民四、五十名由三層樓上推下，跌成肉餅，未死者再補以刺刀。（六）高雄將人釘在樹上，聽其活活餓死。（七）卡車上巡邏兵見三人以上民眾即開槍擊殺。（八）哨兵遇路過民眾，不問情由開槍擊殺。（九）各地大批逮捕平民、未經審訊即綁出槍決或半途而處決。（十）嘉義、台南一帶人民因聞主席白部長一律從寬免究之廣播後，向當局自首竟被捕槍決。（十一）軍隊以清鄉為名，向民家搜查，將財物取去復殺人滅口。」

此次事件死亡人數，說法不一，但綜合各方估計，約在兩萬人左右。

中華民國在二次戰後接管台灣，卻接管出腥風血雨的二二八事件，如此中華民國，何「精彩」之有？這是中華民國的恥辱，也是台灣的悲哀！

【延伸閱讀】

（1）李筱峰，《解讀二二八》，台北：玉山社，1998

（2）李筱峰《唐山看台灣—228事件前後中國知識分子的見證》。台北：日創社文化事業有限公司，2006。

026

台灣獨立建國運動

張炎憲

台灣人有獨立建國的想法來自於日本統治時代。台灣人在1920年代展開政治社會運動，要求民主、自治與自決。台灣共產黨於1928年提出「台灣民族」與「台灣獨立」的主張，認為台灣是個新興民族、被壓迫民族、應該要獨立建國。雖然運動目標無法達成，但獨立自主的想法已經萌芽發展。

1947年2月，國民黨統治台灣未及1年5個月，就因經濟崩潰、政治腐敗、社會不安等因素，引起台灣人民的抗爭，要求民主、自由。國民政府主席蔣介石卻視此為叛亂，派兵來台鎮壓，造成台灣民眾死傷累累，此稱之為二二八大屠殺。

經此屠殺之後，台灣人開始覺醒，認為在國民黨統治下，台灣人無法找到安全與幸福。同年6月廖文奎、廖文毅等在上海成立「台灣再解放聯盟」，宣示台灣要再次解放，才能獲得自主獨立。後因上海時局不穩，廖文毅等到香港。1948年向聯合國提出台灣託管請願書，表達台灣人獨立的願望，希望透過聯合國託管，舉行公民投票、決定獨立與否。1949年12月，廖文毅至日本展開獨立運動，於1956年成立台灣共和國臨時政府，公布台灣共和國臨時憲法。這是海外台灣人獨立運動的開端，其影響逐漸擴大，而有各地組織的出現。

1950 年代之後，有新一批的留學生到日本，如王育德進入東京大學就讀，黃昭堂、許世楷、侯榮邦、廖春榮、戴天昭、張國興、周英明、金美齡等前後到日本留學，加入 1960 年成立的「台灣青年社」，投入台灣獨立建國行列，創刊《台灣青年》，發行至 2002 年，共 500 期，是海外台灣人發行最久的刊物，啟蒙許多台灣學生走入台獨運動。同時亦有史明「獨立台灣會」的左派台獨組織。王育德《台灣—苦悶的歷史》和史明《台灣人四百年史》是影響海外台灣獨立運動極為深遠的著作。

同樣在 1950 年代，留美台灣學生受到廖文毅臨時政府的影響。1956 年陳以德、盧主義、林榮勳、林錫湖、楊東傑等人成立 3F（The Committee Formosans' Free Fomorsa），是台灣人在美國最早的獨立運動團體。1958 年改名為 UFI（United Formosans For Independence）。由於 1960 年代之後，台灣人到美國留學的人數急遽增加，各校園也紛紛組織台灣同鄉會、同學會，展開獨立運動。1966 年堪薩斯州立大學曼哈頓校區的范良信、楊宗昌、陳希寬、莊秋雄；奧克拉荷馬大學諾曼校區的陳榮成、陳唐山、王人紀；波士頓哈佛大學的蕭欣義；洛杉磯的蔡同榮、賴文雄、王秋森；巴地摩爾的鄭自才；雙子城的賴金德；威斯康辛的周烒明；費城的陳以德、羅福全等，在費城結盟，成立全美台灣獨立聯盟（The United Formosans in America for Independence，簡稱 UFAI）。

各地台獨運動人士增加之後，為了相互支援，於 1970 年 1

月 1 日成立 WUFI（World United Formosans for Independence），分成日本本部、美國本部、歐洲本部、加拿大本部和台灣本部，1976 年再加入南美本部。WUFI 成立時，彭明敏成功脫離台灣。同年 4 月 24 日黃文雄「刺蔣事件」發生，聯盟受到激勵，氣勢看漲，鬥志高昂。

1979 年美麗島事件發生後，台灣黨外人士不因國民黨政府的打壓而洩氣，反而更多人投入民主化運動，使台灣國內逐漸成為民主運動的主流。1987 年聯盟為了突顯建國的目標，改名為「台灣獨立建國聯盟」，並決定遷盟返台，終於衝破黑名單限制，於 1992 年正式在台運作。

參加獨立運動者多是一時俊秀，有理論、有理想、有熱忱、有堅持。返台之後，將建國理念付之實踐，將專業專長貢獻台灣，使得 1990 年代之後，台灣人運動的內涵更加深厚，獨立建國的理念更加普及，台灣人的主體性也日漸突顯。

【延伸閱讀】

(1) 張炎憲、曾秋美、陳朝海編著，《自覺與認同：1950～1990 年海外台灣人運動專輯》，台北：吳三連台灣史料基金會，2003 年。

(2) 張炎憲、曾秋美訪問記錄，《青春・逐夢・建國系列 1：一門留美學生的建國故事》，台北：吳三連台灣史料基金會，2009 年。

(3) 張炎憲、曾秋美、沈亮訪問記錄，《青春・逐夢・台灣國系列 2：掖種》，台北：吳三連台灣史料基金會，2010 年。

(4) 張炎憲、曾秋美、沈亮訪問記錄，《青春・逐夢・台灣國系列 3：發芽》，台北：吳三連台灣史料基金會，2010 年。

027

金圓券與銀圓券

劉熙明

國共內戰時期，國府統治區面臨國家通貨急速貶值等惡性通貨膨脹，加上內戰軍事失利等情況，被視為國府在大陸覆亡的主要原因。國府為了挽救惡劣的財經環境，發行金圓券以實施財政改革，方式是強制向人民兌換貨幣信用良好的美元、黃金、白銀或其他保值外幣。銀圓券是金圓券形同廢紙後的替代品，但只及於短期內的廣東，影響力不大。

抗戰時期國府因龐大的軍事支出，財政與經濟環境惡化，為應付財政支出，法幣發行額由抗戰以前的 14 億元，到抗戰勝利時已達 5,000 億。抗戰勝利之初，有學者認為國府接收淪陷區龐大敵偽財產，此時期的外匯超過任何時期，國府可以大刀闊斧進行財政改革，以支應空虛的國庫。但國府接收過程中的腐敗無能、貪污與財政金融措施失當，加上特權投機黃金與外匯，以及國共內戰失利與軍事支出佔國府總支出的 80% 以上等原因，國統區不久即形成物價飛漲與幣值猛跌的惡性通貨膨脹局面，尤其是 1948 年更是惡化。例如，上海每市石的大米價，1948 年 8 月是 1 月的 43 倍多，批發物價在同期上漲 50 至 100 倍，物價已是天文數字。法幣兌美金方面，1948 年 1 月為 17 萬 8 千元比 1 元，8 月為 1,018 萬 8 千元比 1 元，上漲六十餘倍。法幣兌黃金方面，1948 年 2 月每兩黃金合法幣 2,200 萬元，7 月為 1 億 1 千萬元，8 月超過 6 億元。

又如，成都小學教師月薪不到 100 萬元，平均每小時鐘點費約 4,000 元，當時物價寄一封平信要 5 千元，喝一碗茶約 1 萬元。換算現在台灣平信郵費 5 元計，等於國小老師月薪台幣 1 千元，上課鐘點費不到 5 元。

國府的對策主要是繼續濫發法幣與穩定物價，至 1948 年 8 月 20 日發行金圓券前夕，法幣發行額達到 663 兆，等於是抗戰前的四十七萬倍，法幣幾乎成為廢紙，國府遂採取財政改革。

1948 年 8 月 19 日，蔣介石總統行使「動員戡亂臨時條款」的權力，發布「財政經濟緊急處分令」，以金圓券為本位幣，規定:「黃金、白銀、銀幣及外國幣券在中華民國境內禁止流通、買賣或持有。」並限定金圓券的總發行量是 20 億元。但當時社會上流通的法幣與東北流通卷，總共折合金圓券 2 億 3 千萬元。亦即發行 20 億元金圓券是通貨的十倍，發行之初已面臨惡性通貨膨脹的危機。

8 月 23 日開始兌換金圓券，三百萬法幣兌換一金圓。美金與金圓券兌換比為一比四，黃金與白銀每市兩兌換金圓券分別為二百元和三元，銀幣每元兌金圓券二元。並且限 1948 年 9 月 30 日前（實際上延至 11 月 30 日）兌換成金圓券，逾期未兌、未存者一經查出，一律沒收。當時收兌超過 4 億美元，黃金約 160 多萬兩，其中上海一地約 110 萬兩。

財政改革的另一項措施是限制物價，1948 年 6 月蔣經國到上海以武力進行控制物價的措施。發行金圓券後，並繼續打老虎，打擊囤積與哄抬物價的商人。但強制限制物價的兩個月期間，商人囤積居奇，民生物資有行無市，造成黑市猖獗與城市居民物資缺乏。不過發行金圓券以後約半個月的 9 月 4 日，廣州物價上漲 83 %，重慶上漲 40 %，漢口上漲 21 %。蔣經國以政治力在上海一隅打老虎與限制物價的政策，終究難擋國統區各城市全面性的惡性通貨膨脹，此後不僅物價上漲如脫韁野馬，城市物價甚至一日數變。例如，麵店牌價吃麵時的定價，當麵還沒吃完便已調高價格。

發行金圓券後不到兩個月，國府為了彌補赤字，未遵守只發行 20 億元的承諾，一再追加發行額，美國的貸款援助又未落實，兌換比率在短期內急速貶值，造成惡性通貨膨脹。1948 年 11 月 11 日各地金銀、外幣的黑市價格都超過官價五倍以上，國府官定價格被迫提高五倍，但不久黑市又狂漲。金圓券至 1949 年 5 月已發行 67 兆 9,458 億元，是 20 億元原定發行量的三萬三千九百餘倍。

此金融風暴中，受害者是守法與收入追不上惡性通貨膨脹的市井小民，未受害者則是不兌換金圓券的權貴與富豪，以及未將黃金、白銀與外匯移存中央銀行的商業銀行。

1949 年 2 月，代總統李宗仁與行政院長孫科為挽救經濟危局，又因為蔣介石將國庫黃金儲備運到台灣，乃將國庫所存白銀的 50 % 充作金圓券的準備金，並以白銀作為物價標準，允許銀元自由流通。

金圓券逐漸變成廢紙後，1949 年 7 月國府發行銀圓券，規定金圓券五億元兌換銀圓券一元。此比起最初銀幣每元兌金圓券二元，升高了二億五千萬倍。但大致上侷限於廣東一隅的銀圓券隨著國軍戰局崩潰，以及國庫大量虧空，銀元準備不足，銀圓券發行後約一個月就價值暴跌，即使國府單位亦不願意使用，市面的商業活動用黃金與銀元交易，國府無法禁止。

1949 年 12 月，短命的銀圓券發行了 2 千 5 百萬元後，隨著中國大陸被中共全部佔領而失去價值。

【延伸閱讀】

(1) 周忠、黃玉強、凌文珍，〈通貨膨脹與國民黨政權的覆亡〉，（廣東）《嘉應大學學報》，1995 年第 2 期。
(2) 虞寶棠，〈簡略 1948 年國民黨政府的金圓券與限價政策〉，（北京）《民國檔案》，1985 年 2 月。
(3) 中國人民政治協商會議全國委員會文史資料委員會編，《法幣、金圓券與黃金風潮》，北京：文史資料出版社，1985 年。

028

戰後中國金融崩潰

陳翠蓮

自 1945 年 8 月日本投降後，中國經濟雖有幾個月的暫時穩定，但自 1946 年起，惡性通貨膨脹全面襲來。主要原因包括：一、收復區偽幣幣值遭到不合理打壓，法幣價值不合理抬高，造成收復區人民頓如赤貧，民眾競相以手中之偽幣儘快脫手、換取物資，造成物價飛漲；而法幣供不應求，不斷加印，助長通貨膨脹。二、戰後生產停頓，經濟復興工作未能順利進行，也是經濟惡化的重要因素之一。國民政府對收復區工業未進行妥善規劃，據統計至 1947 年 1 月，中國經濟中心上海工廠開工率只有 20%，華北工業重鎮天津開工率只有 5%，西南經濟中心重慶三分之二以上的工廠都停工。工廠停工造成大量失業人口，後果嚴重。三、國共內戰的蔓延與加劇，使得戰後中國經濟雪上加霜。內戰擴大使礦業、交通受到破壞，共產黨利用破壞手段與經濟停滯策略，企圖扭轉與國民黨對抗的相對位置；國民黨則不斷向農民加重稅賦、大量徵兵、強拉民伕，造成農村勞動力逃亡與流失，數百萬農地荒蕪、農村破產。四、國共內戰也造成軍用繁浩、軍費支出擴大，國民政府財政不堪負荷。據統計，國共內戰中，軍費支出佔國民政府總預算的 70%，政府資金大量投注於軍事行動。為了應付龐大的軍需，收支無法平衡，中央銀行增發數千億元法幣來彌補財政赤字，濫發通貨是造成財政崩潰的直接原因。

1946 年至 1947 年，國民政府公開拋售國庫黃金、美元之準備金來回收通貨，控制膨脹，結果使得國庫準備金漸次耗減。財政赤字都靠加發法幣來應付，1945 年共發行法幣 10319 億，1946 年發行額比上一年增加 2.6 倍，1947 年則為 1945 年的 32.2 倍。法幣流量大增，又刺激物價上漲，惡性通貨膨脹循環不已。

正當中國經濟混亂、財政敗壞之際，以行政院長宋子文為首的政府官員卻利用情勢，從事投機性經濟活動，套匯牟利、套購外幣黃金，大發國難財。

1947 年 2 月初，國民政府拋售黃金、欲收回法幣，一時間上海市場大起波瀾，黃金與美元價格暴騰，國民政府乃宣佈「經濟緊急措施方案」，禁止黃金買賣與外幣流通，釀成「黃金風潮」。此風潮造成法幣大跌，物價更加暴漲，社會、經濟秩序陷入混亂。3 月 1 日上海《觀察》週刊一連刊出傅斯年三篇文章，嚴厲批評行政院長宋子文弄權投機，大量買賣黃金，刺激物價、紊亂金融，「這個樣子的宋子文非走開不可」。在社會各界一片批評聲中，宋子文辭去行政院長一職。

受到中國經濟風暴影響，上海黃金風潮發生後，台灣也受震動，黃金美鈔飛漲，物價巨烈波動，居高不下，米價跟著暴漲，搶米騷動盛傳，醞釀出二二八事件前社會的不安氣氛。

1948年初，中國政府進行金融改革，在上海實施金融管制、拋售物資等措施，力圖平抑物價，但都無效果，法幣幣值仍不斷下跌。及至8月，法幣崩潰，上海物價暴漲、勢不可遏，最後訴諸幣制改革，發行金圓券，並規定金銀外幣一律由中央銀行收兌，不准人民持有。但國共內戰中，國民黨政府敗象已現，人心惶徨，金圓券改革無法穩定物價、遏指頹勢，終告失敗。

【延伸閱讀】

（1）陳孝威，《為什麼失去大陸》，台北：躍昇文化出版公司，1988年。
（2）丁永隆、孫宅巍，《南京政府崩潰始末》，台北：巴比倫出版社，1992年。

029

台灣捲入中國惡性通貨膨脹

劉熙明

二戰結束後，國府讓台灣使用舊台幣，而將中國大陸統治區先後使用通貨的法幣與金圓券隔絕於境外，但台灣仍捲入大陸國府統治區的惡性通貨膨脹，形成舊台幣急速貶值的惡性通貨膨脹。主要原因大致上有二，一是台灣的資金大量支援大陸惡化的財經環境，拖累台灣。二是舊台幣與美元的匯率是透過法幣與金圓券而折算，造成套匯。包括初期因增加發行台幣以應付台灣公營企業的信用膨脹，後期主要是受大陸匯兌通貨膨脹的波及。台灣受大陸波及的惡性通貨膨脹，造成工業生產停頓，市場物資短缺，對當時台灣人民的生計打擊很大。

1946 年 5 月台灣發行只限台灣流通的舊台幣，至年底發行額為 53 億元，1947 年底是 171 億，1948 年是 1420 億元，1949 年是 5,270 億元，約三年時間增加近百倍。濫發紙幣引起物價飛漲，台灣物價 1946 年上漲 2.5 倍，1947 年上漲 6.7 倍，1948 年和 1949 年均上漲 10 倍以上。從 1947 年到 1949 年底，三年期間上漲 1,056 倍。

金圓券發行之初，國府下令資本額一億二千萬美元的台糖劃撥四千三百萬元到大陸，資本額四千三百萬美元的台紙劃撥八百萬元到大陸，由此加速了台灣的通貨發行增加速度。又如，發行金圓券之前，從 1945 年 8 月至 1948 年 7 月，台灣平均月物價上漲率不到 15%。發行金圓券之初到發行新台幣約十個月期間，平均月物價猛升至 50%，尤其是 1948 年蔣經國在上海打老虎的嚴格管制物價時，上海的部分投機資金移轉台灣，造成台北市 10 月的物價比 9 月上漲 220.2%，同時期的上海只上升 122.3%。

1949 年 6 月擔任台灣省財政廳長的嚴家淦也提到：「中央在台之軍公費用及各公營事業之資金，多由台省墊借。歷時既久，為數又鉅……去年京滬局勢緊張，中央軍政款項之墊借尤為龐大。以致台省金融波動，物價狂漲，足以把本省經濟拖累下去。」

發行金圓券的強制措施也波及台灣，國府下令台民將全部金銀外匯在 1948 年 9 月 30 日前賣給指定銀行，違者一律沒收。而台灣徵收金銀外匯的數量，僅次於上海，此後在惡性通貨膨脹中，造成台灣的地主、企業家和商人為主的資產階級，貨幣價值被國府奪取約三分之二。如此造成台民普遍貧窮化，以及此時大陸以上海國民政府官僚資本為主的紡織業資本大舉入台，鞏固了在台灣的地位後，造成不利本省族群的財富重分配。

再者，台幣購買力被低估。例如，台灣產品的米、糖、豬肉、蔬菜、煤和木炭等在台價格比大陸便宜，其中煤在台灣每噸以 5,500 元購買，運到大陸賣 5 萬元，獲暴利是長官公署。此使得米糖等民生物資大量出口到大陸，除了龐大利益被特權壟斷外，台灣因物資缺乏而物價上漲。以米而言，大量被徵做軍糧運往大陸，台灣反而因缺糧，價格甚至漲價到比國民政府統治區還貴。而從上海進口入台的各種民生物資，如棉布、服裝、火柴等價格，在扭曲的匯率中，對台灣而言是相對高價位，比大陸國統區物價最高的上海還高一至兩倍。以物價的觀點，兩類情形都不利於台灣的消費者與社會底層的勞農階級。

台銀自 1946 年下半年陸續與大陸各省建立通匯關係，大陸的通貨膨脹也經由套匯關係輸入台灣。例如，1948 年 8 月至 1949 年 4 月，上海躉售物價指數上漲 135,839 倍，同一時期，一金圓券兌新台幣自 1835 元降至 1949 年 3 月 31 日的 3 元，4 月 11 日的 1 元，4 月 30 日的 0.05 元，5 月 27 日的 0.0005 元。套匯利益很大，形成舊台幣發行猛增的原因之一。

此外，1948 年底至 1949 年上半年，隨著大陸資金外逃，台灣亦有巨額資金流入，增加了舊台幣的通貨發行量。又由於大量軍政人員入台，物資依然供給不足等情形下，造成此時期的惡性通貨膨脹。1949 年 5 月，台灣的物價比 4 月暴漲 122.2%，舊台幣急速貶值。國府遂在 1949 年 6 月 15 日發行新台幣，以密運台灣的黃金做為準備金，並切斷與大陸金圓券之聯繫，從而暫時使台灣的財經環境不至於像大陸一樣崩潰。但在舊台幣四萬元兌換新台幣一元的過程中，台民損失慘重。

【延伸閱讀】

(1) 劉進慶著，王宏仁等譯，《台灣戰後經濟分析》，台北：人間出版社，1992 年。

(2) 段承璞編著，《台灣戰後經濟》，台北：人間出版社，1992 年。
(3) 林鐘雄，〈1940 年代的台灣經濟〉，張炎憲、陳美蓉、楊雅慧編，《二二八事件研究論文集》，台北：財團法人吳三連台灣史料基金會，1998 年。
(4) 沈建德，〈中華民國養台灣？〉，「自由廣場」，《自由時報》，2010 年 10 月 30 日。

030

四萬元換一元

陳翠蓮

二次大戰後的數年間，台灣一直籠罩在通貨膨脹之中。其主要原因如下：一、戰爭時期的物資匱乏、轟炸所帶來的破壞，雖然有配給制度勉強維持穩定，但物價已緩緩上升。戰爭一結束，物價管制解除、配給制度停止，戰時被壓抑的物價乃大幅上漲。二、戰後國民政府接收，工廠復工狀況不佳，農業收成也未復員，生產與供給短絀，物資價格持續上揚。三、國民政府接收台灣，貪官污吏與奸商勾結，物資外移；國共內戰暴發，台灣成為國民政府軍隊的後勤補給基地，大量米糧物資外運，更添島內壓力。四、公營事業戰後復員，中央政府並未大力提供資金，甚至將大量儲糖運至上海變售，公營事業長期資本與短期週轉金，都有賴台灣銀行增加貨幣發行來支撐。五、戰後初期，台灣繼續使用台幣，形式上維持獨立的貨幣制度。但是，台幣仍對法幣維持固定的匯率關係，經由貿易活動、資金流動，中國的鉅烈通貨膨脹，很快地就蔓延到台灣。五、1949 年國民黨軍隊在中國內戰中節節敗退，中國軍民大量湧入台灣，糧食物資短缺情形嚴重，社會、經濟的重大負擔，更造成無法遏止的物價飛漲。

從 1945 年到 1949 年四年間，台幣發行額增加了 367 倍，1946 年 11 月至 1949 年 6 月的兩年半期間，躉售物價指數上漲了 118371 倍。台灣省政府為了穩定經濟、壓制惡性通貨膨脹，決定進行幣制改革。

1949 年 6 月 15 日台灣省政府公布了〈臺灣省幣制改革方案〉，其主要內容如下：

1、新台幣對舊台幣折合率定為舊台幣四萬元折合新台幣一元，限同年 12 月 31 日前兌換。

2、依照中央指示，台灣銀行發行新台幣總額二億元（折合美金四千萬元）。

3、新台幣以黃金、白銀、外匯及可換取外匯之物資十足準備。

4、新台幣對美金之匯率以新台幣五元折合美金一元。

為加強人民對新台幣的信心，另定有〈黃金儲蓄存款辦法〉。

新台幣流通初期，仍面對艱辛考驗，因同年下半年國民黨政府敗逃到台灣，大量人口湧入、需求大增，物價仍大幅上漲。1950 年 6 月韓戰爆發，各國競相搶購物資以備軍需，輸入品價格上揚。台銀於此時停止黃金儲蓄，黃金美鈔行情上漲，更刺激物價大幅波動。政府乃於 1951 年 4 月實施「新金融措施」，取締黃金美鈔交易活動，杜絕走私套匯，力求穩定經濟。直到 1951 年美援適時到來，挹注台灣所需外匯，並供給民生必需品、農工原料，舒緩通貨膨脹，方使經濟於動盪中漸次穩定。

【延伸閱讀】

(1) 陳志奇，《光復初期台灣通貨膨脹的分析》，台北：聯經出版社，1985 年。
(2) 林鐘雄，《台灣經濟發展四十年》，台北：自立晚報社，1988 年。

031

運台黃金與台灣之關係

劉熙明

國共內戰末期，1948年8月國府發行金圓券之後約兩個月，已抵擋不住統治區的惡性通貨膨脹與金圓券的急速貶值。加上軍事作戰失利，從1948年12月起的十個月，蔣介石以總統或國民黨總裁的身分，密令將上海等地的國庫黃金運到台灣，目前統計共約357萬兩。

此時台灣的財經情況，自1948年底至1949年上半年，隨著大陸資金外逃，台灣亦有巨額資金流入，又由於捲入中國的惡性通貨膨脹，造成台幣的通貨發行量大增，加上大量軍政人員入台，物資供給不足等情形，舊台幣面臨急速貶值。國府為了讓台灣成為反共基地，必要措施是穩定台灣的財政金融環境，並在兩岸之間建立防火牆，遂將運台黃金之部分，做為1949年6月15日發行新台幣之初的準備金，以此阻止了嚴重的通貨膨脹，大致上韓戰爆發前台灣物價急速上漲的情況已漸趨和緩，台灣未曾走上財政崩潰的覆轍。

不過，1950年台灣外匯枯竭，生產未恢復，物資缺乏，佔政府總預算90%的鉅額國防經費，仍是消耗這些黃金準備金的主要因素。國府的財經專家估計，1950 年 9 月會花光所有黃金。大致而言，蔣介石將黃金運台的兩項主要目的——應付軍事開支與發行新台幣，基本上均已達成。

至於，運台黃金是否是韓戰前一年台灣情勢轉危為安的關鍵？以台灣內部而言，如果沒有運台黃金，台灣的經濟當然更惡化。但台灣人民對二二八事件被屠殺的恐懼經驗，以及動輒公開宣布槍決「匪諜」所塑造的白色恐怖環境，民間其實已無反抗力量。至於潰敗而轉進而來的軍隊，多是蔣介石的嫡系，在蕞爾小島已無退路，只要有糧食可以溫飽，雖然士氣低落，但被嚴密控制的軍隊也不至於嘩變。如此高壓的恐怖統治，足以抵消經濟惡化的不安。

本文認為，如果不是韓戰與美援，再多的黃金都無法解救台灣的國民黨政權。因此，運台黃金讓台灣轉危為安的論調，顯然是站不住腳的。

1950 年 6 月韓戰爆發，在美援支持下，台灣才真正轉危為安。其中新台幣發行額從 1949 年的 2 億，增加到 1952 年的 7.98 億，但在美援到達後，台灣物價開始連年下降。1950 年下降為 89%，1951 年下降為 53%，1952 年下降為 23%。此時剩餘的運台黃金，面臨美國介入韓戰的東亞巨變與美國對台灣的全面援助，已經顯得微不足道。

韓戰爆發以後至 1980 年代，台灣的經濟起飛是在沉重的國防經費、特權掛勾以及犧牲人權民主的代價中，由台灣所有族群共同打拚，加上美國援助所獲得的成果。在此民主陣營與共產世界兩強對峙、經濟又互不往來的冷戰世局中，影響與保護台灣政經發展者，是美國主導的民主國家兼資本主義陣營，讓台灣這個小島在經濟上得以扮演邊陲角色，進而走向繁榮。可見運台後仍未完全花光的這些黃金，對 1950 年代以後台灣的經濟發展基本上沒有幫助。如果將運台黃金擴張解釋為對 1950 年代以後台灣經濟發展具有莫大貢獻，純粹只是膨風之詞而已。

【延伸閱讀】

（1）段承璞編著，《台灣戰後經濟》，台北：人間出版社，1992 年。
（2）文馨瑩，《經濟奇蹟的背後 ： 臺灣美援經驗的政經分析（1951 ～ 1965） 》，台北：自立晚報社文化出版部，1990 年。
（3）曾麗珍，〈黃金真救了台灣嗎〉，《蘋果日報》，2011 年 03 月 31 日。

032

四六事件

張炎憲

在國共鬥爭中，中國國民黨深受學生運動與農工運動之苦。當中國戰局日趨不利時，1949 年初蔣介石派遣親信陳誠擔任台灣省主席，一方面加強控制台灣，一方面準備國民黨政府一旦無法守住中國，則退居台灣。

四六事件的發生，雖然與當時的學生運動有關，但亦與陳誠整頓台灣的手法有關。1949 年 3 月 20 日晚上 9 點 15 分左右，國立台灣大學法學院學生何景岳和台灣省立師範學院（今國立台灣師範大學）博物學系學生李元勳，兩人共乘一輛腳踏車，經過台北市大安橋附近時，被謝延長警員遇見。謝姓警員認為這兩名學生違反交通規則，於是上前取締，而發生衝突。兩名學生被警員毆打，並於 4 點左右押送台北市第四警察分局拘留。大約 11 點 10 分，師院學生約 200~300 人，趕往分局交涉，路經新生南路台大宿舍時，台大學生也風聞集合了 400~500 人，一起同往搶救。經過交涉，第四警察分局長林修瑜立刻釋放兩名學生，並將肇事警員拘押。但事情並未因此結束，反而越演激烈。

3月21日，台大與師院學生更集結要求台北市警察局長公開道歉，賠償受傷學生的醫藥費。局長在學生壓力下，當面簽字答應。同日，台大學生自治會聯合會（會長陳實）與師院學生自治會（會長鄭鴻溪），共同發表〈為何李二同學被毆事件敬告各界〉聲明，23日在《公論報》刊出，此稱之為三二一學潮。

29日，台北市中上學校學生自治會藉紀念黃花崗革命烈士名義，邀集各校學生在台大法學院操場慶祝，並成立台灣學生聯盟與台北市大中學校學生聯合會，由葉城松（台大經濟系學生）擔任會長，提出「要求民主自由」等主張。

4月1日，陳誠自南京返台，要求嚴格處置，遂命警備副總司令彭孟緝負責清查主謀份子。4月5日，兩名便衣軍警至師院學生第一宿舍逮捕數學系學生兼學生自治會主席周愼源，但在押解途中被脫逃。台大與師院學生自治會得知此消息後緊急開會，決定4月6日舉行遊行抗議，師院院長謝東閔前來疏導無效。陳誠乃決定先發制人，邀集彭孟緝、謝東閔與台大校長傅斯年開會，決定派軍隊進入校園抓人。謝與傅勸阻無效，謝乃向陳誠請辭師院院長職務，傅斯年則請求不能流血，如有學生流血，將與彭孟緝拼命。

4月6日凌晨軍警進入師院與台大抓人，天明之後，陳誠勒令師院停課，學生一律重新登記。台大學生成立台大師院四六事件營救委員會，7日營救會宣布台大全校學生罷課、教授罷教、校工罷工。同日，陳誠任命劉真為師院院長。11日，將19名台大、師院及其他學校學生移送法辦，另30多名被移送板橋新生訓導處接受感化教育。16日師院辦理學生學籍重新登記，

29 日恢復上課。此案被判刑期最高者為有期徒刑 5 年，但多數被發送管訓。

四六事件發生時，台灣尚未實施戒嚴，是戒嚴前的學生抗議事件，是日後校園白色恐怖政治案件的開端，從此各大中小學的校園都被情治人員滲入與控制。

1990 年代，台灣邁入民主國家之後，1995 年台大和師大分別成立「四六事件研究小組」調查事件始末，還其歷史真相。

【延伸閱讀】

(1) 台大四六事件資料蒐集小組，《台大四六事件考察：四六事件資料蒐集小組總結報告》，台北：台灣大學，1997 年 6 月。
(2) 師大四六事件資料蒐集小組，《師大「四六事件」研究小組報告》，台北：台灣師範大學，1997 年 6 月。
(3) 賴澤涵計畫主持、吳文星採編，《臺灣省立師範學院「四六事件」：臺灣地區戒嚴時期政治案件》，台北：台灣省文獻委員會，2001 年。

033

第一屆國會選舉

李筱峰

中華民國憲法於 1947 年 1 月 1 日公布。同年 11 月 21 日至 23 日，中華民國舉行國大代表及立法委員的選舉。這是中華民國憲法公布後的首次「普選」。

這次選舉，醜態百出，笑話連連，以現代民主政治標準來看，實在稱不上「普選」。國民黨訓政時代的觀念仍揮之不去，因此，這次的選舉並沒有完全實行普遍公開公平公正的選舉。吳稚暉甚至以「選災」來形容此次選舉。

此次選舉，各地投票率懸殊很大，例如徐州竟高達 97.4%，上海也有 75.5%，但有些地方如大連僅 0.9%，青島 28.6%，海寧 28.8%。但是，這些數字並不客觀，也不能顯示民眾參政的意願程度。因為選舉期間，弊端叢生，徇私造假。由於民眾的知識水平太低，文盲太多，容易受愚騙。地方上的一些「有力人士」如地主、議員、鎮民代表、鄉村小學校長和教員、鄉長、縣長、保甲長等，便往往操縱選舉，徇私舞弊。

試看 1947 年 11 月 12 日上海「大公報」的一段新聞稿：「廣州國代選舉發現有十三～十四歲之選民。穗市國大代表候選人有劉紀文，但記者問數位投劉氏票之婦人，彼等竟不知劉紀文是男人還是女人，僅謂是保長叫我們選劉先生的。」由於當時的投票必須書寫被選人姓名，使得以文盲居多的選舉人必須請人代為書寫，結果遭到「上下其手」的選票，便紛紛出現。上海一帶實際投票者不到二十萬人，而選票已逾一百萬張。（見1948年1月27日《寧波日報》）；上海市學生會提出控訴：數千高中以上程度之選民筆跡竟完全相同，選票上之手印，亦復完全一樣（見1947年11月29日《台灣新生報》）；當時，會寫字的小學生被發動去集體「投票」的情事，多處可見。而保甲長或鎮長利用威權圖謀包辦投票者，也屢見不鮮。茲信手舉數則新聞報導，以見一斑：濟南市長王崇五為了替政黨提名的國代候選人王子壯拉票，竟然在區保長會議上命令：「王子壯一旦落選，區保長拿頭來見！」（見1948.2.16寧波日報）；上海龍華區第一保長扣留選舉權證、徐家匯區第七保幹事唐克勤，把發出的選舉權，臨時又向選民索回（見1947年11月23日上海《大公報》）；蘇州東吳居民簡忠孝於投票時，因該鎮長陸志成欲強制其選舉，發生衝突，竟被繩索綑綁（同前）……。凡此選舉弊端，多不勝舉。

劉建羣在《銀河憶往》一書中有一段回憶，可以作為當時選舉弊風的取樣代表：「……遵義的選舉是三十萬，由縣府分配城鄉各區發出的選舉票，只有二十七萬。原來還有六萬票留在縣政府。這是專員、縣長二位替好友吳劍屏作了一個最安全的打算。事情很明白，六萬票留存在縣府，作為預備。先發出二十七萬票讓我和吳劍屏來競爭。假定一票不得，他們還可以

將六萬票替吳加入，吳的配額絕對可以兌現。」

以上情事，在一個正常的民主社會中，都是咄咄怪事。尤有甚者，連當時國府主席蔣介石的身上，也都有奇異的「選聞」發生：蔣介石以107,272票，當選為奉化縣的國大代表。11.月27日發自杭州的中央社電訊說：「蔣主席放棄奉化國大代表競選後，候選人當由王正廷遞補。」惟此次選舉結果，選民仍一致選蔣主席，並無一票另選他人…」這種投票結果，恐怕也是人類選舉史上的一項奇蹟。此外，依據秘密投票原則，選民投票不應亮給別人看，但是當時蔣介石、宋美齡夫婦投給誰，竟然都讓記者知悉且公諸報端——蔣投給陳裕光（見1947年11月24日南京《中央日報》），而宋美齡投給婦女團體的王湧德（見1947年11月22日上海《申報》）。

凡此，都可窺見當時選舉之不上軌道。而除了以上的怪現象之外，造成更大「選災」的，要算是「雙包案」的出現。

由於大戰後，中共積極發動軍事反抗行動，在打打談談之間，中共杯葛國民黨當局，國民黨為了拉攏甫於抗戰中取得合法地位的民、青兩黨，透過政治協商，三黨協議，部分代表名額由黨提名支持當選。國民黨又透過國務會務，通過了一個選舉補充辦法，規定簽署代表未經政黨提名而當選的一律無效。如此一來，便發生了許多「簽署代表得高票卻落選，而政黨提名者得低票反而當選」的怪現象，例如，依法簽署參加自由競選、得票6,472票的邱映光，反而輸給得票僅一千餘票的李實平；得票5,041票的傅曉峯不能當選，反而以得票僅152票的韋瓊瑩當選，凡此例子，多不勝舉。因此，「雙包案」的選舉糾紛也就紛至沓來。以至於國民大會在1948年3月28日召開的時候，發生集體絕食、抬棺抗議及自殺的事件，傳為政治奇聞。

在這次「普」選中，還有一個怪象，那就是「特種選區」的出現。由於當時中共已經控制部分省區（東北各省及蘇、魯、晉、冀、豫、陝等部分省市）因此不能辦理選舉，於是只好採用「簡化的應變辦法」，如河北省134個選區內，就有70%並未辦理投票，只透過寓居平津的同鄉會，由各縣流亡縣民投票。由於各地區的流亡難民人數不一，多者數百人，少者有五、六人，因此就出現過有僅獲五、六票而當選中央民意代表的情形。

此外，僑選代表的選舉，也因為實際上的困難（包括當地政府之異議），事實上亦未照規定選出。

總之，這次的「普」選，實在距離民主社會的普選標準甚遠。而我們今日神聖不可侵犯的「法統」，就是在當時那種情況下產生的。國民黨雖然在這次選舉中獲得不少席位，但是在選舉的過程中所暴露的弊端與不公，卻失去了不少民心，一年多後，國民黨敗逃來台。也把這群經由這次荒謬的選舉產生的「中央民意代表」帶來台灣，成為統治台灣的中華民國「法統」，直到四十四年後的1991年才退職。

【延伸閱讀】

（1）文中所引各報。

（2）劉建羣，《銀河憶往》，台北，傳記文學出版社。

034

動員戡亂體制與臨時條款

薛化元

1947 年 7 月 4 日，國民政府第六次國務會議通過「拯救匪區人民，保障民族生存，鞏固國家統一，勵行全國總動員（按：原文如此），以戡平共匪叛亂，掃除民主障礙，如期實施憲政，貫徹和平建國方針案」。1947 年 7 月 18 日，國民政府國務會議又通過行政院提出的「動員戡亂完成憲政實施綱要案」，此案是根據前述的「厲行全國總動員以戡平共匪叛亂如期實現憲政案」與「總動員法」規定制定。原本適用於中日戰爭期間的「總動員法」效力，因而得以在戰後延續。此後，中華民國便進入「動員戡亂時期」，國民政府以「總動員法」為主要依據，除了針對經濟物資統制、徵收物資方式、交通工具管制加以規範外，其限制的範圍還包括新聞、言論、出版、通訊、集會、結社等自由權利。所以，在動員戡亂體制下，即已相當程度達成限制人權的效果。

1948 年，第一屆國民大會在 4 月 18 日依憲法修改程序，制訂了動員戡亂時期臨時條款，使總統可以在行政院院會通過的條件下，進行緊急處分，而不受原來憲法的約束，也建構中華民國動員戡亂體制憲法依據的來源。1960 年為因應蔣介石總統三連任，動員戡亂時期臨時條款進行修訂，使總統連任次數不受限制。1966 年國民大會在第四屆會議中再次修改臨時條款，授權總統在動員戡亂期間得以設置動員戡亂機構，決定動員戡亂之大政方針，並授權總統得以調整中央政府的行政人事機構，使總統擴權得到合法性的依據。而針對中央民意代表長期沒有改選，則根據人口的增加或是因故出缺的中央公職人員，採取增選或補選的方式，賦予另行充實的法源。1972 年為了因應中華民國政府失去聯合國中國代表權的變局，補強統治的正當性基礎，臨時條款進一步修正，制訂了中央增額民意代表的制度。此後，臨時條款即未曾修正，直到 1991 年動員戡亂時期終止，臨時條款才正式走入歷史。

雖然一般都認為臨時條款凍結了中華民國憲法本文，不過此一現象主要是發生在 1960 年代以後，而且主要的內容在於總統擴權，侵奪了行政院的權限。包括地方自治沒有依照憲法實施，地方法院、高等法院違反憲法規定隸屬行政院，主要是政治強人的意志所使然。行政部門乃至軍方發佈許多限制人民權利的命令，許多是以「總動員法」作為依據，或是訓政體制下法規的延續發展所致。當然，如果沒有臨時條款，整個動員戡亂體制將完全沒有憲法位階的依據，違憲狀態更為明顯。

【延伸閱讀】

（1）薛化元，《戰後台灣歷史閱覽》，台北：五南，2010 年。
（2）薛化元，〈中華民國憲政藍圖的歷史演變—行政權為中心的考察〉，《現代學術研究專刊 8—制憲與修憲專題》，1997 年。

035

懲治叛亂條例／檢肅匪諜條例

薛化元

在動員戡亂體制下，國民黨當局壓制反對派人士最常使用的是「懲治叛亂條例」和「戡亂時期檢肅匪諜條例」。其中「懲治叛亂條例」規定在戒嚴時期觸犯本法者由軍法審判，因此被認為是戒嚴時期壓制異議人士的特別刑法。

「懲治叛亂條例」在 1949 年 5 月 24 日，由立法院完成立法程序，其規定與罪刑法定主義的刑法基本原則有所牴觸，人民人權相當容易受到侵害。特別是「二條一」（第二條第一項）規定：犯刑法第一〇〇條第一項、第一〇一條第一項、第一〇三條第一項、第一〇四條第一項之罪者，處死刑。加上違反的案件由軍法機關審理，而涉案的一般平民便無法取得司法體系下應有的保障。「二條一」唯一死刑的規定，配合戒嚴體制運作，在非常時期下，對人權造成極大的戕害。特別是中華民國政府敗逃台灣以後，在 1950 年修改了「懲治叛亂條例」，一方面規定自首攜帶槍械、密件來歸者，得不起訴或免除、減輕其刑；另一方面，則增訂沒收犯案者全部財產的法條。

至於「戡亂時期檢肅匪諜條例」，由於名稱上即標舉了戡亂時期，因此在常識上認為它是動員戡亂時期的特別法。但是，在實務上並非如此，因為動員戡亂時期終止後，本法仍然繼續適用。而根據行政院行文立法院的公文，更指出「懲治叛亂條例」明令公布廢止，才使「戡亂時期檢肅匪諜條例」喪失法源。就此而言，「懲治叛亂條例」幾乎被視為「戡亂時期檢肅匪諜條例」的母法。

「戡亂時期檢肅匪諜條例」在1950年6月公布施行後，曾於1954年12月修正部分條文。根據此一法律，不僅是匪諜，只要是有匪諜嫌疑者，治安機關除了可以逮捕之外，並可以針對他的身體、住宅或其他相關處所進行搜索，並得以檢查扣押其郵件、電報、印刷品、宣傳品或其他文書圖書等。由於本法規定相關案件一律歸軍法機關審理，因此，只要是匪諜牽連案件，不分犯罪事實輕重，一概由軍法審判。又規定凡知匪不告，亦處以一年以上七年以下有期徒刑，遂使得冤、假、錯案的匪諜事件也可能引發政治異議者的觸法。

不僅如此，根據本法，涉案人被捕之後，除罪證顯著者依軍法審判外，縱使未達罪證顯著的狀況，也無法依無罪推定之原則進行處理，反而規定此一狀況經最高治安機關認定情節輕微而有感化必要者，即可交付感化。比起在行憲前，被認定「未達罪證顯著」的涉案人必須尋找保證人才得交保獲釋，檢肅匪諜條例規定直接交付感化實際上與判刑入獄相當，對人權的侵犯也更為嚴重。

由於「戡亂時期檢肅匪諜條例」規定的「匪諜」，是指「懲治叛亂條例」中所謂的叛徒或是與叛徒通謀勾結之人，導致一些涉案人縱使未達「懲治叛亂條例」懲處的要件，情治單位仍可依檢肅匪諜條例加以懲處。而與此本法相關的行政命令主要有：「戡亂時期檢肅匪諜舉辦聯保連坐辦法」、「共匪及其追隨附匪份子者之自首辦法」及「檢舉匪諜獎勵辦法」等等。由於檢舉獎金頗高，有些冤假錯案導因於檢舉獎金的制度。

1991 年 5 月 9 日發生「獨立台灣會事件」，民主進步黨黨團於立法院提案要求廢止「懲治叛亂條例」及「刑法」第一百條。在要求改革的壓力下，立法院於 5 月 17 日廢止「懲治叛亂條例」。而在公告廢止「懲治叛亂條例」後，行政院函告立法院，「戡亂時期檢肅匪諜條例」已經失去依據，應加以廢止。

【延伸閱讀】

（1）薛化元，「懲治叛亂條例」條，《台灣大百科》，http://taiwanpedia.culture.tw/web/content?ID=3862，擷取日期 2011 年 7 月 17 日。

（2）薛化元，《戰後台灣歷史閱覽》，台北：五南，2010 年。

036

蔣李內鬥

劉熙明

蔣介石與李宗仁的內鬥，抗戰之前兼有兵戎相見的軍事內戰與政治鬥爭，國共內戰時期則是政治鬥爭，而蔣以總統之尊，甚至企圖暗殺副總統李宗仁。

1920 年代李加入國民革命軍的北伐行動以來，兩人均有企圖心，雙方反共意見一致。1927 年李與白崇禧在上海協助蔣武力「清共」，殺害眾多中共人士與工人。桂系又在廣西農村以武力「清共」，除了中共人士被殺外，並波及婦幼。

對李而言，蔣是中共以外的主要對手。反之，蔣利用李的同時也不信任李，企圖遏制桂系擴張。1927 年底蔣第一次下野即與桂系逼宮有關。1931 年蔣第二次下野，桂系被視為推波助瀾。

北伐成功後，蔣推動軍隊中央化，桂系在內的非蔣軍事集團不滿蔣排斥異己等等作為，為了維護己利，造成抗戰之前蔣與這些軍事集團多次的軍事內戰與複雜的合縱連橫，期間李與白崇禧甚至擔心蔣派人暗殺。

蔣系軍力不斷壯大之際，卻無法瓦解桂系。1934 年中央軍追剿長征的紅軍，中央宣傳李白勾結紅軍，奉命堵截的桂系懷疑蔣的軍事部署是企圖造成桂系與紅軍兩敗俱傷後，中央軍藉口進佔廣西，遂防範蔣。使得中央軍雖藉追剿紅軍進入西南各省，逐漸控制之，唯獨廣西將蔣勢力拒於門外。

抗戰前一、二年，中央軍必須圍剿西北紅軍，日軍又增兵華北，抗日輿論高漲，蔣難以對偏遠的廣西用兵，遂在準備抗戰的氛圍中，蔣李見面言和。直到抗戰勝利，雙方維持表面和諧，共同抗戰與防共或反共。

抗戰勝利之初，李任北平行轅主任，但位高權輕，遂以開明與民主將軍的形象養望，以博取輿論好感。1948 年春國府實施立憲後首任正副總統選舉，李要競選副總統，蔣介石公開表示一視同仁地同意任何人可以自由參選，實際上企圖阻止李，李堅持競選。副總統選舉的前三輪投票，李均第一高票，但未達法定過半數，其中第三次投票前李為了對抗蔣的壓力，以退為進，宣佈放棄競選，其他二人也退出選舉。第四次投票依規定只剩李與孫科競選，李當選。此後蔣故意冷落李，甚至不准李返桂弔喪病歿的長兄，李無任何實權。

1948 年底以後，國民黨在國共內戰中明顯居於劣勢，美國又對蔣不滿，以及桂系以軍隊逼宮的壓力，蔣猶豫是否引退下野，讓李代理總統職務，但亦曾戀棧並企圖暗殺李。徐蚌會戰（淮海戰役）結局確定後，1949 年 1 月蔣下野前夕，雙方仍因蔣退職文告是否「繼任」或「代行」總統的名詞，爭執不下。蔣下野後仍遙控國府政局，李代總統的權力受到掣肘。蔣李內鬥並未因國共內戰國軍敗局已定而緩和，雙方仍糾結於總統之位與權力鬥爭。此後李以局勢不可為，藉口出國赴美治病，將總統職權依憲法交給行政院長暫代，仍維持自己的總統法統地位。

1950 年以後蔣在台灣「復行視事」，仍因李代總統的憲法優勢，難以合法成為中華民國在台灣的領導人，期間雙方均遊說美國支持自己。杜魯門起初對雙方維持中立態度，韓戰爆發後，美國協防台灣，以實際行動支持蔣。但迄今仍留下蔣「復行視事」的總統名義，是否合於憲法的爭議。

蔣李內鬥的最後一幕，是1965年中國政府邀請李返回中國，李從歐洲轉機到巴基斯坦喀拉蚩（Karachi）的國際機場時，台灣保密局在蔣同意先斬後奏的空白授權下，企圖暗殺，但失敗。

【延伸閱讀】

（1）李宗仁口述，《李宗仁回憶錄》，香港：南粵出版社，1986 年。
（2）榮維木，《李宗仁大傳》，北京：團結出版社，2008 年。
（3）梁升俊，《蔣李鬥爭內幕——蔣介石與李宗仁的是非恩怨》，台北：新新聞文化事業股份有限公司，1992 年。

037

中華民國政府敗逃台灣

陳儀深

二次世界大戰結束以後，掌握中國政權的國民政府必須面對百廢待興的重建問題，力求儘速恢復秩序，確保已經搖搖欲墜的統治基礎。但由蘇聯所支持的中國共產黨，不斷侵蝕與干擾國民政府的接收工作，藉以壯大自己。對國民政府及國民黨而言，中國共產黨的存在成為不除不快的心頭大患。雙方新仇舊恨，加上為爭奪受降權和受降區域內的各項資源的現實利益，國共兩方軍隊迭次發生軍事衝突和政治鬥爭。

國共雙方曾在1945年10月10日達成雙十協定，試圖透過討論軍隊國家化、政治民主化、黨派平等、施行地方自治等國家大政方針，達成建設民主國家的目標，並期能召開政治協商會議，藉以弭平歧見和誤解。但在兩造各懷鬼胎、互有算計的情形下，功虧一簣。其後，美國方面曾派遣馬歇爾將軍前來調停國共雙方的軍事衝突，且於1946年1月促使國共雙邊簽訂停戰令，避免釀成全面內戰，影響美國在華利益。惟國共兩方歧見已深，猜忌無已，馬氏調停無效，國共又再度爆發大規模軍事衝突。1947年年初，美國宣布調停失敗，並開始撤退在華美軍，打算退出中國內戰之漩渦，國共雙方終不可免於全面開戰之勢。

蔣介石愛將、西安綏靖主任胡宗南雖曾攻下中共中央所在地的延安，使得毛澤東北退。但終因補給困難、疲耗日增，已漸左右支絀。國民政府遂於 1947 年 7 月 4 日，宣布全國總動員，冀能戡平共黨。惟戰局出乎國府意料，軍力數倍於共產黨解放軍的國民黨軍隊，數度遭挫，幾為一敗塗地。此外，由於戰後接收工作尚未完成，歷經抗日戰事後已弊病叢生的中國社會，更因內戰兵燹方熾，法幣貶值，物價高昂，人民生活困苦。傅斯年一篇〈這個宋子文非走開不可〉，更是引起社會民眾的共鳴，也凸顯了國民黨失去民心的事實。經濟的加速崩潰，不僅使得農村凋弊，無力供給經濟原料，亦造成政府稅收和國內市場都受到重大影響。雖然國府曾意識挽救經濟財政危機之重要性，諸多措施卻因人謀不臧僅淪為紙上空談。禍不單行，在面對內憂外患的情形下，因不滿政府所為，各地的民變層出不窮，而各地學潮、工潮也時常發生。軍事方面，遼瀋、徐蚌、平津三大戰役的失利，尤令國民黨政府元氣大傷，軍力折損近百萬人，反觀共產黨解放軍則增加近一倍之多，勝敗之勢已明。時任總統的蔣介石雖宣布引退，以李宗仁代理總統，但蔣氏持續幕後操盤，仍無力阻止日趨惡化的局勢。

1949 年 12 月，中華民國政府宣布在臺灣恢復辦公，意味著國共內戰塵埃落定，中國國民黨失去中國大陸的統治權。歸納而言國民黨政府在中國失敗的原因可以歸納四端：一、國民黨「獨裁無膽、民主無量」漸失民心；二、抗日戰爭之後元氣未復又內戰不已，以致經濟崩潰、社會解體；三、國民黨在戰後接收過程中高估自己、低估中共，導致軍事失敗；四、共黨宣傳策略成功，連美國政府亦不乏相信其為充滿理想的「農民革命政權」者。或者如美國學者易勞逸（Lioyd E. Eastman）所歸納的，國民黨失敗的根本原因在於「一個缺乏社會基礎的軍事獨裁政權的內在的結構虛弱」，以及「對日戰爭的削弱作用」，包括「腐敗和缺乏效率、派系之間的自我毀滅的傾軋、軍隊的普便的無能和士氣低落」，簡直是「全面的瓦解」。

原先，二戰結束後國民黨政府只是奉盟軍命令接收臺灣，國民黨在內戰逐漸失利的時候則進一步準備把中央政府遷來台灣，1949 年 1 月蔣氏下野以前，即先安排其子蔣經國與親信陳誠分掌台省大政。雖然《波茨坦宣言》中強調《開羅宣言》關於臺澎「歸還中華民國」等條款必將實施，但《開羅宣言》並未有各國領袖簽字，僅為新聞公報性質，並不具有國際法效力，因此，臺灣地位之歸屬仍有待釐清。是以，中華民國政府敗逃臺灣，僅為一流亡政府，無權代表臺灣人民決定臺灣未來。

【延伸閱讀】

（1）郭廷以，《近代中國史綱》，香港：曉園出版社，1994。
（2）易勞逸（Lioyd E. Eastman）著，王建朗譯，《毀滅的種子：戰爭與革命中的國民黨中國（1937-1949）》，南京：江蘇人民出版社，2010。
（3）台灣教授協會，《中華民國流亡台灣 60 年暨戰後台灣國際處境》，台北：前衛出版社，2010 年。

038

世界最長的戒嚴

薛化元

行憲後，台灣實施長達38年的戒嚴，是世界憲政史的異數，對於憲法的實施與落實，影響甚大。特別是台灣劃為「接戰區域」後，根據戒嚴法軍法審判管轄的範圍大幅擴大，也影響人權的保障。但是，實際上金門、馬祖不僅在台灣解嚴後繼續戒嚴，而且早在台灣戒嚴之前，就已經開始戒嚴，時間更長。

蔣介石總統在1948年12月10日根據「動員戡亂時期臨時條款」，宣告除「新疆、西康、青海、台灣四省及西藏外」，全國戒嚴，隸屬福建省的金門、馬祖開始戒嚴。1949年5月19日，台灣省政府及台灣省警備總司令部共同發佈「戒字第一號」佈告，台灣自翌日起戒嚴，這是行憲後台灣實施長達38年戒嚴的開端。

5月27日，台灣省警備總司令部進一步發布有關戒嚴時期之相關法令：防止非法行動；管理書報；非經許可不准集會結社；禁止遊行請願、罷課、罷工、罷市、罷業等一切行為 。而其中規定經許可可以舉行集會結社，規範相當嚴格，凡是「非經政府許可之各社團均為非法團體一律禁止」，而除了各級參議會外，雖經「政府核准之各社團」，要舉行集會還必須具備政府「許可並派員指導」的要件，否則「一律禁止集會」。而且根據「戒嚴法」第七條規定：「戒嚴時期，接戰地域內地方行政事務及司法事務，移歸該地最高司令官掌管，其地方行政官及司法官應受該地最高司令官之指揮」；第八條又規定：「戒嚴時期接戰地域內，關於刑法上左列各罪，軍事機關得自行審判或交法院審判之。一　內亂罪。二　外患罪。三　妨害秩序罪。四　公共危險罪。五　偽造貨幣有價證券及文書印文各罪。六　殺人罪。七　妨害自由罪。八　搶奪強盜及海盜罪。九　恐嚇及擄人勒贖罪。十　毀棄損壞罪。犯前項以外之其他特別刑法之罪者，亦同。戒嚴時期警戒地域內，犯本條第一項第一、二、三、四、八、九等款及第二項之罪者，軍事機關得自行審判或交法院審判之。」

至於台灣劃為接戰區域的程序，則在東南軍政長官公署成立之後展開。1949 年 8 月 16 日，東南軍政長官公署以呈請行政院將台灣（納入全國戒嚴令）劃為接戰區域。行政院則於 11 月 2 日政務會議決議通過，除「呈請公布外」， 11 月 22 日由代行總統職權的行政院長閻錫山，以「卅八渝二字第三八六號」咨請立法院「查照」。而立法院則於 1950 年 3 月 14 日第五會期第六次會議議決「予以追認」，並由代院長劉健群咨請行政院及「復行視事」的蔣介石總統查照。而行政院收到立法院的咨文後，即「令知」國防部、司法行政部及台灣省政府等機關。

1987 年 7 月 14 日，蔣經國總統明令宣告臺灣地區自 7 月 15 日零時起解嚴，並同時施行「動員戡亂時期國家安全法」，才結束臺灣長達 38 年的戒嚴時期。

雖然宣布解嚴，但是台灣並未恢復戒嚴前的法秩序。原本的動員戡亂體制繼續延續，固不待言。連戒嚴法規定的解嚴狀態及補救措施，均受限於國民黨當局解除戒嚴所願意放寬的自由化程度，以致於無法實現。

【延伸閱讀】

(1) 薛化元，《戰後台灣歷史閱覽》，台北：五南，2010。
(2) 薛化元，〈蔣經國與台灣政治發展的歷史再評價－以解除戒嚴為中心的探討〉，《台灣風物》，60：4，2010年12月。

039

蔣介石復行視事

陳儀深

自從 1926 年蔣介石獲得中國國民黨最高權力以後，以迄 1949 年敗退台灣之前的 23 年之中，先後經歷了三次下野，分別是（一）1927 年北伐結束，創建南京政府以後，雖掌握大權、攀登權力高峰，但因黨內老一輩同志仍認為他是「軍事的而非政治的人物」，而有寧漢分裂以及馮玉祥軍事集團的倒戈，蔣介石遂在 1927 年 8 月辭去「國民革命軍總司令」。（二）1928 年 1 月復職以後，逐步擴大自己的嫡系部隊，並因張學良的支持而在蔣桂戰爭、中原大戰中獲勝，但九一八事變衝擊張學良，加上蔣與胡漢民的約法之爭，1931 年 12 月即「中華民國約法」公佈後六個月為了平息黨內紛爭、一致對外，蔣乃辭去「國民政府主席」、「行政院院長」、「陸海空軍總司令」等職，第二度宣布下野。（三）第三次下野是在 1949 年 1 月，也就是當選中華民國第一任總統八個月之後。由於對日戰爭結束後，蔣介石面對中國共產黨坐大，亟欲除之而後快，然其剛愎自用，任人唯親的個性，導致中國政軍局勢日漸潰敗，財政金融糜爛不堪，極力援華的美國亦開始對蔣氏頗有微詞。由於國民黨內部對於與中共的和戰意見紛歧，蔣介石被黨內政敵視為和平的障礙，加上對抗中共的軍事（包括遼瀋、淮海、平津三大戰役）接連失敗，蔣介石遂於1949年1月21日宣布引退，由李宗仁代行總統職權。

蔣氏宣布下野後，仍以國民黨總裁身份指揮一切，制肘李氏，兩人屢有勃谿。其後，由於國民黨政府對共產黨的軍事行動一敗再敗，政府機關被迫屢次遷移，直至1949年4月，共軍渡江後，中華民國政府軍已潰不成軍，各地政府軍未能有效抵抗。12月，中華民國政府只能敗逃臺灣。此時代總統李宗仁雖曾欲以和談方式挽救頹局，但未果，復與蔣氏心結難解，遂託詞與其夫人郭德潔假道香港前往美國治病，並未隨同中華民國政府前往臺灣。由於李宗仁滯美不歸，無人主持大政，加以蔣氏對黨政軍務之影響力並未稍減，於是促蔣再起之呼聲不斷，且在中國國民黨內部成為共識。1950年3月1日，蔣氏於下野十三個月後，在台北發表文告，宣布復任總統，也就是「復行視事」。

但蔣氏復任總統之舉，卻也引發是否違憲的爭議與討論。雖然桂系大員及各國民黨要員紛紛致電李氏，督促在美滯留未歸的李宗仁應迅即返台，辭去代理總統職務。但李氏並不領情，反倒迭次透過媒體宣稱蔣氏復職一事為違憲之舉，並拒絕辭去代總統之職。有學者指出蔣氏第三次下野與前兩次甚有差異，因前兩次乃為「辭職」，且還不是憲政時期，第三次則已是行憲後的首任總統，若其下野造成總統缺位，則依照憲法第四十九條規定「總統缺位時由副總統繼任」，時任副總統的李氏順理成章繼任為總統，亦即蔣氏終無復職之可能。但蔣氏此次下野，若屬於「因故不能視事」，即暫時無法處理政務為名，則同樣依憲法第四十九條規定「總統因故不能視事時，由副總統代行其職權」，如此則李宗仁是代總統，蔣氏即得於因故不能視事之原因消失後，立即復位視事。不過，蔣氏便宜行事之復行視事，實為開啟破壞中華民國憲法的惡例，使得蔣氏日後恣意行事，無視法令規範，屢次破壞民主憲政制度，為日後台灣的民主發展，蒙上一層揮之不去的陰影。

【延伸閱讀】

(1) 李宗仁口述，唐德剛撰寫，《李宗仁回憶錄》，香港：南粵出版社，1986。
(2) 劉慶瑞，《中華民國憲法要義》，台北：三民書局，1983修訂十二版。
(3) 劉維開，《蔣介石的一九四九：從下野到復行視事》，台北：時英出版社，2009。

040

台灣海峽中立化宣言

陳文賢

北韓領導人金日成於 1950 年 6 月 25 日在蘇聯史達林的支持下揮軍南下，越過北緯 38 度線攻擊南韓，兩三天內即攻陷南韓首都漢城（今名稱已改為首爾）。北韓軍隊的大舉南下，的確也令認為南北韓不久即將透過談判及選舉而統一的美國感到震驚。南韓的六萬多名部隊不敵十三萬餘配有先進之蘇聯製坦克及大砲等武器的北韓軍隊。

韓戰的爆發讓美國政府官員感覺到這不是單一事件，美國認為東南亞國家，甚至是在歐洲的一些國家及地方例如南斯拉夫或柏林都有可能成為下一個共產主義擴張侵略的目標。同時，美國在反共的輿論壓力之下，杜魯門總統認為對於北韓的侵略不能再採姑息主義，立即要求聯合國安全理事會召開會議。一般認為，蘇聯因抗議中華人民共和國仍未被允許進入聯合國而杯葛會議沒有出席，因此，聯合國安理會譴責北韓侵略的決議案才沒有被蘇聯否決。但也有專家認為蘇聯是希望美國捲入韓戰以削弱美國的軍事力量而故意缺席讓聯合國安理會通過對北韓的譴責案。美國於 1950 年 6 月 27 日宣佈遵守聯合國的決議案並派遣軍隊到朝鮮半島。

關於台灣，杜魯門總統的政策也有極大的轉變，他下令美國海軍第七艦隊巡弋台灣海峽，防止台灣遭受中國人民解放軍的武力攻擊，這一項被稱為「台海中立化宣言」的聲明，明白的指出：「此次加諸韓國的攻擊中，共產主義已明顯地超越破壞活動的範圍，而訴諸武力侵略與戰爭手段，企圖以此征服他國。在此種情勢下，台灣若落入共產主義者手中，將直接威脅全太平洋地域的安全。」杜魯門同時也向在台灣的中國國民黨政府呼籲，停止所有對中國本土的海空作戰行動。特別是指出「台灣將來的地位，應待太平洋恢復安全，再以與日本締結和約或基於聯合國的考慮作成決定。」

當時駐軍日本的盟軍統帥麥克阿瑟將軍被聯合國任命為聯合國部隊的指揮官。韓戰剛開始時，北韓的軍隊幾乎佔領了全朝鮮半島，後來麥克阿瑟領軍於 1950 年 9 月從仁川登陸反擊，聯合國軍隊才向北逐步推進，甚至到達北韓與中國交界的鴨綠江。此時毛澤東下令所謂中國人民志願軍投入朝鮮半島戰場。中國人民志願軍計 27 萬由彭德懷領軍投入韓戰。

韓戰爆發不久，在台灣的中國國民黨政府即向美國政府表示願意派遣三萬三千名部隊前往朝鮮半島協助聯合國軍隊。但美國認為若讓國民黨政府軍隊參加韓戰，則可能引發中華人民共和國以消滅蔣介石的軍隊為由而介入韓戰。美國軍事聯合參謀本部也認為一旦國民黨政府派遣軍隊到朝鮮半島作戰，則中共可能乘虛而入派兵直接渡海攻台。

麥帥在有關韓戰的策略方面和杜魯門不一致，同時在韓戰期間又曾赴台北與蔣介石會面，贊成蔣介石派軍隊參與韓戰的建議。1950 年 12 月麥帥再向杜魯門提案建議攻擊中國的軍事重鎮且對其沿岸加以封鎖，並取消國民黨政府對共產中國沿岸進行突擊的限制。

麥帥更進一步與共和黨籍的眾議員發表一份公開聲明，再度抨擊杜魯門總統之亞洲政策的不當。認為如果美國在亞洲敗給共產主義侵略者，那麼歐洲將不可避免的會淪入共產黨的統治。但是美國是一個民主國家，軍人應聽命於文人統帥，亦即民選的總統。杜魯門認為麥帥已經逾越軍人的立場，並干預政治，因此於 1951 年 4 月下令解除麥帥的職務，並聲明台海中立化的政策不會改變。

1952 年 11 月底新當選的美國總統艾森豪（Dwight D. Eisenhower）到南韓實地了解並尋求結束韓戰的方法。1953 年 7 月南北韓雙方基本上同意停戰，並於 7 月 27 日簽署停戰協定，因南北韓雙方及其盟軍的軍事活動剛好在北緯 38 度線附近形成對峙局面，固大致上沿著北緯 38 度建立了非軍事區，也成為雙方的停戰線。非軍事區的板門店仍象徵性由駐有北韓軍人及以美軍為主的聯合國部隊互相對峙，然而南北韓雙方一直並未簽署和平協定。

朝鮮半島的停戰被歸因於北韓的主要支持者蘇聯及中華人民共和國均無意擴大及拖延戰事，以及美國民意也迫使杜魯門政府早日結束韓戰。杜魯門總統本人原就認為戰事的擴大將有可能演變成第三次世界大戰，因此，他反對麥帥認為戰事有必要擴及到中國東北的看法，並不惜將麥帥調離聯合國軍隊指揮官的職務。加上南北韓、美軍及中國志願軍等都傷亡慘重及蘇聯領導人史達林去世等原因，才讓南北韓停戰成為可能。

南北韓雙方於 1953 年在印度的提議下，7 月 23 日在板門店達成停火協定，恢復以北緯 38 度線為南北韓的分界線。南北韓雙方在韓戰期間各死傷軍民一百多萬，美國則有五萬多軍人死於戰場。聯合國部隊雖然包括澳洲、加拿大、英國、法國、希臘、土耳其等 16 國的軍人所組成，但是 90% 以上是美國軍人，而海空軍的力量也幾近同樣的比例是來自美國軍隊。一般估計中國人民解放軍約有 40 萬人死傷於韓戰。韓戰結束時約有一萬四千名戰俘選擇投誠國民黨政府，於 1954 年 1 月 23 日抵達台灣，國民黨政府以「一二三自由日」來加以紀念。另外七千名戰俘則選擇返回中華人民共和國。

【延伸閱讀】

（1）徐啟明、續伯雄（譯），唐耐心（Nancy Tucker）（著），《中美外交秘辛》(China Confidential)（台北：時英，2002）
（2）李明峻（譯），戴天昭（著），《台灣國際政治史》（台北：前衛，2002）
（3）張戎譯，喬·哈利戴著，《毛澤東：鮮為人知的故事》，（香港：開放，2006）

台灣的法律地位

陳文賢

中國國民黨政府及中國共產黨政府最常宣稱根據 1943 年簽訂的開羅宣言，台灣的主權在戰後就已歸屬中華民國或中國。但開羅宣言被認為只是一項戰時同盟國為求早日贏取對日作戰的一項聲明，台灣當時仍在日本統治之下，同盟國根本無權處理戰後日本領土的問題，更何況與會的領袖都表示並沒有擴張領土的野心。所謂的開羅宣言也被證明並沒有與會之美國、英國及中國國家領導人的簽字。而是在三國領導人都已各自返回自己國內後才由美國以新聞聲明的形式向媒體發表。

中國國民黨於中國內戰中敗給中國共產黨並於 1949 年 12 月流亡到台灣時，美國杜魯門政府已經有放棄在台灣之中國國民黨政府的想法，主要因為美國認為中國國民黨會敗給中國共產黨而失掉整個中國，乃是中國國民黨政府官員的貪污腐敗。美國馬歇爾將軍的調停雖然曾經讓國共雙方有過短暫的停火，但調停終歸失敗。馬歇爾於 1947 年 1 月被召回美國，國共戰爭旋即擴展到中國全境。一直到 1949 年 12 月蔣介石率親信於成都搭飛機逃離中國而到台灣，國共兩黨在中國的內戰才趨於平息。

由於蘇聯在二次世界大戰結束之後在東歐擴張勢力，開啟了東西方兩陣營冷戰的時代。關於中國問題，美國研判中華人民共和國和蘇聯可能分裂，因而期待中華人民共和國會向西方國家靠攏，因此而更不願意介入國共之間的鬥爭及協助中國國民黨防衛台灣。杜魯門總統在 1950 年 1 月 5 日的記者會中發表了一項所謂的「不干涉聲明」，內容即「美國不打算使用武裝部隊干涉台灣的現狀，美國政府不希望捲入中國的國內紛爭。相同地，美國政府亦不欲對台灣的中國軍隊，提供軍事援助與顧問。」美國放棄繼續支持剛敗退到台灣之中國國民黨政府的立場至為明顯。

但是美國共和黨對於民主黨準備「放棄台灣」的舉動相當不滿，同時中國國民黨政府又動員人力、物力展開對這些支持國民黨之美國國會議員的遊說，形成所謂的「中國遊說團」。此外，中蘇共非但沒有決裂，反而於 1950 年 2 月 14 日締結「中蘇友好同盟條約」，引發共和黨對杜魯門主政之民主黨政府的批判，此一「台灣放棄論」更在美國引起激辯。不過讓美國杜魯門政府改變「放棄台灣」的政策，並轉為防止中國共產黨軍事攻打台灣而宣佈「台海中立化宣言」，最主要的原因應是韓戰的爆發。

朝鮮半島戰爭的爆發被認為是拯救了在台灣之國民黨政府的一場戰爭。杜魯門於 1950 年 1 月公開表示，美國無意以軍事介入的方法來保護蔣介石政權。該月稍後，國務卿艾其遜（Dean Acheson）更進一步強調，美國在遠東地區的軍事防衛主要是依賴維持一個從阿留申群島經日本、琉球到菲律賓之美國海軍及空軍基地的西太平洋防線。言下之意，美國的西太平洋的軍事防衛並不包括南韓及台灣。

但 1950 年 6 月韓戰爆發後，杜魯門卻宣布「台海中立化宣言」，同時也向在台灣的國民黨政府呼籲，停止所有對中國本土的海空作戰行動。特別是指出「台灣將來的地位，應待太平洋恢復安全，再以與日本締結和約或基於聯合國的考慮作成決定。」此項聲明也成為與對日和約（亦稱為舊金山和約）同為「台灣地位未定論」的起源。

無論是 1951 年 9 月同盟國與日本簽訂的對日合約或 1952 年日本與在台北的中國國民黨政府所簽訂的《中日和約》中，有關台灣及澎湖的歸屬問題，日本政府都只表達日本放棄對台灣及澎湖群島的主權，但都未表示台灣及澎湖群島的主權應歸屬給誰。

【延伸閱讀】

（1）蔡秋雄（譯），彭明敏、黃昭堂（著），《台灣在國際法上的地位》（台北：玉山社，1995）
（2）陳儀深、薛化元、李明峻、胡慶山（編撰），《台灣國家定位的歷史與理論》（台北：玉山社，2004）
（3）李明峻（譯），戴天昭（著），《台灣法律地位的歷史考察》（台北：前衛，2010）

042

中華民國憲法體制的內在矛盾與根本問題

薛化元

中華民國政府宣布行憲以來，除了動員戡亂及後來的長期戒嚴嚴重傷害憲政體制之外，訓政時期法規、制度沒有根據制憲國民大會的決議進行檢討修正，而持續運作，也往往呈現違憲的狀態。這些都是中華民國憲法體制運作之初，即已存在制度性矛盾。

相對地，中華民國憲法制定過程中，各民主黨派強力批判「五五憲草」體制及其基本精神（三民主義或五權憲法），而代之以政治協商會議通過的憲法草案十二項修改原則。不過由於國民黨當局事後強力反對，遂又修正十二項修改原則的部分內容（國民大會有形化、以行政部門對立法院的覆議制度取代立法院的倒閣權和行政部門的解散國會權、取消省憲法之名），再由張君勱主草了政治協商會議憲法草案，經制憲國民大會修正通過。不過，折衝之際，本有部分彼此有矛盾的問題，如明文規定國民大會有創制、複決權，卻又規定必須中國一半以上的縣市有行使創制、複決權之後，國民大會才可以行使。而整部憲法是採單一國體制，中央與地方權限則是以加拿大憲法的

「準聯邦國」體制為藍本。至於部分（國民黨籍的）政治人物，乃至國民黨當局，時有引用三民主義或五權憲法理論來解釋中華民國憲法體制，也是一大問題。特別是，保留了五院制（五權）的形式，而採用西方近代立憲體制權力分立制衡的精神，行政、立法、司法、監察、考試五院權力的實際運作也有矛盾，甚至嚴重影響近代立憲主義的基本精神。其中司法院的組織與權限，從行憲以來，即長期有違憲的爭議。

其中最為明顯，且早在 1950 年代初期即進入聲請釋憲程序的是地方法院與高等法院隸屬於行政院的問題。1958 年蔣介石總統先接受改革的意見，指示交由行政院長與司法院長協商改革事宜。好不容易，司法院大法官會議在 1960 年 8 月 15 日做成「釋字第 86 號」解釋，指出：憲法第七十七條所定司法院為國家最高司法機關，掌理民事、刑事訴訟之審判，係指各級法院民事、刑事訴訟之審判而言。高等法院以下各級法院及分院既分掌民事、刑事訴訟之審判，自亦應隸屬於司法院。但是，蔣介石總統卻並不同意進行改革。直到 1980 年 6 月，修正「司法院組織法」、「法院組織法」，並制定「法務部組織法」，地方法院、高等法院才改隸司法院。司法組織違憲的問題，至此才初步解決。

而針對司法院作為最高審判機關的部分，則中華民國政府並沒有積極作為。2001 年 10 月 5 日，大法官做成「釋字第 530 號」解釋，才使得此一問題再次浮上枱面。該解釋指出：現行司法院組織法規定，司法院設置大法官十七人，審理解釋憲法及統一解釋法令案件，並組成憲法法庭，審理政黨違憲之解散事項。此外，司法院本身僅具最高司法行政機關之地位。為期符合司法院為最高審判機關之制憲本旨，司法院組織法、法院組織法、行政法院組織法及公務員懲戒委員會組織法，應自本解釋公布之日起二年內檢討修正。可是，經過十年，「司法院組織法」等法律仍未修正，司法院組織及定位也未調整違憲狀態依然持續。司法權是憲政體制的基本權，國家司法體制長期不合憲法規定，呈現了中華民國憲法體制長期不正常存在的根本問題。

另一方面，中華民國憲法體制原本是依據 1946 年國民政府的主權範圍所制定，但在 1949 年以後中華民國政府實際統治區域只有臺、澎、金、馬，憲法領域與國家實際統治領域出現極大的落差。原本根據中國規模設計的憲法，在台灣適用，常常格格不入。以地方自治為例，疊床架屋，雖然修憲精省，中央與地方的權限衝突與財源分配問題，進入「五都」時代仍然問題重重。

【延伸閱讀】

(1) 雷震，《中華民國制憲史－政治協商會議憲法草案》，臺北：財團法人自由思想學術基金會，2010。
(2) 張君勱，《張君勱日記手稿（1946）》（未刊稿）。
(3) 薛化元，《民主憲政與民族主義的辯證發展－張君勱思想研究》，臺北：稻禾出版社，1993。
(4) 薛化元，〈中華民國憲法〉條，台灣大百科。http://taiwanpedia.culture.tw/web/content?ID=24389&Keyword=%E4%B8%AD%E8%8F%AF%E6%B0%91%E5%9C%8B%E6%86%B2%E6%B3%95。擷取日期：2011 年 7 月 7 日。

043

萬年國會

薛化元

所謂的「萬年國會」，指的是根據中華民國憲法產生，在1948年就職的第一屆中央民意代表，歷經數十年沒有改選，卻繼續行使職權，中央民意機構欠缺民意基礎的狀態。

1947年12月中華民國行憲後，分別選出第一屆國民大會代表、立法委員及監察委員，組成中央民意機關。而1949年12月，中華民國政府敗逃台灣後，既要宣稱代表全中國，就無法在臺、澎、金、馬舉行中央民意代表選舉。問題是：根據憲法，中央民意代表必須定期改選。一開始國民黨當局以即將「反攻大陸」為由，要求立法委員自行同意延任。

1950年12月，蔣介石總統接受行政院的意見，以臺統（一）第一〇三咨文，咨請立法院同意立法委員延長任期一年，得到立法院的同意，是中央民意代表長期未改選的開端。立法委員任期經過三次延長後，至1953年年底，監察委員與國民大會代表6年任期亦將屆滿。此時，行政院才建議採取制度性的安排，使第一屆中央民意代表不必改選而繼續行使職權。

所謂的制度性安排，國民黨當局將立法委員、監察委員和國民大會代表作不同的處理。在國民大會部分，1953 年蔣介石採納行政院的建議，以憲法第二十八條第二項規定，「每屆國民大會代表之任期，至次屆國民大會開會之日為止」，行文國民大會秘書處，直接認定第一屆國民大會代表任期未滿，應繼續行使職權。立法委員和監察委員部分，則由行政院向司法院大法官會議聲請釋憲。1954 年初，大法官會議做成釋字第 31 號解釋：「惟值國家發生重大變故，事實上不能依法辦理次屆選舉時，若聽任立法、監察兩院職權之行使陷於停頓，則顯與憲法樹立五院制度之本旨相違。故在第二屆委員未能依法選出集會與召集以前，自應仍由第一屆立法委員、監察委員繼續行使其職權。」自此，第一屆中央民意機構成為長期不改選的「萬年國會」。其中國民大會是透過有權者解釋，認為其任期未滿，因此原有國大代表出缺，仍然由第一屆參選之落選人依次遞補。至於大法官會議解釋立法委員與監察委員無法改選而繼續行使職權，則無出缺遞補的問題。如此，透過解釋使萬年國會存立，終究欠缺直接的憲法依據。在 1972 年增訂「動員戡亂時期臨時條款」時，直接賦予第一屆中央民意代表繼續行使職權的「憲法」依據。

長期未改選的萬年國會，使得中央民意機構欠缺民意基礎。而中華民國政府在國際上無法代表中國的態勢日漸明顯，「一個中國」在國際上常常指的就是中華人民共和國。國民黨當局建構的萬年國會法統，對內不僅欠缺說服力，而且成為政治民主化改革的根本性障礙。國民黨當局雖然在 1969 年舉行中央民意代表增補選，1972 年以後定期改選少數的增額中央民意代表，人民仍無法透過國會全面改選，落實民主政治。1990 年 6 月大法官會議「釋字第 261 號」解釋文，明定 1991 年 12 月底為第一屆中央民意代表退職的最後期限。1991 年經由修憲通過「中華民國憲法增修條文」，並廢止「動員戡亂時期臨時條款」，1991 年國民大會代表、1992 年立法委員全面改選，監察委員則由總統提名，經國民大會同意產生，改組為準司法機關，萬年國會正式終止。

基本上，此一現象與中華民國政府於 1949 年底實際統治區域只有台灣和以金門、馬祖為主的中國大陸沿海島嶼，卻宣稱做為中國唯一合法政府有關。而國會全面改選之後，中華民國統治的正當性基礎，與中華人民共和國全然無關，基本上建立在臺、澎、金、馬的民意基礎上。

【延伸閱讀】

(1) 程玉凰，李福鐘編著，《戰後臺灣民主運動史料彙編（四）國會改造》，臺北：國史館，2001。

(2) 薛化元，〈選舉與戰後台灣政治發展（1950 ～ 1996）——從地方自治到總統直選〉，香港珠海書院亞洲研究中心主辦，「五十年來的香港、中國與亞洲」學術研討會，2000 年。

(3) 薛化元，〈萬年國會〉條，台灣大百科。http://taiwanpedia.culture.tw/web/content?ID=3857&Keyword=%E8%90%AC%E5%B9%B4%E5%9C%8B%E6%9C%83。擷取日期：2011 年 7 月 7 日。

044

蔣介石的造神運動

李筱峰

敗逃到台灣的蔣介石政權，打著「中華民國」名號，編造了一套「反共抗俄」的政治迷思，作為他鞏固政權的理論基礎。這套政治迷思的另一面，是配合著個人的英雄崇拜來進行。這套政治謎思有其合理化的情節：蔣氏以民族命脈之所繫自況，然其政權被中共（蔣氏稱之為「共匪」）推翻，中共又是勾結蘇俄，因此，為了國家民族，為了解救同胞，就必須「效忠領袖，消滅共匪，打倒俄寇」。總之，蔣政權退守台灣的前十幾年間，這套加諸台灣人民的「反共抗俄」的政治神話，是以蔣介石的個人英雄主義，與國家主義、民族主義互為表裡。因此，1950、60，到70年代中期，是蔣介石瘋狂造神的時代。

誠如自由主義作家徐訏所言：「個人崇拜乃是英雄主義的產物。當一個領袖，可以肅清壓抑一切異己的勢力之時，他就必須造成一種偶像性的個人崇拜，這時候，他必須被神化為萬能，變成一個祭師，代表了神，成為聖經教義的最正確的詮釋者，使無人可以變動其領導地位。」(徐訏《個人的覺醒與民主自由》(1966，台北，文星書店)，頁48) 不論希特勒、墨索里尼、佛朗哥、毛澤東、袁世凱……，歷史上所有個人獨裁的政治，都有一套統治的巫術，那就是「個人英雄崇拜」。蔣政權當然也不例外。

蔣介石為了成就其個人獨裁，教育系統和大眾傳播經常要塑造其英雄形象，渲染其領袖魅力。學校裏的「教育」，充斥著許多為他個人歌功頌德的教材，說他是「民族的救星，時代的舵手，世界的偉人」。50 年代和 60 年代的各校園內，都有他的大幅畫像，以及「效忠領袖」「蔣總統萬歲」之類的封建標語，至於他英姿煥發的銅像，至今仍在各校園及公共場所豎立著。根據作家林雙不的估計，台灣島上大約有 45,000 座的蔣介石銅像。

而軍隊方面，號稱「國軍」的軍隊，幾乎已成為他的子弟兵。軍人被教導要「效忠領袖」，而且「主義、領袖、國家、責任、榮譽」的軍中標語，竟然將「領袖」列在「國家」之前。軍人每天晨間點名時，一定要唱一首歌，歌詞說：「大哉中華，代出賢能；歷經變亂，終能復興。蔣公中正，今日救星，我們跟他前進，前進！復興！復興！」

1950 年代到 70 年代，台灣充斥著許多歌頌「偉大領袖」的歌曲。以下這首〈領袖頌〉可以做為取樣代表，歌詞如下：

「領袖 領袖　偉大的領袖

您是大革命的導師，您是大時代的舵手

讓我們服從您的領導，讓我們團結在您的四周

為了生存為了自由，大家一起來戰鬥

中華民族發出了反共的怒吼鐵幕裡的同胞再也不能忍受

為了生存為了自由，人人須要戰鬥　人人須要領袖

我們要在您勝利的旗幟底下，

打倒朱毛 驅逐俄寇，把國家民族拯救

領袖萬歲 領袖萬歲 我們永遠跟您走，我永遠跟您走。」

歷史真會作弄人，當年要我們永遠跟蔣介石走的集團，現在卻跟著北京的中國共產黨在走。

【延伸閱讀】

（1）李筱峰，《台灣人應該認識的蔣介石》（台北：玉山社，2004）

045

白色恐怖

蘇瑞鏘

「白色恐怖」(white terror)一詞,一說源自法國大革命時期,右派波旁王室(以白色為代表色)對左派雅克賓黨人所採取的報復行動。戰後臺灣的白色恐怖,形式上指右派國民黨當局對左派共黨份子的鎮壓,實際上則是指當局以「叛亂」與「匪諜」等罪名鎮壓政治異己的行動,對象不分左派或右派。其中僅少數政治犯(主要是中共潛台地下黨人)有合乎實定法上的「叛亂」或「匪諜」之作為,多數則為冤、錯、假案。

在戒嚴時期、特別是1949-1992年間,當時的國民黨當局,憑藉立法部門所制定的「戒嚴法」、「刑法」(內亂罪)、「懲治叛亂條例」與「動員戡亂時期檢肅匪諜條例」等不乏侵害人權成分的法令,佐以大法官會議若干違反人權的解釋,加上行政部門(情治單位)不法或不當的偵辦,以及司(軍)法部門(軍法單位)不法或不當的審判,乃至軍事長官(特別是蔣介石總統)不法或不當的核覆,遂產生許多白色恐怖的「政治案件」。在這段期間,有數以萬計的人民遭到當局拘捕、審問和(或)處罰。直到1991年立法院廢止「懲治叛亂條例」與「戡亂時期檢肅匪諜條例」、1992 年修正第「刑法」100 條，長達數十年的白色恐怖時代才告一段落。

戰後眾多的政治案件，就類型而言可分為涉共、台獨、民主運動等幾大類型。涉共案件主要有「臺灣省工作委員會」（簡稱省工委會）相關案件，以及被視為省工委會外圍團體的「臺灣民主自治同盟」案件，如基隆市工委會案、學委會案、中壢義民中學案、李媽兜案、鹿窟事件、臺大法學院支部案等等。台獨案件主要有黃紀男等案、蘇東啟案、興臺會案、黃華案、台灣人民自救宣言案、全國青年團結促進會案、臺灣大眾幸福黨案、獨台會案等等。民主運動案件主要有雷震案、余登發案、美麗島事件等等。其它較著名的案件還有四六事件、楊逵案、澎湖山東聯中案、李友邦案、孫立人案、柏楊案等等。這些政治案件，幾乎遍及各個層面。若就階段來觀察，1950 年代主要以涉共（按：涉共未必全是中共黨人，而是指其罪名涉及中共）而獲罪者較多，1960 年代之後主張臺灣獨立而獲罪者則漸多。

對於大量政治案件的產生，過去國民黨當局及其支持者往往以共匪亟於侵台、加上已有大量匪諜滲透為由，聲稱為了國家安全而不得不大力懲治叛亂與檢肅匪諜。到了今天，馬英九也一再強調戰後台灣的白色恐怖主要是國共內戰所致。然就歷史發展來看，早在 1950 年韓戰之後美國第七艦隊已在台灣海峽維持中立，1954 年台美雙方更訂立「中美共同防禦條約」，中華人民共和國對台灣的直接武力威脅漸告解除；且以省工委會為首的中共在臺地下組織，早在 1950 年代前期幾乎已被國民黨當局殲滅殆盡。可見最晚在 1950 年代中期之後，台灣已無立即且明顯被顛覆的危機，然白色恐怖最快卻要到1992年才告一段落（如1991年仍有獨台會案發生）。而且，白色恐怖時期國民黨當局所檢肅的匪諜，還擴及與共諜無關、甚至立場與共黨嚴重對立的台獨人士乃至民主人士。顯見以國共內戰為由，無法充分解釋長達近半個世紀、且涵蓋不同類型政治案件的白色恐怖歷史。因此，今天國民黨馬英九等人將白色恐怖的原因歸諸於國共戰爭，若干親中統派人士談論白色恐怖時往往只強調1950年代的涉共案件，皆是昧於事實的認知。

近年政府雖透過立法對戒嚴時期不當叛亂暨匪諜審判案件進行補償，以及頒發「回復名譽證書」給政治受難者；然而，對政治犯的平反與救濟仍相當有限。不少政治犯及其家屬仍感到不滿，如史料尚未全面開放，真相還有待進一步釐清；責任歸屬仍不明確，當年不當甚至不法處置者並未得到應有的懲罰；特別是上訴權遭「國家安全法」剝奪，使其無法在法律上獲得無罪的平反等等。從「轉型正義」（transitional justice）的角度來觀察，戰後台灣的政治犯距離真正的平反，路途還相當遙遠。

【延伸閱讀】

（1）蘇瑞鏘，〈臺灣政治案件之處置（1949-1992）〉，臺北：國立政治大學歷史學系博士論文，2010。

（2）蘇瑞鏘，〈白色恐怖〉，收入：臺灣大百科全書，http://taiwanpedia.culture.tw/web/content?ID=3864，擷取時間：2009.12.31。

046

蔣家父子與白色恐怖

蘇瑞鏘

近年來隨著相關檔案與史料的公開，蔣介石與蔣經國父子在白色恐怖政治案件中的角色愈來愈清晰。就蔣介石而言，如有學者曾據國史館館藏「蔣中正總統檔案」以及眾多相關史料，指出戒嚴時期的政治案件，與蔣介石有關係者，一類是蔣介石親自主導的案件，如孫立人案相關的假匪諜案、李友邦案、任顯群案等等。另一類則是由蔣經國主導、但必須經過蔣介石同意的案件，如雷震案等等。此外，還有一類是必須經過蔣介石同意的情治人員私自作為的案件。

就蔣介石而言，在眾多政治案件當中，從是否拘捕與偵辦、到審判階段、乃至判決以後的核覆（核定與覆議），皆不乏蔣介石介入的案例。特別在核覆過程中，常見蔣介石直接變更原判決而加重刑責的情形，如周清連等案、史與為一案、陳繼光陳孟和劉裕如等人、徐會之案、陳梓林案、陳心荃、康震、李玉堂、鄭文峰等人。除了違法加刑，蔣介石在實際運作核覆機制的過程中，尚有許多不法或不當之處，如未說明發交復議（審）之明確理由、要求嚴判因罪證不足而被軍法官輕判的案件、對審判結果不滿而要求處分審判人員以及找幕僚代批公文等等。

由於軍事長官對判決結果擁有核覆權，無疑是身為「最高軍事長官」的蔣介石得以主導實質上的「確定終局審判」最重要的法定機制。然而，擁有核覆大權的蔣介石，在許多政治案件的核覆過程中卻常出現上述不當乃至不法的核覆作為；更不要說有些案件在初審判決前、根本還未進入核覆程序，就被蔣介石直接介入。以雷震案為例，1960 年 10 月 8 日下午宣判，蔣介石總統卻在當天上午於總統府內召集黨政軍特要員，召開「商討雷（震）案」的極機密會議，並當場做出「雷之刑期不得少於 10 年」與「覆判不能變更初審判決」等指示。可見蔣氏連自己執政時期所訂定的法律與規則都不遵守，這無疑是戰後臺灣「白色恐怖」之所以恐怖的關鍵因素。

就蔣經國而言，臺灣戰後數十年間，對在第一線製造政治案件的情治單位有著巨大的影響力，且主導過不少政治案件，如雷震案、柏楊案、李荊蓀案等等。分析其性格，常表現出不容異己、且動輒將異己視為敵人的態度，排他性格清晰可見。而他認定的異己或敵人，除共產黨人之外，台獨人士乃至民主人士率皆屬之。而且，他常會將台獨人士、民主人士與共黨人士連結在一起。特別是面對匪諜之類的敵人，他是絕不留情的。而且，在他看來，只要是其頭號敵人中共政權一天不被消滅，臺灣就一天不可能實施民主。

前監察院長王作榮對 1950 年至 1960 年代蔣經國的政治角色，曾有以下的描述：「在 1950 年至 1960 年代，可說是政府的高壓威權時代，而主控這一段時期權力的便是經國先生，這可說是人盡皆知的事。……遷臺早期，簡直是恐怖統治，以後雖稍放鬆，仍是絕對威權統治，毫無民主氣息。而且為求將來能繼承大位，不著痕跡地、但無情地、不擇手段地整肅對自己有妨礙者，甚至一再用冤獄羅織入罪」。而蔣經國的騰騰殺氣，就連外人也有所了解。例如，1953 年蔣經國訪美，美國國務卿杜勒斯（John Foster Dulles）當著蔣經國的面指出：「聽說將軍在處理國家安全事務時有點粗暴」。

學者研究指出：「國民政府遷臺後的白色恐怖，是蔣介石與蔣經國父子主導或默認情治單位的措施」；「白色恐怖的眾多冤案中，部分案件為蔣氏父子所主導，這些案件與保衛臺灣的大局無關，純屬私人嫌隙」；「蔣氏父子與情治單位互為臺灣實施白色恐怖的共生體」，應是社會之公論。

【延伸閱讀】

(1) 劉熙明，〈蔣中正與蔣經國在戒嚴時期「不當審判」中的角色〉，《臺灣史研究》，6：2（臺北：中央研究院臺灣史研究所籌備處，2000.10），頁 139-187。
(2) 蘇瑞鏘，〈強人眼中的敵人——蔣介石、蔣經國與戰後臺灣的政治犯〉，國立政治大學台灣史研究所、日本東京大學總合文化研究科、日本一橋大學大學院言語社會研究科、澳洲墨爾本蒙納士大學語言、文化、語言學分學院中文系（主辦），「第四屆台灣史青年學者國際學術研討會」論文，2011 年 3 月 26 日。
(3) 蘇瑞鏘，〈臺灣政治案件之處置（1949-1992）〉，臺北：國立政治大學歷史學系博士論文，2010。

047

反共與黨化教育

陳儀深

1949 年 12 月，中華民國政府敗逃臺灣之後，僅能憑藉與中國大陸一水之隔的富庶寶島，以及國際冷戰結構的庇護下，持續和中國共產黨對峙。而倉皇逃難至臺灣的中國國民黨，對於共產黨頗有「一朝被蛇咬，十年怕草繩」的恐懼，因此如何加強反共教育、有效控制台灣，成為反攻大陸的「基地」，乃是國民黨念茲在茲的重要課題。而其採行之方式，甚為全面與多元，例如設立標語，推廣各項容易朗朗上口的反共口號；或者藉由設定共同的節日，型塑共同記憶；或利用廣播與各項媒體宣傳，塑造共產黨萬惡不赦的形象；或掌控各級學校教育，將反共意識提升為保存中華文化最後命脈的層次，目的皆在於強化臺灣民眾對於共產黨的負面認知，從而支持國民黨的存在與發展。

在黨化教育方面，根據教育部公佈的課程標準，國民學校之中「『黨義』不單獨設置，把黨義教材充分融在『國語』、『社會』、『自然』等科中。」中學課程方面則明確指示國文科應加入吳敬恆〈總理的少年時代〉、蔡元培〈祭總理文〉為授課範文，在公民、歷史科應強調「　國父暨　蔣總統創造中華民國之勳業」，此外更是不避諱地加入「中國國民黨的成長」單元，儼然將學校教育當作是黨員培訓的機構。在很長的一段時間內，大專院校入學考試把「三民主義」列為各類組考生的必考科目，甚至研究所入學考試、留學考試、公務人員考試，「國父思想」也是必考。在組織方面，內有所謂「知青黨部」與學校人事結合，外有救國團透過寒暑假的營隊訓練以彌補學校教育之不足，這樣全面貫徹的黨化教育方式，真可謂滴水不漏了。

【延伸閱讀】

(1) 林果顯，《一九五〇年代反攻大陸宣傳體制的形成》，台北：國立政治大學歷史學系博士論文，2009。

(2) 葉雅琦，《殷海光對黨化教育的批判》，台北：國立台灣師範大學教育學系碩士論文，2011。

048

藉「反共救國團」掌控青年

戴寶村

「救國團」，這個在一般認知中以專辦青年學生寒暑假營隊、旅行社、語言才藝補習班、加上輔導心理的「張老師」的團體，其創立之初的全稱為「中國青年反共救國團」，在今日看來，實為一不反共、非救國、處在台灣卻自稱中國、其權力核心更非青年的名不正、言不順的矛盾組織，其下坐擁的龐大資產，更是必須被清算的國民黨黨產的重要一環。

救國團成立於 1952 年 10 月 31 日，其源起於蔣介石 1950 年展開的國民黨改革工作中，企圖以群眾作為其力量之基礎而進行青年的組織訓練，用以培育國民黨幹部，貫徹黨的決策，也以此影響一般青年學生能夠服從黨的領導，參與有利於黨的活動，因此不但在各大專院校內設置國民黨的知識青年黨部，並設立由國民黨團領導控制的外圍團體，如「中國青年反共抗俄聯合會」（青聯會）。

1952 年 1 月起，國民黨中央改造委員會因應蔣介石主張應再發動青年反共先鋒隊，開始籌組中國青年反共抗俄救國團，草案內容包括團員規定高中以上學生一律參加，定位屬於政府，由國民黨以黨團方式領導其活動，規定團員應注重政治及軍事技術兩項訓練。蔣介石 2 月 5 日批示此一團體名稱定為「中國青年反共救國團」，3 月 29 日發表「告全國青年書」中宣告救國團之成立。中央改造委員會隨後決議救國團隸屬於國防部總政治部之下。7 月在蔣經國召開的總政治部會議中決議將高中學生軍訓交由救國團辦理。8 月確定由總政治部主任蔣經國出任第一任救國團主任。9 月決議救國團於各校組織建立之後，除學術性社團由各校訓導長督導加強其工作外，其他康樂性、服務性之各種社團一律歸併於救國團，救國團定位為國民黨領導青年運動的外圍組織，並規定救國團在學校中應受國民黨知識青年黨部之指導。

這個蔣介石期許「能成為具有教育性、群眾性與戰鬥性的青年組織」，成立以來即具有多重複合任務，不但作為黨國體制的輔助機構，以青年、學生的動員、控制為主要工作，同時還成為蔣經國在國民黨內權力競爭的重要基礎。而救國團遍布全國的組織，財源「順理成章」地由國庫供養，除了教育部長年的輸送，甚至早年地方政府還發起中小學生「一人一元」活動幫救國團蓋房子。其所擁有的遍布各大風景區的青年活動中心，及各縣市中心地段的團務委員會、社教中心等，一大半是坐落在公有土地上。除了「國庫通團庫」外，救國團「團職」也通國民黨「黨職」，不少任職過救國團的高官由此得以「黨職併公職」年資併計，而從國庫領取退休金。

1960 年 7 月，行政院將高中以上學校軍訓工作正式劃歸教育部軍訓處，救國團業務漸次縮小，1969 年青年輔導事宜也移交給行政院青輔會。1970 年代以後救國團成為主要以青年學生為對象的休閒獎勵機構，堪稱全國最大服務業。青年學生在救國團團康娛樂導向之下，不知不覺被潛移默化，進入整個黨國體制的逸樂文化。比較有年輕人熱情與理想者，救國團會將其納編在各大學扶植的「服務性社團」，以各種名目的服務隊進入所謂的「弱勢」地區，進行大學生心目中所想像的社會服務，對於時勢的不滿，被導引到關懷「弱勢」的目標去，轉移對國際形勢或國內政經社會的關心。部分有志從政青年則透過此機制被拔擢為國民黨的「權力菁英」，不斷的充實替補其統治集團的結構。

【延伸閱讀】

（1）田習如，〈救國團與國庫「爛帳」大清算—全台最富有社團財產大曝光〉，《財訊》300 期，2007 年 3 月。

（2）李泰翰，〈從青聯會到救國團成立的過程—一九五〇年代初期國民黨對於青年運動的籌劃與掌控〉，《台灣文獻》第 56 卷第 3 期，2005 年 9 月。

（3）若林正丈，《台灣—分裂國家與民主化》，台北：月旦出版社，1994 年。

（4）孫樸圓，〈救國團是全國最大服務業—揭開救國團賺錢術〉，《財訊》136 期，1993 年 7 月。

049

出版法與新聞自由

薛化元

影響戰後台灣新聞自由發展的主要法規之一，是 1931 年 12 月 16 日國民政府公布的「出版法」。此一法律主要規範新聞紙、雜誌、書籍及其他出版品，由於諸多限制涉及侵害人權，為了因應行憲，國民黨當局內部即有修正的呼聲，但無實際進展。

1952 年完成修法工作，增加「出版之獎勵與保障」一章，並將禁止刊載的事項簡化成「觸犯或煽動他人觸犯內亂罪外患罪者」、「觸犯或煽動他人觸犯妨害公務罪妨害投票或妨害秩序罪者」及「觸犯或煽動他人觸犯褻瀆祀典或妨害風化罪者」三款，取消行政機關對個人處以罰鍰、拘役及徒刑之權力，改由司法機關依「刑法」論處。純就法律的規範而言，比起修法前，確實有相當的改進。但是國民黨當局在修法後，卻透過違反母法的「施行細則」限制新聞及出版自由。

首先，延伸、擴大了「出版法」所訂立的準則，例如出版品依「出版法」被核定停止為期一年以下之發行者，可以「情形特殊」，由「主管官署報請內政部延長之」（施行細則第十九條）。其次，原為保障條文的「出版品所需紙張及其他印刷原料，主管官署得視實際情形計畫供應之」，變成政府可「基於節約原則及中央政府之命令調節轄區內新聞紙雜誌之數量」（施行細則第二十七條），成為「限證」的法源之一。

由於侵害新聞自由的狀況越見明顯，1958 年有立法委員提案要求檢討「施行細則」違法問題，行政院不願改善，反而提出「變違法的行政命令為合法」的「出版法修正案」，將原施行細則中以調節為其名、報禁為其實的報禁，改頭換面地放進修正案中，讓原本規定「各級機關均應於十日內為之」的登記許可手續，在情形特殊下可以不受拘束，如此使得主管官署有可能藉行政裁量，使自己不滿的報刊，「永遠不能獲得登記的許可」。此舉引起了民間報紙的反彈，台灣省議員也發言反對，部分立法委員也串連提案反對。不過，總統蔣介石不但不接受，還強力主導修正案的通過，國民黨中常會也決議「限立法院於本屆會期內照原案通過」。對於此法的修正，《自由中國》認為是「為中華民國的出版自由，敲下了最後的喪鐘」。

然而，雖然「出版法」及以其為依據的行政命令，已可箝制新聞自由，但國民黨當局偏愛依戒嚴令及「戒嚴法」衍生出的「臺灣省戒嚴期間新聞雜誌圖書管理辦法」（1953 年 7 月公布）來管制言論，再依「出版法」的懲處標準對違法之出版品施以「停刊」或「撤銷登記」處分。

其後，在台灣政治自由化、民主化的過程中，由於本法有長期侵害人權的問題，為保障言論出版自由，遂於 1999 年廢除出版法。不過，有關出版之相關法規範問題，並沒有較全面的替代方案。

【延伸閱讀】

（1）薛化元、楊秀菁，〈台灣戒嚴時期新聞管制體制之形成——以一九五〇、六〇年代為中心的探討〉，財團法人戒嚴時期不當叛亂暨匪諜審判案件補償基金會主辦，「歷史重現保障人權——戒嚴時期政治案件」學術研討會，2002年12月。
（2）薛化元，《戰後台灣歷史閱覽》，台北：五南，2010年。

050

報禁

薛化元

所謂「報禁」包括「限張」、「限證」和「限印」，至於其起源，一般多認為是根據1952年修正《出版法》後頒佈的《出版法施行細則》（1952年11月29日公布）而來。不過，實際上國民黨當局早在「中華民國憲法」通過不久，1947年初就開始實施「限張」政策，這應該才是報禁的開端。

一開始推動報禁政策的，是訓政體制下的國民黨中央宣傳部。1947年2月16日中宣部以節約外匯為名，將紙張列為限制進口的物品，頒佈「各地報紙減縮篇幅暫行辦法」。7月4日，國民政府下令全國總動員，再以厲行節約消費為名，在9月5日實施「新聞紙、雜誌及書籍用紙節約辦法」，再次縮減報紙篇幅。不過，當時台灣的報紙篇幅很少，最大報《臺灣新生報》也不過一大張半（六版）， 屬於「新聞紙、雜誌及書籍用紙節約辦法」中「其他各地報紙」，「原未出及兩大張者不增，原在一張以上者，可自由縮減」的部分。因此，實施之初，在台灣並沒有造成影響，只是報紙篇幅的上限已經被限制了。中華民國政府敗退台灣後，進一步緊縮報紙篇幅，先在1950年上半年禁止「外紙」進口，再由官營的紙業公司配售全台各報用紙。12 月 1 日再頒佈「行政院臺卅九（教）字第六五一六號訓令」，將各報限制於一大張半內。以後 1952 年公布之「戰時新聞用紙節約辦法」成為限張最主要的依據，1967 年也是修正此辦法，使報紙增張為兩張半。

至於「限證」政策，則是根據 1947 年的「新聞紙雜誌及書籍用紙節約辦法」其第四條規定：「內政部得根據事實需要酌量調劑各地新聞紙雜誌之數量，期於節約之中，並收均衡文化發展之實效。」台灣省政府 1951 年的施政準則中，指示各縣市政府「恪遵節約用紙辦法」之規定，對新申請登記之報刊嚴格限制。另外，「並為節約用紙，將台北、台中、高雄等市停刊逾限及逾期尚未發行之報刊，依法註銷登記。」

「限張」在控制報紙的張數，「限證」在限制報紙的家數，而「限印」則是在限制報紙的規模。「限印」是指限制同一份新聞紙另在他地出版發行，其所依據的法源為《出版法》第九條，規定登記申請書需載明「發行所及印刷所之名稱及所在地」，「出版法其施行細則」第六條規定「出版業公司或書店另在他地設立分支機構者，或同一新聞紙或雜誌另在他地出版發行者，仍應依照出版法第九條之規定辦理登記。」而自 1960 年後，申請辦報者無一獲得許可，「登記」根本已經停止。所以台北的報紙就絕不能在南部設立印刷所，南部的報紙也不可能在北部設立印刷所。

「限印」的發生，雖可歸因於「限證」，然而，「出版法施行細則」第六條規定，新聞紙在他地出版發行，必須重新申請登記，基本上已經是逾越法規規定的行政裁量。而行政院新聞局於 1974 年 7 月曲解《出版法》第九條的規定，認定每一個報社「僅能有一個」印刷所及發行所，而駁回報社申請在他處設置印刷所的申請，限制報業的發展區域。

1987 年 12 月 1 日行政院新聞局正式宣告報禁在次年元旦解禁，30 日行政院宣告「戰時新聞用紙節約辦法」在 1988 年 1 月 1 日廢止，這是台灣新聞自由發展的里程碑。

【延伸閱讀】

（1）薛化元、楊秀菁，〈台灣戒嚴時期新聞管制體制之形成—以一九五〇、六〇年代為中心的探討〉，財團法人戒嚴時期不當叛亂暨匪諜審判案件補償基金會主辦，「歷史重現保障人權——戒嚴時期政治案件」學術研討會，2002 年 12 月。

（2）薛化元，《戰後台灣歷史閱覽》，台北：五南，2010 年。

051

入出境管制與黑名單

薛化元

戰後台灣入出境管制的實施，主要始於陳誠擔任台灣省主席兼警備總司令之時，1949 年 3 月開始實施「台灣省入境軍公人員及旅客暫行辦法」。據陳誠自述其決心實施此項辦法的用意：「入境辦法最大的作用，即有一方面防止共諜的潛入，使中共的滲透戰術無法施展於台島，同時並預防人口的過分增加，以減輕台民的負擔。所以這個辦法實無異是台灣在政治上與經濟上的一個重要防波堤。」而行政院則在同年 7 月才正式核准「台灣入境辦法」。一開始官方強調的是入境管制，在中華民國政府敗退台灣以後，開始強化出境部分的管制。1950 年 7 月行政院通過「台灣省准許出入境軍公人員及旅客暫行辦法」，並由保安司令部和省政府負責入出境檢查。基本上，行政院反對由立法院制定法律來規範入出境事宜。

行政院於 1957 年 1 月通過國防部呈擬的「戡亂時期台灣地區入境出境管理辦法」，將入出境管制常態化。就辦法的內容來看，比起原有的暫行辦法，似乎有一定的改善：以當時國家安全與經濟負擔能力作為原則，重新將臺灣地區出入境管理辦法進行修正，原則上採取簡化手續並放寬相關規定的方式進行，並自同年 2 月 1 日起開始實行。其改進的辦法包括：凡國人前往邦交國或自各該國來台者，均憑護照出入境，此外則仍憑出入境證出入境。至於因公來台或華僑來台觀光、考察、接洽商務及過境，居留在二個月以內者，均免辦保證手續。而在台原有戶籍者申請其親屬來台，保證人放寬為薦任文官或校級武官以上。而合乎申請來台的親屬範圍，放寬為同胞兄弟姊妹之子女、父母之同胞兄弟姊妹及其子女。同時在出境證有效期限方面，亦大幅放寬。

而在實際運作上，實際負責出入境管制的，除了政府相關單位外，還包括情治單位與國民黨中央黨部，對於政治異議人士或是官方認定有疑慮人士及其家屬，往往限制不得出境，而出境者則不准返台，後者即是所謂的「黑名單」。

1987 年 7 月 15 日解嚴，同日內政部、國防部會銜下令廢止「戡亂時期臺灣地區入境出境管理辦法」，軍情單位不再直接介入此一業務，改為文官體制負責。但是「黑名單」的問題在「國安法」中仍有規定，並未解決，成為在野人士要求改革的重點之一。當時，在形式上是透過外交部駐外單位的「列註人員名單」方式，形成實質上的「黑名單」管制。且在實際運作上，情治單位仍扮演重要的角色。1990 年情治單位曾以「限制入出境的理由無法透露」為由，不同意內政部公佈「黑名單」。

最晚從 1990 年開始，美國官方公開關切「黑名單」問題。次年，有 12 家國際航空公司搭載黑名單旅客被交通部罰款，不服提出行政訴訟，但敗訴。但相關的改革仍持續展開，1992 年立法院先三讀通過「外交部組織法」修正案與「外交部領事事務局組織條例」，並通過在前法中增列條文「情治單位非依法不得干預黑名單」。繼而在內政、國防、司法聯席審查會依照立法委員陳水扁提案通過「國安法」修正案，主張廢除「黑名單」條款；內政部也表示「黑名單」已經大幅減少到不足五人。至於最後一位「黑名單」是涉及刺殺蔣經國的黃文雄，他於1996年偷渡返台，也宣告了「黑名單」時代的落幕。

【延伸閱讀】

(1) 薛化元，「戡亂時期臺灣地區入境出境管理辦法」，收入許雪姬總策劃，《台灣歷史辭典》，台北：遠流，2004年。
(2) 李永熾監修，薛化元主編，《台灣歷史年表》，台北：業強，1991～1998年。

052

摧殘本土語言文化

戴寶村

台灣是由多族群組成的國家，理應有多元語言文化的表現。中華民國政府軍事接收台灣後，先消滅台灣人習於使用的日語，繼而訂定法令強勢推行「國語運動」，並利用教育體系及媒體操作，使「國語」及中國文化深入人民的生活，造成台灣各族群固有語言文化受到壓抑，甚至瀕臨消滅。

行政長官公署於 1946 年 4 月，派魏建功、何容等人來台成立「台灣省國語推行委員會」，開始了國民黨政府在台灣 50 餘年的「國語運動」，在「國家統一」、「民族大義」的大旗下，一連串提倡國語、壓抑本土語言的措施相繼被提出。

在教育政策方面，1951 年台灣省教育廳下令各級學校應以國語教學，嚴禁以日語或方言教學；聘用教員時應注意其國語程度。1952 年教育廳頒「台灣省國民學校加強國語教育辦法」，把學校變成一個完全說國語的環境。1955 年教育廳修正「台灣省中等學校獎懲辦法」，規定不講國語者，應予記缺點或警告。1956 年教育部規定嚴禁以日語或方言教學，此後，有些學校甚至組織糾察隊，監視學童講方言，或鼓勵學生互相檢舉。同年

12 月，教育廳頒布「台灣省省立小學、國民學校辦理成績考核標準」，使「推行國語」成為考核學校辦學成績的項目之一。1970 年頒佈的「行政院所屬各機關專業人員獎懲標準」中有關教育專業人員獎懲標準中規定，推行國語確實有效，經考核成績確屬優良者，予以嘉獎；推行國語不力者，予以申誡。此外，尚包括學校裡舉行各種集會口頭報告，一律使用國語、禁止教會以羅馬拼音傳教、並且加強各縣山地鄉國語推行等業務。

在廣電媒體方面，1963 年 7 月行政院公佈「廣播及電視無線電台設置及管理規則」，其中規定電視節目所用語言，除因特殊原因經奉主管機關核准者外，應以國語為主；同年 10 月，行政院再公布「廣播及無線電台節目輔導準則」，其第三條規定電台對國內廣播，其播音語言應以國語為主，方言節目時間比例不得超過百分之 50。1976 年公布的「廣播電視法」更變本加厲規定電台對國內廣播播音語言應以國語為主，方言應逐年減少，其所占比例，由新聞局視實際需要定之。

在「國語運動」政策下，「國語」成為唯一的官方語言，學生使用母語遭到處罰，認為母語是粗劣低俗的語言而不再使用。「國語」成為衡量文化與社經地位的標準，能順暢使用「國語」的知識精英分子不分省籍，代表享有更高的政治經濟統治地位。「國語運動」所代表的中華文化意識與大中國的意識型態，逐漸深植人民心中，並形塑出中產階級的官方語言，使知識分子需取得國語能力才能謀就高職位，造成台灣本土性語言成為弱勢語族的社會地位。台灣人不僅失去語言的教育權、使用權和傳播權，也失去語言所反映的主體文化特質，遲緩了台灣命運共同體的建構。

【延伸閱讀】

(1) 台灣教授協會策劃，《會診宋楚瑜》，台北：前衛出版社，1994 年。
(2) 林瑞祥，〈戰後台語的發展與論述〉，世新大學社會發展研究所碩士論文，2003 年。
(3) 鄭瑞城等合著，《解構廣電媒體—建立廣電新秩序》，台北：澄社，1993 年。

053

控制廣電洗腦灌輸

戴寶村

廣電媒體是國民黨箝制思想、打壓本土語言文化的重要一環，其透過黨政軍等威權行政控制力，進而透過制定法令約束規範廣電媒體運作方向和方式。其中對本土意識的建立與傳播斲傷最鉅者，即語言控制、思想檢查、強加反共復國意識與中華文化認同等。

對語言控制方面，1946 年開始「國語」示範廣播，並於同年頒布「教育處國語讀音示範廣播辦法」，規定本省各中小學國語教師、民眾教育人員及國語推行員均應收聽。1959 年 11 月，教育部規定電影院放映國語片絕對不准加用台語說明，違者予以糾正或勒令停業。1963 年行政院公佈「廣播及電視無線電台設置及管理規則」，其中規定電視節目所用語言，除因特殊原因經奉主管機關核准者外，應以國語為主；同年 10 月再公布「廣播及無線電台節目輔導準則」，其第三條規定電台對國內廣播，其播音語言應以國語為主，方言節目時間比例不得超過 50%。

1970 年代，國民黨政府面臨外交危機，箝制言論及新聞自由手段之精細更甚於前。1972 年蔣經國擔任行政院長後，國民黨對社會、文化、新聞的管制更為緊縮，根據「中華文化復興運動推行委員會」所訂定之「加強推行國語辦法」，母語節目更受抑制，包括規定該年5月1日起方言節目限於16%以下，12月國民黨文工會再明令減少方言節目播出，而且電視劇本須經教育部文化局審查通過後才可播出。

方言節目限令實施後，先有華視將福佬語連續劇「望你早歸」改為「國語」播出，轟動一時的布袋戲「雲州大儒俠」則於1973年遭到停播，其他歌仔戲、布袋戲節目，此後也幾乎全消失於螢光幕上。而布袋戲專家黃俊雄為配合響應推行電視國語節目的政策，必須去補習「國語」，1983年則在台視播出「國語」發音的黃俊雄布袋戲。

在蔣經國的要求下，行政院以改進電視為由成立研究小組，審查電視劇劇本、廣告影片、監看電視節目，藉以進行電視台管制。1976年制定的《廣播電視法》於第一條明定：「為管理與輔導廣播及電視事業，以闡揚國策，宣導政令，發揚中華文化，提供高尚娛樂，增進公共利益，特制定本法。」此外，《廣電法》第21條、《廣電法施行細則》第17條，規定廣電節目之內容不得「損害國家利益或民族尊嚴，違背反共復國國策或政府法令」，甚至17條第二項規定「大眾娛樂節目應以發揚中華文化，闡揚倫理、民主、科學及富有教育意義之內容為準」。

除以法令禁止母語於媒體之使用，國民黨也以獎勵、輔導政策，獨厚「國語」影視，如1963年3月12日新聞局公布「輔導攝製國語影片貸款辦法」，對台語片不但沒有任何輔導，甚至加以限制。1981年起擔任新聞局長的宋楚瑜，以他任內對電影金馬獎所作的改變視為一大政績表現，但在他手上修正公布的「獎勵優良國語影片辦法」中，不論獎勵種類或數額，均徹底將台語片排斥於金馬獎之外。

國民黨長期執政，長期掌控廣電媒體走向，已導致絕大多數媒體習於扮演以維護國民黨的政治利益，呈現國民黨政治理念的角色，即便到九〇年代媒體開放，仍難以改變既成的媒體文化生態。

【延伸閱讀】

（1）台灣教授協會策劃，《會診宋楚瑜》，台北：前衛出版社，1994 年。
（2）林瑞祥，〈戰後台語的發展與論述〉，世新大學社會發展研究所碩士論文，2003 年。
（3）鄭瑞城等合著，《解構廣電媒體—建立廣電新秩序》，台北：澄社，1993 年。

054

壓制原住民文化

戴寶村

戰後以來長期由中國國民黨執政的中華民國政府，對原住民採取的基本政策是「同化主義」，經由「山地平地化」的過程，使原住民轉化為中華民族的一分子。行政上以統治的觀點劃分山地鄉來改變既有的族別、部落區域，藉地方自治之名的選舉，將黨國支配體制徹底瓦解部落領袖制，加速傳統社會結構的解體。經濟方面則隨著台灣高度資本主義化，漁獵、農耕生產沒落或因急遽轉為貨幣經濟而相對貧窮化。大量原住民移居都市更加速傳統文化沒落，也衍生出甚多都市原住民問題。又因為沒有其本族的文字系統，在外來強勢漢人文化衝擊與同化主義的教育制度下，更加速其文化的流失與崩解。

1946 年中國國民黨政府成立「台灣省國語推行委員會」推行「國語」後，1949 年訂定的山地教育方針第一條即明訂：「徹底推行國語，加強國家觀念」，在原住民地區各主要道路及部落顯眼處，皆以大型看板宣傳「人人說國語，愛國說國語」，推行「國語」主事者及特務每逢教會聚會必參加禮拜，並於聚會中強行進行「國語」政策推廣宣傳，命令教會傳道人以「國語」

講道；1956 年教育部規定各族群不得以日語或「方言」教學；1957 年禁止原住民教會使用母語羅馬字；1975 年沒收台灣版羅馬字母語聖經；直到 1984 年 12 月，教育部還明令禁止山地教會使用山地語書刊，企圖從語言政策上扼殺原住民族文化傳承的機會。

在語言之外，原住民傳統姓名也被迫改為符合國民黨政權要求的「漢名」。1946 年 5 月 6 日行政院核定的「修正台灣省人民回復原有姓名辦法」第三條規定：「高山民族如無原有姓名，或原有姓名不妥善時，應參照中國姓名自訂姓名」，否認且否定原住民傳承其文化命名的姓名，迫使原住民以與其家族毫無關係的漢姓漢名命名，因此造成原住民系譜混亂，甚至導致近親結婚的悲劇後，1986 年台灣省政府民政廳則以「為避免山胞發生亂倫婚約」，進行「輔導各族建立族譜實施計劃」。

原住民的認同是建立在土地上，然而戰後國民黨政權接收了日治時期的「蕃人所在地」，設為國有的山地保留地，且放任資本家進行山地保留地的買賣或權利轉移，卻完全沒收原住民的土地所有權及使用權。蘭嶼達悟族的土地不但被收歸國有，傳統家屋形態及漁業文化被破壞，更被迫住在國民黨政府蓋的海砂屋國宅，1974 年原子能委員會更展開「蘭嶼計畫」，將達悟族世居的土地設為核廢料貯存場。此外，原住民地名也被國民黨政權強行改以具有政治意涵的名稱取代，從文化上使原住民與土地割離，如宜蘭縣的大同鄉、桃園縣的復興鄉、台中縣的和平鄉、南投縣的仁愛鄉、信義鄉、高雄縣的三民鄉、桃源鄉、台東縣的延平鄉、達仁鄉等，其中，阿里山的「吳鳳鄉」甚至以污名化鄒族原住民的吳鳳傳說為地名，但在原住民意識覺醒之後，於 1989 年 3 月 1 日更改為阿里山鄉。

2007 年 12 月，中國國民黨總統參選人馬英九對原住民說出「我把你們當人看」，繼之，2011 年 5 月又有中國國民黨中常委廖萬隆說出「原住民都已經是雜種」，再次暴露出中國國民黨歧視貶抑台灣原住民的真面目。

【延伸閱讀】

(1) 夷將・拔路兒主編，《台灣原住民族運動史料彙編（上）、（下）》，台北：國史館、行政院原住民族委員會出版，2008 年。

(2) 許世楷、施正鋒、布興・大立，《原住民族人權與自治》，台北：前衛出版社，2001 年。

055

整肅台灣原住民精英

戴寶村

原住民經過日治時期的「理蕃」統治，部落傳統秩序遭瓦解泰半，但日本在台灣施行的新式教育及初步的自治，造就具備進步思維的原住民領袖，然而戰後接收台灣的國民黨政權卻將這批原住民精英份子整肅清除，再藉由土地國有、推行「國語」、強迫改漢名等方式，徹底摧毀原住民的族群意識與文化。

面對 1945 年接收台灣的「祖國」，原住民曾經有所期待，如阿里山鄒族領袖吾雍 · 雅達烏猶卡那（Uongu・Yatauyongana，漢名：高一生）1946 年就加入三民主義青年團，充分與知識青年結合，努力想提升鄒族社會的現代化水準。復興鄉泰雅族精英樂信 · 瓦旦（（Losin・Watam，戰後改漢名為林瑞昌）則期待「祖國」歸還原住民部落原有土地，於 1947 年 6 月遞交「台北縣海山區三峽鎮大豹社復歸陳情書」，其中說到「光復台灣，我們也應該光復故鄉，否則光復之喜何在？」

1947 年二二八事件爆發，3 月 2 日嘉義市區軍民衝突劇烈，時任三民主義青年團書記盧鈵欽通電上山求援，在阿里山鄉鄉長高一生指派下，湯守仁於 3 月 7 日率領數十名鄒族青年沿阿里山鐵路下山協助嘉義民眾對抗國民黨軍隊。之後由於與其他民兵意見分歧，且以談判代替對抗的局面形成，湯守仁乃於 3 月 10 日率領鄒族部隊回山。動盪期間，台南縣長袁國欽避入阿里山，曾受高一生保護，後來袁國欽回到中國投共，高一生竟被冠上「窩藏匪諜」的罪名。二二八事件後，高一生、湯守仁因辦理「自新」獲當局開釋。樂信 • 瓦旦在二二八事件中的表現與前兩人不同，他評估局勢為了族群存亡，沒有貿然捲入事件，而得到國民黨政府的表揚。

二二八事件後，樂信 • 瓦旦仍向國民黨政府提出要求，希望歸還日本政府侵占之原住民土地，但沒有得到當局正面回應。樂信 • 瓦旦並沒有氣餒，反而更積極地改走議會路線，在民意機關裡為原住民爭取權益，1949 年 11 月，樂信 • 瓦旦當選省參議員，是當時唯一的一名原住民代表。兩年後，又再度當選第一屆臨時省議會議員。在省議會裡，他大聲疾呼：希望政府能增加原住民參政的機會；多多培養原住民人才；正視原住民經濟的困境；有效率地提高山地行政。鄒族阿里山鄉鄉長高一生曾提出「高山自治縣」的建議，「設定出以高山族為主人翁之區域，建立真正高山族之平和境域，期望高山族人一同朝向自治」，並爭取到茶山、新美地區，開墾「新美農場」，希望成為族人新的移住地。這種期待是想延續日治時期原住民已擁有的現代化生活水準，並期待統治當局能支持他們所提出的原住民族政策，但這些構想當然不為國民黨所接受，反而將這種追求民族自主自決的理念，當成是反抗的行動。

1952 年 9 月 9 日，國民黨保安司令部誘捕鄒族的阿里山鄉鄉長高一生、警備官湯守仁、樂野村長武義德、吳鳳鄉衛生所主任杜孝生、達邦村長方義仲、嘉義縣警察局巡官汪清山，泰雅族的省議員林瑞昌、桃園縣警察局巡官高澤照等人，他們被誣指欲籌組「高砂民族自治會」，鼓吹原住民爭取自治，最後遭到懲治叛亂條例第二條第一項唯一死刑判決。1954 年 4 月 17 日，高一生、湯守仁、林瑞昌、汪清山、高澤照、方義仲 6 人同遭槍決。原住民社會經歷此慘痛鎮壓，

加上長期同化政策與「福利」照顧，使原住民傳統文化喪失殆盡，也失去臺灣原住民應是臺灣主人的主體意識。

【延伸閱讀】

（1）巴蘇亞 • 博伊哲努（浦忠成），《政治與文藝交纏的生命—高山自治先覺者高一生傳記》，台北：行政院文化建設委員會，2006 年。

（2）吳叡人，〈「台灣高山族殺人事件」—高一生、湯守仁、林瑞昌事件的初步政治史重建〉，《「紀念二二八事件 60 週年」學術研討會論文集》，台北：台北市文化局台北二二八紀念館，2007 年 2 月。

056

鹿窟事件

張炎憲

1949 年初，陳誠出任台灣省主席，開始整頓台灣內部。4 月 6 日拘捕師範學院、台灣大學學生。8 月破獲「光明報」，逮捕基隆中學校長鍾浩東及許強、郭琇琮等人。在此風聲鶴唳的氣氛下，有批人選擇鹿窟做為避難所，也做為基地，準備長期抗爭。

鹿窟山海拔6百多公尺，山不算高，卻相當貧瘠，不適農耕。村民在農作之餘，大多以礦工為業。每日四、五點起床，吃完早餐，隨即趕路出門，晚上返家時大多已是七、八點了。如此繁忙生活，那有財力、時間、機會去讀書。因此鹿窟一帶村民多不識字，只有少部分讀到國小畢業。

以陳本江、呂赫若、陳通和為主的一批人進入鹿窟之後，開始與村民接觸討論時事，但因村民多不識字，因此對事情也不甚了解。陳本江等人的活動範圍大致從頂鹿窟、下鹿窟、九層坪、松柏崎、紙寮坑、耳空龜、玉桂嶺，到汐止的大崎頭、鵠鵠崙、瑞芳等地。

1952 年 11 月保密局破獲台北市委會電器工人支部案，而得知有人潛藏鹿窟山區。12 月 28 日，台北縣改制後第二屆縣議員選舉，當天凌晨五、六點軍隊開始入山，圍住山區，每四、五十公尺就有一個步哨，在路上抓人，到屋內搜索逮人，幾乎全村的人都被抓走。押到鹿窟菜廟後，刑求拷打逼供，手段十分殘暴。之後分批押解村民下山，送往保密局、東本願寺、台北大橋頭高砂鐵工廠等地監禁。至 1953 年 3 月 3 日，軍警才解除鹿窟的包圍。

因鹿窟村民與外地較少來往，村民之間相互通婚的情況相當普遍，因此牽親引戚，牽連無數。父子、兄弟、母女、伯侄、舅甥一同被捕判刑者極多，甚至還有一戶 5 人被抓，慘烈情況不可言喻。

全案在現場被打死者 1 人，死刑 35 人，15 年至 1 年徒刑者 98 人，感訓者 19 年，不起訴或無罪者 12 人。被判刑期總計 865 年，除領導者之外，參與者與被牽連者都是汐止、鹿窟、瑞芳、玉桂嶺一帶的村民，多不識字且從事礦工工作者，全是台籍人士。

保密局將此案製造成鹿窟基地，有人民保衛隊的組織，村民被整編，欲裡應外合，待機迎接中共犯台。但保密局搜索山區，僅獲得駁殼槍 1 枝、收報機 1 具、土造手榴彈 165 枚、土造地雷 7 個、炸藥 2 包和雷管 1 束等。以這些裝備，怎能策謀造反。

鹿窟事件是 1950 年代最重大的事件，逮捕人數最多、牽連極廣。其審問過程中，未經調查比對，僅憑刑求逼供，取得自白，就據以判刑，以今日視之，實違反人權的事件。

【延伸閱讀】

(1) 張炎憲、高淑媛，《鹿窟事件調查研究》，台北：台北縣立文化中心，1998 年。

(2) 張炎憲、陳鳳華，《寒村的哭泣——鹿窟事件》，台北：台北縣立文化局，2000。

057

吳國楨事件

蘇瑞鏘

吳國楨，1903 年生，中國湖北省人。北京清華學校畢業後赴美留學，1926 年取得普林斯頓大學政治學博士學位。回到中國後，歷任漢口市長、重慶市長、上海市長等要職。1949 年，國共戰爭失利而逃到台灣的蔣介石，為取得美國的援助，遂於該年 12 月任命吳國楨擔任台灣省主席兼保安司令部司令。

為爭取美國的支持，此時吳國楨與孫立人、雷震等較具民主素養的人士一樣，受到國民黨當局「策略性」與「階段性」地重用。等到 1950 年 6 月韓戰爆發後，美國派出第七艦隊巡防臺灣海峽，臺灣的安全得到確保，國民黨當局因有安全感而使心態漸趨保守；加上「改造」後強人威權黨國體制逐漸確立，原先被重用的吳國楨等開明分子，分別與當局發生衝突。

擔任台灣省主席期間，吳國楨基於民主與法治的理念，數次與主持情治系統的蔣經國與負責執行的彭孟緝（保安司令部副司令）發生衝突。例如，1950 年，在台灣火柴公司總經理王哲甫「附匪」案中，吳國楨認為該案應為冤案，下令彭孟緝放人。然蔣經國與彭孟緝去見吳國楨，表示蔣介石要處死王哲甫，於是雙方發生言詞衝突，不歡而散。又如，1951 年 6 月，《自由中國》刊出一篇由夏道平執筆的社論〈政府不可誘民入罪〉，痛陳保安司令部不當的金融管制，特別是批評當時「一件有計劃而大規模的誘人入罪的金融案」。據說當時保安司令部副司令彭孟緝為此想逮捕《自由中國》社的編輯人員，結果公文到了吳國楨處被駁回，才免了一場文字獄。對此，吳國楨曾多次向蔣介石表達不滿，卻得不到正面的回應。1953 年 4 月吳國楨辭去省主席一職，5 月與妻子前往美國。

赴美半年間，吳國楨在各地演講希望美國能支持國民黨當局反攻大陸。然而，1953 年 11 月，總統府秘書長王世杰因兩航案被蔣介石免職一事，卻牽扯出吳國楨非法套取外匯之傳聞，導致吳國楨與國民黨當局的關係急速惡化。此後，吳國楨不但上書國民大會，並且五次致函蔣介石，針對一黨專政、情治系統、政工制度與救國團提出批判，甚至批評蔣經國是台灣政治進步的一大障礙。1954 年 4 月 3 日，在第五次、也是最後一次致函蔣介石當中，吳國楨更是痛批蔣介石：「鈞座之病，則在自私。在大陸則祇顧個人之政權，在臺灣則於苟安之後，又祇圖傳權於子；愛權勝於愛國，愛子勝於愛民。因此遂走上一人控黨，一黨控政，以政治部控制軍隊，以特務控制人民之重大途徑」。

面對吳國楨的批評，國民黨當局也對吳氏進行近乎「扒糞」的攻擊。1954 年 3 月 25 日，蔣介石在國民大會也意有所指地批評吳國楨，當天日記即明白表露是對吳國楨的不滿，蔣寫道：「吳逆在美反宣傳，實自三十三年以來，共匪毒辣反宣傳後之最猛烈之一次……，此實為今日罕有之大奸巨惡，幸於去年准其辭去（按：省主席），而暴露其今日叛亂之陰謀，不能謂非不幸中之大幸也」。 3月28日，吳國楨上書蔣介石，針對蔣對他的批評提出反駁，指出：「鈞座之意，則凡在國外之中國人不能批評鈞座，若有批評，則與共黨無異。在國內之人亦不能批評鈞座，若有批評，即係犯上，應受處分。嗟夫皇天，是鈞座不願任何中國人批評鈞座而已耳」。只因吳國楨的批評就將之視為陰謀叛亂，蔣氏認知叛亂之粗糙，由此可見一斑。

雙方相互扒糞，喧騰將近半年之久，「吳國楨事件」才逐漸平息。然透過吳國楨這位國民黨前黨政大員的批評，終於讓人們得以看清兩蔣時期的一黨專政之弊、情治系統的跋扈、政工制度與救國團的不合理，以及蔣經國的專權等諸多弊病。

【延伸閱讀】

(1) 歐世華，〈吳國楨與臺灣政局（1949-1954）〉，台北：國立臺灣師範大學歷史研究所碩士論文，1999。
(2) 黃清龍，〈恩惠與決裂——吳國楨和兩蔣關係〉（2009.01.03）http://blog.chinatimes.com/noa/archive/2009/01/03/365158.html，擷取時間：2010.05.07。
(3) 蘇瑞鏘，〈擺盪在「啟蒙」與「救亡」之間——雷震與蔣介石當局關係演變的思想史考察〉，國立政治大學台灣史研究所、日本東京大學總合文化研究科、日本一橋大學大學院言語社會研究科（主辦），「2009台灣史青年學者國際研討會」論文，2009年3月21日。

孫立人事件與郭廷亮離奇死亡

蘇瑞鏘

孫立人，1900 年出生於中國安徽省。早年畢業於清華大學，後赴美國普渡大學攻讀土木工程，再入維吉尼亞軍校學習軍事，1928 年回到中國後服務於軍旅。二次大戰期間，曾赴緬甸成功救援英軍，享譽國際。戰後曾任東北綏靖副司令、陸軍副總司令及陸軍南京訓練營總司令。國共戰爭期間，曾擊潰林彪主力，收復四平街。1949 年出任臺灣省防衛司令，1950 年出任陸軍總司令，1954 年被調任為總統府參軍長。

1955 年 5 月 25 日，其部屬陸軍步校少校教官郭廷亮被以「匪諜」罪名逮捕，其後郭廷亮自承是匪諜，目的在策反孫立人反蔣。此案還牽連王善從、江雲錦、劉凱英等三百餘人，108 人被移送保安司令部。其中，被判刑者達 35 人，罪名多為「意圖以非法之方法顛覆政府而著手實行」。而孫立人則在 1955 年 8 月 3 日被迫辭去總統府參軍長一職，並開始長達三十多年被軟禁的生涯。直到李登輝執政時代，1988 年 3 月 20 日孫立人才重獲自由，然 1990 年即病逝。

而就在孫立人去世的隔年，1991 年 11 月 16 日，郭廷亮搭乘火車時竟掉落月台，幾天後死亡。雖然當局認定郭是「交通事故」、「跳車身亡」，然不少人懷疑該事件並不單純。如有人即認為該事件並非單純的「交通事故」，而是人為的結果；即「郭氏是被動地『掉下』車，而非自動地『跳下』車」。

其實，1955 年孫案爆發時，蔣介石總統曾指示副總統陳誠等 9 人小組調查，監察院也推監委成立 5 人小組著手調查。結果 9 人小組的報告認定郭廷亮利用與孫立人的關係執行匪諜任務陰謀叛亂，但 5 人小組報告卻認為彼等並無叛亂意圖。兩項調查結果有所出入，然當時最高當局卻採信 9 人小組報告，而將彼等治罪。2001 年 1 月 9 日，監察院公布了 1955 年監院 5 人小組對孫立人事件的調查報告，正式確定孫立人將軍並未謀叛，其部屬郭廷亮亦非匪諜，也未著手實行叛亂。2011 年，馬英九出席孫立人將軍紀念館揭匾儀式時表示，當年孫立人因部屬涉及共諜案而蒙冤，令人惋惜。監察院公布的調查報告與馬英九在孫立人紀念館的發言，等於明白宣告了在蔣介石統治下所發生的孫立人案是一件政治冤案。

當年這樣一位戰功彪炳、功在黨國的將軍，最後被他的黨國領導人整肅，因而蒙冤數十年，的確是令人惋惜之事。而孫案關鍵人郭廷亮的離奇死亡，更為孫立人這件冤案增添更多的政治想像空間。

【延伸閱讀】

（1）李筱峰，〈台灣戒嚴時期政治案件的類型〉，收入：倪子修（總編輯），《戒嚴時期政治案件之法律與歷史探討》

（臺北：財團法人戒嚴時期不當叛亂暨匪諜審判案件補償基金會，2001），頁 130-131。
（2）鄭錦玉，《碧海鈎沉回憶思錄——孫立人將軍功業與冤案真相紀實》，臺北：水牛圖書公司，2006。
（3）蘇瑞鏘，〈臺灣政治案件之處置（1949-1992）〉，臺北：國立政治大學歷史學系博士論文，2010。

059

雷震案與中國民主黨胎死腹中

蘇瑞鏘

雷震，字儆寰，1897 年出生於中國浙江省長興縣，早年赴日本京都大學法學部政治系就讀，畢業後再入大學院（研究所）深造，以森口繁治為指導教授。森口氏提倡「國民主權說」，對他的政治思想影響頗大。返國後在國民（黨）政府歷任黨政要職，與統治核心的關係日漸深厚。1949 年 11 月，與友人在台北創辦《自由中國》半月刊，宣傳民主與反共。創刊之初，曾獲國民黨當局的大力支持。然隨著時局的變化，當局專制色彩日漸增強，雷震與當局的關係則逐漸惡化，《自由中國》也刊載愈來愈多批評國民黨當局的文章，特別是 1956 年的「祝壽專號」以及 1957 年「今日的問題」的系列社論。

1960 年 4 月地方選舉之後，以李萬居、吳三連等「五龍一鳳」為首的多位臺籍在野人士，由於不滿當局選舉不公，而於該年 5 月 18 日的會議中決議籌組新政黨（稍後命名為「中國民主黨」）。此時雷震與傅正等《自由中國》社的成員亦積極參與該黨的籌組，雷震並成為其中的主要領導人之一。

1960 年 9 月 4 日上午，警備總部以「涉嫌叛亂」為由，拘捕了《自由中國》的發行人雷震、編輯傅正、經理馬之驌以及離職職員劉子英等 4 人。10 月 8 日下午宣判，然當天上午蔣介石總統即在總統府內召集 14 名黨政軍特要員，召開「商討雷（震）案」的極機密會議，要在甲、乙、丙三個腹案當中擇定一案。經過在場參與者分析每案的利弊得失後，蔣介石裁決採用乙案，並做出「雷之刑期不得少於 10 年」與「覆判不能變更初審判決」等指示。然而，當時「軍事審判法」並未賦予總統在初審前可介入審判的權力；即使總統要行使長官核覆權，依法也要等到最高軍事審判機關高等覆判庭之判決之後，而非宣判之前。因此，在這過程中，吾人即可清楚看到最高當局運用政治力違法介入審判的作為。

10 月 8 日下午，警備總部高等軍事審判庭宣判：「雷震明知為匪諜（指昔日下屬劉子英）而不告密檢舉，……連續以文字（指《自由中國》的言論）為有利於叛徒之宣傳，……執行有期徒刑 10 年……」；「劉子英意圖以非法之方法顛覆政府，而著手實行，處有期徒刑 12 年……」；「馬之驌預備以非法之方法顛覆政府，處有期徒刑 5 年……」。其後經覆判，馬氏罪刑部份被撤銷，改為交付感化 3 年；其餘維持原判。另外，傅正則由於在 1960 年發表兩篇反對總統修憲連任的文章，被控「與匪之統戰策略相呼應，便利匪幫之叫囂」，而被裁定感化 3 年。

從當局對雷震的處置，可以看出人權遭到諸多侵害。在人身自由的侵害方面：從拘提被告的法定程序、被告的自白是否出於自由意志、證據的取得與認定等問題，率皆可見當局對正當法律程序的蔑視。另外，從宋英（雷震夫人）兩度要求提審雷震，皆為臺北地方法院與臺灣高等法院所拒，可見憲法所保障的提審權被嚴重剝奪。在言論自由方面：其一，當局雖指控雷震「連續以文字為有利於叛徒之宣傳」，卻不見其明確顯示雷震具有上述意圖的客觀行為證據，以及雷震能夠達成此一意圖的行為能力。其二，所謂「有利於叛徒之宣傳」的文字，是否可能只是被叛徒加以利用宣傳？或只是與叛徒之宣傳偶合而已？從判決書中卻不見種種可能性的分析。其三，軍事法庭對雷震於《自由中國》半月刊所刊行的文字之指控，不少有斷章取義之嫌。監察院的雷震案調查報告，對此一現象也有所批評。其四，對雷震所刊行的若干爭議性文章，該判決竟採用懲治叛亂條例對雷震處以重刑，其手段與目的實不成比例。

雷震案爆發後，因為該案帶來的巨大政治壓力，加上許多內外因素的影響，導致 1961 年 1 月地方選舉之後，整個「中國民主黨」組黨運動逐漸歸於沈寂，最後胎死腹中。

【延伸閱讀】

（1）蘇瑞鏘，〈從雷震案論戒嚴時期政治案件的法律處置對人權的侵害〉，《國史館學術集刊》，15（臺北：國史館，2008.03），頁 113-158。
（2）蘇瑞鏘，《戰後臺灣組黨運動的濫觴——「中國民主黨」組黨運動》，台北：稻鄉出版社，2005。
（3）許瑞浩，〈從官方檔案看統治當局處理「雷震案」的態度與決策——以國防部檔案為中心〉，收入：胡健國（主編），《20 世紀臺灣民主發展：第 7 屆中華民國史專題論文集》（臺北：國史館，2004），頁 319-406。

060

終身職總統蔣介石

陳儀深

1945 年 8 月，中日兩國結束為期長達 8 年的軍事對峙，中華民國政府取得慘勝。其後，以蔣介石為首的中國國民黨隨即陷入與共產黨的鬥爭泥沼。由於歷經戰亂以及國民黨無能統治，使得中國整體財政經濟糜爛，人心思變；加以共產黨取得蘇聯的強力奧援，而國民黨卻逐漸失去美國的協助，因此國民黨的統治基礎搖搖欲墜。為求徹底剿滅共產黨，國民政府在 1947 年與共產黨停止戰火的談判破裂後，於 7 月公布〈動員戡亂完成憲政實施綱要〉，令全中國進入「動員戡亂時期」，且陸續在中國各地宣布戒嚴。1948 年 5 月 10 日，第一屆國民大會公布〈動員戡亂時期臨時條款〉，為因應剿共所形成的動員戡亂非常體制，正式取得憲法法源的保障。1949 年國民黨政府流亡台灣之後，該臨時條款曾屢次修正內文，尤以 1960 年蔣介石為能順利第三度連任總統，遂凍結憲法第四十七條「總統副總統之任期為六年，連選得連任一次」之規定，臨時條款改為「動員戡亂時期，總統副總統得連選連任，不受憲法第四十七條連任一次之限制」，實已嚴重破壞原來的憲政體制與精神。當時在臺灣的自由派人士，對於蔣介石欲連任第三屆總統一事，紛紛表達強烈不滿。其中，尤以創辦《自由中國》雜誌的雷震，連同高玉樹、郭雨新、李萬居等人所展開的抗議行動，最為顯著。值得注意的是，雷震等人除在《自由中國》中多次撰文批判外，並藉此鼓吹成立反對黨，以制衡國民黨的獨裁與威權，誘發了第一波籌組反對黨的民主浪潮。

排除了憲法的障礙以後，蔣介石不但在1960年三連任總統，且在1966、1972年繼續由萬年國代選為第四任、第五任總統，直到1975年逝世為止，真是名符其實的「終身職」總統。雖然有所謂光復大陸、動員戡亂的神聖使命做藉口，但佔據高位做到死為止，還宣稱「堅守民主陣容」，極為諷刺。

【延伸閱讀】：

（1）薛化元，《自由中國與民主憲政：1950年代台灣思想史的一個考察》，台北：稻鄉出版社，1996。
（2）劉慶瑞，《中華民國憲法要義》，台北：三民書局，1983修訂十二版。

061

蔣家「家天下」

李筱峰

從 1927 年起，蔣介石逐漸成為一個軍事強人，走上法西斯獨裁者的道路。1948 年 4 月 19 日當選中華民國行憲後第一任總統。然而隔月的 5 月 9 日，即公佈「動員戡亂時期憲法臨時條款」，擴充總統權力。

1949 年，國民黨政權面對共產革命，節節敗退。1 月 21 日，蔣介石被逼引退下台，由李宗仁代理總統，但是蔣介石仍是國民黨總裁，因此坐鎮奉化溪口，仍以總裁之尊，裁決國政，暗中佈署，指揮政局，代總統李宗仁仍處處受制於蔣總裁。同年 6 月下旬，蔣介石先來到台北草山（後來被蔣介石改名陽明山）籌設「總裁辦公室」，準備退入台灣的後路。是年年底，國民黨軍隊大勢已去，輾轉於 12 月 7 日退入台灣。代總統李宗仁以就醫理由赴美，沒有來台灣。

已經辭職下野成為一介平民的蔣介石，卻在翌年的 3 月 1 日宣布復職，繼續出任總統。這是根據哪一門的憲法理論？恐怕除了國民黨御用學者之外，沒有一個憲法學者可以講清楚。不過避到美國沒有來台的李宗仁的以下這段話，或許正可以說明清楚，李宗仁說：「台灣是蔣先生青一色的天下，他掌握了生殺予奪的絕對權力。」「在這種局面下，我如貿然回台，則無異自投羅網，任其擺佈，蔣的第一著必然是迫我『勸進』，等他「復正大位」之後，我將來的命運如何，就很難逆料了。」（李宗仁口述，唐德剛撰寫，《李宗仁回憶錄》，頁 668。）這寥寥數語，足以道破蔣介石在台灣的所謂「復行視事」，當然靠的是「槍桿子出政權」。這個槍桿子政權，有「黨、政、軍、特、警」五位一體做為權力基礎，有「反共抗俄」的政治迷思做為理論基礎。而對台灣人來說，這是一群外來的統治集團的政權，這個統治集團係以蔣介石個人為核心。

僅管蔣介石是這個統治集團的核心，掌控「黨、政、軍、特、警」，但是畢竟號稱「行憲」，總不能無視於「中華民國憲法」對於總統任期兩任的限制。到了 1960 年，兩任總統任期即將屆滿，「群臣勸進」之聲四起，但礙於憲法任期規定，必須有突破之方，於是各方開始醞釀修憲，或修改臨時條款，以便讓蔣介石能夠繼續連任總統。當時雷震主持的《自由中國》雜誌則反對蔣介石破壞憲政常軌而連任，他們從歷史毀譽、憲政精神、團結反共的前途，多方闡述反對意見，完全不理會「群臣勸進」的中國官場文化。在國民大會集會的前夕，仍忠言逆耳提出〈敬向蔣總統作一最後的忠告〉的社論。但《自由中國》維護憲政精神的努力，終究沒有如願。1960 年 3 月 21 日，蔣氏終於在為他新增訂的臨時條款（第 3 條）的護送下，突破憲法限制連任的規定，順利當上第三任總統。這一當，就當到蔣介石去世為止（總共當了五任總統）。而且「父死子繼」，兒子蔣經國又繼續接棒。

蔣經國的接班早在蔣政權撤退來台之初，即開始安排。自1950年起，蔣介石即開始為長男蔣經國，從情報、治安系統起，橫跨黨、政、軍各方面，佈置適當的基礎。50年代中期成立的國家安全局，統攝各情報機關（如警備總部、調查局、情報局）。這些如蜘蛛網般的特務系統，成為典型的「特務政治」。蔣經國是國內外公認的特務頭子。在「肅清匪諜」的理由下，進行整肅異己的行動。尤其是50年代初期幾樁政治鬥爭案件（例如鬥倒省主席吳國楨，處決省黨部副主委李友邦等案），都直接對蔣經國的政治前途發揮了排除政治路障的作用。

1972年5月蔣介石和嚴家淦就任中華民國第5任正副總統。就任當天，蔣介石提名時任行政院副院長的蔣經國為行政院長，5月26日經立法院以未曾有過的最高得票率93.38%獲得同意。這一年蔣介石已經85歲，蔣經國63歲。垂垂老矣的蔣介石，總算安心地將棒子交給兒子，「蔣經國時代」從此開始。

1975年4月5日，88歲的蔣介石總統病逝，嚴家淦以副總統身份暫時繼任總統。蔣經國則在當月28日當選國民黨黨主席，成為黨的領袖，政治實權也已在其運籌帷幄之中。1978年第6任總統選舉之前，「謙沖為懷」的嚴家淦表示不競選連任，向國民黨中常會建議提名蔣經國為總統候選人。蔣經國「當仁不讓」，於3月21日經國民大會選舉當選總統。新的「蔣總統」一出來，以前的老「蔣總統」就被官方稱為「先總統蔣公」。

於是蔣家天下繼續維持，直到 1988 年 1 月蔣經國病逝。

【延伸閱讀】

（1）李宗仁口述，唐德剛撰寫，《李宗仁回憶錄》，香港：南粵出版社，1986 年。
（2）李筱峰，《台灣人應該認識的蔣介石》，台北：玉山社。

062

台灣人民自救行動遭打壓

陳儀深

1964 年台大政治系教授彭明敏和他的學生謝聰敏、魏廷朝等三人，意圖印製與散播《台灣自救宣言》未果，於該年 9 月 20 日被捕，隔年 4 月被以預備顛覆政府的罪名分別處 8 至 10 年的徒刑。

溯自 1949 年 12 月，中華民國政府失去中國大陸的統治權，流亡至台灣。中華民國政府在蔣介石的主導下，一方面透過戒嚴體制和動員戡亂體制的實施，凍結中華民國憲法，並以「反共復國」為基本國策，不惜侵害人權、限制民主；另方面，透過 1950 年中國國民黨的改造，確認以「領袖」為核心，「以黨領政」、「以黨領軍」，朝向以「領袖」意志主導的強人威權體制鞏固、發展。如此，中華民國政府得以在台灣維持高壓統治長達 38 年。

中華民國政府宣稱唯一合法代表中國，對內推行有限民主塑造所謂「自由中國」形象，做為維繫統治正當性的基礎，並爭取國際同情和支持，從而在聯合國持續保有中國代表及安理會的席次。儘管中華人民共和國的事實存在，使中華民國代表中國的立場在國際上不斷遭受挑戰，不過在國際冷戰架構下，中華民國獲得以美國為首的自由陣營國家的支持，在聯合國代表中國的席次勉強得以確保，而藉由外在正當性的補強，對內的獨裁統治也隨之強化。換言之，在1950年代，恐怖統治下的台灣人，無論是直接反抗或是主張民族自決幾乎都不可能。

然而，到了1960年代國際情勢對中華民國政府日漸不利，「一個中國」的論述在國際上持續受到質疑，此時，在台灣內部出現要求實施民主的反對運動，如1960年的中國民主黨組黨運動，不過因當局逮捕以失敗告終。

1964年，受到官方刻意栽培與賞識的台灣大學政治系教授彭明敏，基於認清中華民國政府揚言代表中國的荒謬，以及擔心政府繼續堅持此一立場則有一天必會從聯合國被驅逐出去，乃主張改革和重組，創建一個與現實切合的政府，便和畢業於台大而擔任《今日之中國》月刊編輯的謝聰敏、任職中央研究院近代史研究所助理的魏廷朝三人共同起草一份《台灣自救宣言》（A Declaration of Formosan Self-salvation），並決定以郵寄方式將宣言寄給台灣各界意見領袖，讓台灣人民謀求自救的途徑有機會得到落實。

他們在宣言中指出，「一個中國，一個台灣」早已是鐵一般的事實，「反攻大陸」絕對不可能，蔣介石政權之所以仍然高喊「反攻大陸」的口號，其實是為了延續政權，實施軍法統治，驅使人民的唯一手段，此外，蔣政權一再自稱是中國唯一的合法政府，但事實上它只不過是國民黨內少數人集團的代表，既不能代表中國、又不能代表台灣，甚至不能代表國民黨。他們呼籲台灣人民必須擺脫對「極右的國民黨」與「極左的共產黨」這兩個政權的依賴心理，在國民黨與共產黨之外，台灣應選擇第三條路，也就是「自救的途徑」，因此，他們主張應該團結當時全台灣一千兩百萬人的力量，不分省籍，竭誠合作，共同推翻蔣介石的非法政權，建設新的國家，重新制定新的憲法，保障基本人權，成立真正民主的新政府，並以自由世界的一份子，重新加入聯合國。

然而，彭明敏等三人在印刷自救宣言期間就事跡敗露，準備寄發之前，不幸於 9 月 20 日遭警總保安處逮捕。12 月移送軍法處，翌年公開審判，4 月以預備顛覆政府罪名判處彭明敏、魏廷朝各八年，謝聰敏十年的有期徒刑。於是，台灣人民在 1960 年代尋求自救行動可能性的契機，遂在國民黨政府的強力打壓之下灰飛煙滅。

【延伸閱讀】

(1) 彭明敏文教基金會編，《一中一台：台灣自救宣言 44 周年紀念文集》，台北：玉山社，2008。
(2) 彭明敏，《自由的滋味：彭明敏回憶錄》，台北：玉山社，2009。
(3) 薛化元、楊秀菁，〈強人威權體制的建構與轉變 (1949-1992)〉，《人權理論與歷史論文集》，台北：國史館，2004，頁 272-315。

063

柏楊與大力水手事件

蘇瑞鏘

柏楊，本名郭衣洞，1920年出生於中國河南開封，早年畢業於東北大學政治系。1949年來台，曾在中國青年反共救國團任小組長一職，也常撰文批評政治社會以及中國歷史文化的黑暗面。1967年底，柏楊翻譯「大力水手」連環漫畫，內容是大力水手卜派和他的兒子流浪到某一小島上，父子一起競選總統，卜派在發表開場演說時說:「Fellows.....」，柏楊將之譯成「全國軍民同胞們」，該漫畫刊出後，被認為對蔣氏父子有含沙射影之嫌。1968年3月初，柏楊即遭調查局逮捕。

其實，早在逮捕柏楊之前，情治單位已開始在他的著作中挑毛病欲加以羅織。1960年代在國安局工作的高明輝日後指出：「有一天，我看到我的同學雷偉莞的辦公桌上，堆滿了柏楊的著作。我就問他是怎麼一回事？他說：『長官交代，要我在這些著作裡，找出柏楊的毛病。』……最後，什麼毛病也沒有找到。……不過，這個時候我已心知肚明，知道柏楊可能要倒楣了。果然，不及半年，柏楊因為在中華日報的副刊上，翻譯大力水手的漫畫而出事。……情治單位認為，這明明是在影射蔣總統嘛！」

柏楊日後在其回憶錄當中指出，他被調查局逮捕後，遭到刑求逼供（至少前行政院長李煥相信柏楊當年被用刑乃是事實），而捏造自己從沒有做過的故事，如曾加入「中國民主同盟」、來台後「隱藏在地下，然後，竭盡所能的發表文章，與共匪隔海唱和，打擊最高領導中心，挑撥政府與人民之間的感情」等等。

接著，檢察官以「懲治叛亂條例」第二條第一款（唯一死刑）將他起訴。起訴書指稱：「訊據被告郭衣洞對於幼時因失母愛，孕成仇視社會心理，民國二十五年就讀開封高中時喜讀左傾作家魯迅、巴金等之著作」；這不只是道德審判而已，可以說是極盡妖魔化政治犯之能事。

幾個月後，警備總部軍事法庭以柏楊被以曾參加叛亂組織「中國民主同盟」（按：即繼續犯）為由，認定他「意圖以非法之方法顛覆政府而著手實行」，判處他 12 年有期徒刑。其後雖經減刑，仍被囚禁達 9 年又 26 天。白色恐怖時期，不少人被以繼續犯之名入罪，柏楊即是其中一位。然據前調查局副局長高明輝所言：柏楊等人「在被捕之前，都沒有任何證據證明他們仍然與中共有來往」，然彼等卻仍被以繼續犯為由判處重刑。

1976 年 3 月 6 日，柏楊服刑期滿，然卻未被釋放。經國家安全局核定由台灣警備總司令部移送綠島指揮部擔任「看管雇員」，不得離開綠島，形同持續監禁，剝奪其行動自由長達 391 天，此舉有違「監獄行刑法」與「軍人監獄規則」之規定；2000 年，郭衣洞獲得冤獄賠償。

2004 年 1 月 29 日，監察院通過一份調查報告，根據監委趙昌平、林時機的調查指出，當年軍事檢察官起訴柏楊，但軍事法庭卻未詳細查證，僅向調查局查詢有無不法取供；監委認定，軍事法庭此一方式無異於沒有調查，結果自然缺乏公信力，甚至有未審先判、羅織罪名等重大瑕疵。該報告並指出：柏楊案「於審判期日言詞辯論前即已擬妥有罪之理由及擬判刑期，未審先判，亦有政治牽連，整肅異己之合理聯想」。該報告亦指出：「郭衣洞案於起訴、判決前，臺灣警備總司令部皆先陳報國家安全局核可，並轉報，或逕陳蔣先生、院長、蔣副院長（蔣經國），有違軍事審判法之相關程序規定，難脫人治色彩」。該份監院報告，等於公開替柏楊平反。

【延伸閱讀】

（1）監察院國防及情報委員會（編印），《郭衣洞叛亂案調查報告》，臺北：監察院，2004。
（2）柏楊（口述），周碧瑟（執筆），《柏楊回憶錄》，台北：遠流出版公司，1996。
（3）沈超群，〈柏楊與柏楊案——從新聞評議到白色恐怖的探討〉，台北：私立東吳大學歷史學系碩士論文，2007。

064

台大哲學系事件

李福鐘

台大哲學系事件發生於1972年12月至1975年6月之間，由國民黨在軍中的政治作戰系統所發動，假藉「反共」之名，整肅台大哲學系內的自由派學者。實際工作由總政治作戰部王昇將軍所領導的秘密組織「心廬」執行，相關人士還包括與該組織關係密切的台大哲學研究所研究生馮滬祥，以及哲學系代系主任孫智燊。

1970年代起，由於中華民國連續在國際外交上受挫（被逐出聯合國、尼克森訪問中國、日台斷交），因而同時期發生的釣魚台主權爭議，成為台大學生表達政治關懷的唯一管道。對於大學生以「愛國」之名發起學生運動，國民黨當局事實上十分忌憚，因為凡事講求「安定」的國民黨，最怕學生有自己的思考能力。於是1972年4月4日至9日，國民黨黨報《中央日報》連續六天於副刊連載署名「孤影」的長文〈一個小市民的心聲〉，反對學生運動、反對自由派知識分子、反對言論自由、反對學術自由，同時鼓吹給予政府更充分的權力，以保障全國小老百姓能夠「吃一碗太平飯、過安定生活」。[1]

這年12月4日，台大「大學論壇社」舉辦了一場「民族主義座談會」，會上哲學系副教授陳鼓應反駁〈一個小市民的心聲〉的論調，當時就讀於哲學研究所的馮滬祥發言反駁，雙方發生爭論，陳鼓應指責馮滬祥為「職業學生」，哲學系學生錢永祥亦當場聲援陳鼓應。會後馮滬祥具文向台大校長閻振興告狀，閻振興遂撤銷陳鼓應導師職務，錢永祥亦受到記大過一次處分。

事件之後不久（1973年2月12日），錢永祥與考古人類學系學生黃道琳遭警備總部「約談」，隔日警總派員搜索陳鼓應住家，陳鼓應與哲學系講師王曉波隨後並被警總拘留，罪名是「為匪宣傳」，因為他們都擁有中國大陸的出版品。陳鼓應與王曉波隨後由閻振興具保釋放，但學期結束後陳鼓應即未再獲得台大聘書。

幾個月後，哲學系又發生一起「理則學零分事件」。馮滬祥由於畢業於東海大學化學系，依哲學研究所規定，必須補修大一「理則學」課程。馮生在1973年6月參加授課教師楊樹同的期末考試，六題全錯，得了零分，影響馮生無法於該學期畢業。馮滬祥遂四處告狀陳情，指責台大哲學系被「赤色分子把持」，「忠貞愛國學生遭受迫害」。因為這起事件，加上在懲處陳鼓應、王曉波、錢永祥等人的過程中，哲學系代主任趙天儀並未積極配合，導致趙天儀代主任職務亦遭撤銷。同年8月，

1 孤影，〈一個小市民的心聲〉（台北：中央日報社，1972年4月）。

新聘到哲學系擔任客座副教授的孫智燊接任代系主任一職。孫智燊出掌台大哲學系的主要任務，就是對該系進行整肅。

孫智燊到任之後即不斷羅織哲學系內有一群共產黨的同路人，準備高舉「毛澤東思想」的旗幟，背後並有美國費正清左派集團的支持，同時指控王曉波的碩士論文《先秦儒家社會哲學之研究》（指導教授為前系主任成中英）係為呼應中國的「批孔」運動，並揚言在系辦公室內抓獲由赤色集團派來偷取文件的小偷。孫智燊的種種行徑，導致系內九名教師聯名向校長閻振興告狀，孫智燊的反制做法則是在1974年6月向校方遞送的教師續聘案中，建議對趙天儀、黃天成、張瑞良、林正弘、王曉波、楊斐華等多名教師「不續聘」。後經閻振興在行政會議中裁定：除張瑞良與林正弘仍「試聘一年」，而黃天成聘約尚未到期外，趙天儀、王曉波、楊斐華三人都獲不續聘處分。

另外，孫智燊還直接以系主任權力，停聘了李日章與胡基峻兩名兼任講師。孫智燊的做法，凡是被他認為「思想有問題」的學者，統統要趕出台大哲學系。

經過這場大規模的人事解聘風波，台大校長閻振興已不願意再讓孫智燊續任哲學系代主任，在孫智燊的推荐下，由黃振華接任哲學系系主任。一年之後，黃振華於1975年5月提報教師續聘案時，建議對黃天成與郭實渝兩位講師「不續聘」，並獲得校方通過。

總計整起「台大哲學系事件」，前後共有九位教師因言論思想自由或其他非專業因素失去工作。這是國民黨政府以政治力量干預學術自由的極端惡劣事例。

【延伸閱讀】

（1）臺大哲學系事件調查小組，《臺大哲學系事件調查報告》（暨《附冊》），台北：台灣大學，1995年5月28日。
（2）趙天儀編著，《台大哲學系事件真相——從陳鼓應與『職業學生』事件談起》，台北：花孩兒出版公司，1979年8月。

065

國民黨政權的宗教迫害

董芳苑

國民黨這一外來政權於 1945 年以「中華民國」角色佔領台灣。其時台灣人民沾沾自喜，以為回歸「祖國」之後應該可以和中國人平起平坐了。想不到 1947 年發生「二二八事件」屠殺台灣人精英慘案，台灣人才從回歸「祖國」的惡夢中醒來，深切感嘆「一個杰尿的去，另一個泏屎的來」之無奈！ 1950 年蔣介石被中國共產黨打敗，帶著六十萬軍隊及相等的難民逃亡來台。繼而以軍事統治殖民台灣，從而使單純的台灣宗教生態丕變。

一個用「戒嚴令」實施軍事統治之政府，表面上強調政治與宗教分開，實際上卻維持一個政教不分的「國家儒教」(State Confucianism)。就如在台灣各縣市設置「孔子廟」，任命孔子後裔為「大成至聖先師奉官」。每年九月二十八日「教師節」舉辦「祭孔大典」，祭牲為「牛、羊、豬」，祭司長為總統、內政部長、以及各級縣、市長。並以「四維」（禮、義、廉、恥）與「八德」（忠、孝、仁、愛、信、義、和、平）為教條，要求學子實踐，目的在於塑造順民意識。更有進者，就是將黨國一體的「三民主義」政治意識形態（political ideology）絕對化，從而形成「三民主義教」。國民黨政權的「新皇帝崇拜」（稱呼英明領袖蔣介石時要立正，週、月例會要向孫文行三鞠躬禮，又要宣讀「國父遺教」勅語）由此成立。如此的政治背景，對於那些深具社會影響力的教團當然加以敵視。

「台灣民間信仰」（Taiwanese Folk Beliefs）係台灣社會民間基層人口（HOLO人與HAKKA人）的傳統宗教。長久以來的確深深影響台灣人的禮俗，塑造台灣人的社會價值觀。國民黨政權看準了這一點，因此利用及監控雙管齊下。就利用來說，就是在台灣各地著名廟宇贈匾來拉攏民心，迎神賽會時廟庭牌樓除了插國旗、黨旗、與書寫反共復國口號（就像：「消滅共匪光復河山」，「三民主義統一中國」等等）之外，陣頭行列也會出現蔣經國立於反攻大陸大砲旁邊的「花車」陣頭（見之於多年前台南縣下西港慶安宮三年一科的「王醮」，及學甲慈濟宮一年一度的「上白礁」祭典）。至於監控方面，就是強迫各地廟宇加入「中國道教會」，從而利用此一組織指導全國廟宇做國民黨選舉的「柱仔腳」。加上收買各地廟宇的理事長、大角頭、主事者為其細胞，派遣軍警監控迎神賽會活動等等，真是無所不用其極！

做為台灣民間教團之一的「儒宗神教」（鸞堂），國民黨政權也不放過。本來這個教團努力以「扶乩」降鸞著作《善書》，以「儒教」（Religious Confucianism）的古老道德倫理教化社會大眾。可是也被這個政權滲透與施壓，非要在《善書》的首頁登載：蔣介石及蔣經國這兩位的「總統語錄」。從此「儒教」

的正善被政治污染，孔夫子也因之「滿面全豆灰」！

「佛教」（Buddhism）是台灣社會重要教門之一，國民黨政權對它的迫害及利用可說一半一半。根據蘇瑞鏘與闞正宗兩位學人查考，在這一專制政權「白色恐怖」統治下，許多出家僧侶被拘捕監禁槍殺，以至被迫逃亡者比比皆是。就像開元寺住持證光法師（1896-1955，俗名高執德）被誣指叛亂處決。修和法師被冠以顛覆政府罪名屈死獄中。慈航法師等 13 人被誣指共產黨人混入僧團而遭到逮捕。印順法師著作《佛法概論》一書被指具共產毒素而不得不修正，從此一直被特務監視。東初法師、樂觀法師、大同法師因被國民黨特務威脅只得逃難。至於甘心做國民黨政權的御用僧侶也為數不少，大出風頭者有悟明法師、章嘉活佛、星雲法師與惟覺法師，而「中國佛教會」便是一個政教不分被利用的機構。

「一貫道」此一戰後來自中國的秘密社會宗教（因其「幫會式入會禮」而做這樣歸類），於二十世紀八〇年代被黨國不分的內政部承認以前，都是「白色恐怖」高壓統治下的受害者。當局誣陷這個俗稱「鴨蛋教」（他們自稱「天道」）教團聚會時男女裸體雜交，為害社會良序，因而予以取締及拘捕。台灣南部「一貫道」寶光組的王壽及蕭江水，就是這樣被警備總部冠上莫須有罪名拘捕移送法辦的。「一貫道」於 1947 年入台的組派有：寶光組、基礎組、法一組、文化組、金剛組（如今已發展為近五十組派），1963 年 5 月 5 日首次被警總下令查禁其一切活動。理由是：妖言惑眾，敗壞風俗。1977 年 2 月警總宣佈偵破「寶光組」的王壽（前領導人）與蕭江水（總經理）不法消息（冠上莫須有罪名），他們又被迫於是年 12 月 8 日會同陳仁雄（天才）及邱添財（地才）在台北市自由之家宣佈解散其組織。值得留意者，就是警總迫害的對象均係「台灣系」的道觀，「中國系」者則不積極。令人遺憾的即：「一貫道」道親迄今卻和昔日的迫害者國民黨政權十分親近。按理說，它應該和被壓迫者站在一起才對。

關於對待「基督宗教」（天主教及基督教）方面，「天主教」（Roman Catholic Church）於二十世紀八〇年代曾經有三位神父被國民黨政權驅逐出境，即彰化羅厝的郭佳信神父、秦化民神父（他們是認同台灣本土的美國瑪利諾會教士）、以及馬赫俊神父（從事勞工運動）。至於天主教「中國主教團」則非常親國民黨政權，于斌紅衣主教及羅光總主教為其代表。「台灣基督長老教會」（Presbyterian Church in Taiwan）是史上被國民黨政權壓制得最澈底的基督教團，其前任總幹事高俊明牧師就因「美麗島事件」被軍法審判關了五年多（關於長老教會部份已另文詳述）。「新約教會」也於二十世紀七〇年代末期至八〇年代以後，受盡國民黨「白色恐怖」之凌虐。就像 1979 年 9 月 17 日以特種部隊大搜其「錫安山」聖地，1980 年 5 月 1 日以後被強制撤出「錫安山」，信徒因此在危機四伏的甲仙小林河灘紮營暫住。從此以後，錫安子民個個誓死對抗國民黨政權之迫害，直到回歸「錫安聖山」為止。1985 年 11 月全台地方公職人員選舉期間，錫安子民發動大規模抗爭。為此當局被迫於李登輝前總統執政期間將「錫安山」還給他們。不過錫安子民在東方先知洪以利亞領導之下，繼續與這個「暗世政權」進行抗爭，並且以「二十世紀大冤案」來規範「錫安山事件」。

上列種種壓制台灣社會諸宗教之史實，都在在證明這個來自中國的國民黨外來政權違反憲法賦與的「宗教自由」。歷史指出：世上任何一個專制政權，均無法壓制住正統的「宗教」，除非他比宗教人的信仰對象（「神」或「絕對價值」）更為偉大。迫害「宗教」的獨裁者都一一死了，惟獨神靈永生不死！

【參考書目】

（1）邱國禎，《台灣慘史檔案》，台北：前衛出版社，2009 年。
（2）董芳苑，《台灣宗教論集》，台北：前衛出版社，2008 年。
（3）闞正宗、蘇瑞鏘，〈台南開元寺僧證光（高執德）的「白色恐怖」公案再探〉，『中華人文社會學報』第二期（2005 年 3 月 1 日），頁 252 ～ 288。

066

被壓制的台灣基督長老教會

董芳苑

遠比所謂「中華民國」（Republic of China）這個外來政權之誕生更早的「台灣基督長老教會」（Presbyterian Church in Taiwan），於 1865 年就立足台灣社會佈教。回顧日本帝國統治台灣實行軍國主義的「皇民化運動」期間，這個教團及神職人員曾經受過迫害。就如日本帝國「國歌」列入於當代《聖詩》第 192 首，做禮拜也得吟唱，以致當時許多基督徒也懷著「祖國夢」之妄想症。不過這個「祖國夢」隨著二次世界大戰結束，1945 年中國國民黨政權佔領台灣，1947 年發生「二二八事件」，中國人肆意屠殺台灣社會精英之後，才完全夢醒，驚覺「狗去豬來」。

1945 年中國的外來政權開始統治台灣之時，台灣基督長老教會已經著根於台灣八十年。1949 年中國改朝換代，共產黨取得政權。戰敗的蔣介石領導中國國民黨走路來台。為欲強化其殘忍專制政策，以長達 38 年的「戒嚴令」進行其白色恐怖統治。從那時開始，台灣基督長老教會便成為這個外來殖民政權之眼中釘。為的是這個教團認同本土而難以被同化，同時關心台灣之安危。最諷刺的一件事即：蔣介石和宋美齡均自稱為耶穌基督的信徒（屬於「衛理公會」），卻對於台灣基督長老教會十分猜忌。至於 66 年來（自 1945 年至 2011 年）這一流亡政權如何壓制台灣基督長老教會及其信徒，歷史均有呈現。

終戰當初，長老教會的蔡培火、陳泗治還作歌「歡迎祖國光復」。林茂生（留美博士、台灣大學文學院院長）、徐春卿（台北市參議員）、張七郎（制憲國民大會代表、花蓮縣參議會議長、醫師）、蕭朝金（高雄岡山教會牧師、三民主義青年團分團長）、陳能通（淡水中學校長）等這幾位長老教會精英，竟然對於中國的期望太大，而在「二二八大屠殺」時竟死於非命。

1967 年內政部要員康峻壁擔任「台灣基督教協會」總幹事，並列席第十四屆台灣基督長老教會總會。在致詞中公然煽動議員退出「普世教協」（World Council of Churches，簡稱 WCC）。雖然與會議員絕大多數沒有被政治威脅嚇倒，1970 年的總會卻被迫退出「普世教協」。並於聲明書中加上一句：「堅決反共是我教會一貫的立場」。從此長老教會信仰非但被政治污染，全國長老教會開始受到「情治單位」的特別照顧。

二十世紀七〇年代，台灣國際地位陷於極端危機之中。長老教會憑其先知性信仰良知，無懼於「戒嚴」時期中國國民黨白色恐怖的統治，先後發表三次「政治宣言」：

（1）1971 年 12 月 29 日發表「國是聲明」

「聯合國」（United Nations）於 1971 年 10 月 25 日正式承認「中華人民共和國」（PRC）為代表中國之合法政府，台灣因此被孤立於國際社會。長老教會為關心台灣安危，因而發表此一聲明。之後，台南神學院副院長彌迪理牧師（Rev. H.D. Beeby）被驅逐出境。

（2）1975 年 11 月 18 日發表「我們的呼籲」

「國是聲明」發表之後，各地長老教會不但受國民黨特務監視及干擾，也進一步沒收長老教會的「母語」聖經。1974 年台中縣和平鄉原住民於主日禮拜時，警察公然進入禮拜堂搶走泰雅語的聖經及聖詩。1974 年 1 月警總特務率領警察進入台北市「聖經公會」沒收 2,200 本台語羅馬字聖經。1975 年總會議長王南傑牧師前往台中縣和平鄉主持原住民傳教師會時，竟然被警察人員阻擋。長老教會於忍無可忍之下發表此一宣言。

（3）1977 年 8 月 16 日發表「人權宣言」

為美國與中國關係正常化，危及台灣的安全所發表。教團為此聲特別明：「促使台灣成為新而獨立的國家」，直接向國民黨政權的「國統綱領」挑戰。從此國民黨政權加強對教團之監控，其社工會更要求教團名稱之前要加上「中華民國」，勿提「使台灣成為新而獨立國家」之用語，但均被拒絕。1978 年五位北部牧師在「北部大會」中提案要求取消「人權宣言」，結果以 65 票對 13 票被否決。1978 年 3 月 28 日，第 25 屆總會於台南神學院召開。之前，國民黨政權用盡辦法利誘與會議員要求否決「人權宣言」。當協調無效時，內政部民政司長居伯均惱羞成怒握拳威脅：「我們要抓人了！」開會期間被國民黨利用的議員，運作罷免總幹事高俊明牧師，以及否決「人權宣言」議案。投票結果高牧師以 255 高票對 49 票連任總幹事，也以 235 高票對 49 票通過「人權宣言」。1978 年 5 月 9 日內政部還為此發函糾正總會，從而凸顯國民黨政權用盡辦法對長老教會之壓制。

1979 年「世界人權日」（12 月 10 日）台灣反對運動人士在高雄市舉行紀念活動，抗議國民黨政權的獨裁專制。當局有計劃的唆使黑道製造事端，再出動軍警鎮暴。此一史稱的「美麗島事件」，事後除了黃信介等二十多位美麗島系政團人士被捕外，長老教會總會總幹事高俊明，及參與者林弘宣、林文珍、施瑞雲、黃昭輝、趙振二、吳文、蔡有全、許天賢（在林內教會主持禮拜時被捕）均以軍法審判而被監禁。免受監禁者也有謝秀雄、冬聰凛、和袁主榮（逃亡半年後由筆者保釋）。1980 年 2 月 28 日台北市發生政治謀殺滅門慘案，是日在軍事法庭受審的林義雄律師之母及二位雙胞胎女兒被殺，僅長女奐均急救倖存。這座凶宅後來改為長老教會七星中會的「義光教會」。自從 1980 年 4 月高俊明牧師被捕以後，長老教會牧長及有志者即發起「受難家屬家庭禮拜」聚會，會中聽取探監家屬的報告及關心代禱，五年間從不間斷。

1970 年 1 月間長老教會彭明敏教授逃亡海外成功，即受到台灣神學院唐培理教授（Prof. Milo Thornberry）夫妻鼎力協助之下完成的。事後唐教授全家被國民黨政權驅逐出境，淡水工商管理專校校長彭淑媛（彭教授之姊）因此被迫辭職。由此可見，長老教會所引發政教之間的緊張從未停息！

【參考書目】

（1）台灣基督長老教會歷史委員會編，《台灣基督長老教會百年史》，台南：台灣教會公報社，1965 年。

（2）王南傑，《王南傑牧師與台灣基督長老教會》（口述史訪問記錄），：薛化元、林果顯、呂智惠，台北：稻鄉出版社，2011 年。

（3）董芳苑，〈啟蒙台灣社會現代化的外來宗教——台灣基督長老教會〉，『台灣文獻』第五十二卷第四期，頁 7~40。

067

台灣土地改革的虛與實

徐世榮

台灣的土地改革大抵包含了三項政策，分別為 1949 年的三七五減租政策、1951 年的公地放領政策、及 1953 年的耕者有其田政策。台灣的土地改革實施於二次大戰之後的冷戰時期，過往的評論者大抵皆給予正面的歷史評價。例如，馬英九總統過往就為文指出，台灣土地改革為：「**為了避免中國大陸地主被殺戮或掃地出門的悲劇在台灣重演，溫和分田政策實際上是保護了地主，讓台灣社會維持了最大程度的團結。**」其所指涉的應該是 1953 年所施行的耕者有其田政策，規定地主所能夠保留的出租耕地為中等水田三甲（旱田則為六甲），超過的部分則必須徵收並放領給佃農。由於地主仍能保留部份耕地，馬英九因此將之稱為「溫和分田政策」。然而，這是完整的事實嗎？

根據實施耕者有其田條例第八條規定，被徵收之出租耕地雖然包含了七項，但是真正重要者卻只有二項：一、前述地主超過規定保留標準之耕地；二、更為重要，但是長久以來一直被我們所忽略的「共有之耕地」。根據統計，在所有被徵收的一四三、五六八甲耕地中，屬於第一項的個人有耕地為三二、

○六三甲，佔二十二・三三％；屬於第二項的共有耕地則為九九、七九六甲，竟高佔六十九・五一％。這顯示出一個重要的事實：國民黨政府所實施的耕者有其田政策，其所徵收的耕地高達七成為共有耕地。而共有耕地的擁有者並未受到至少可以保留中等水田三甲的保障！

由於共有出租耕地不論面積多寡，是一律徵收；因此民情激憤，當時的立法院內政考察團及台灣省實施耕者有其田聯合督導團，在下鄉考察之後都明白指出這一嚴重的缺失，並要求立即改善，但中國國民黨政府卻僅是虛應故事而已。因此，所謂「溫和分田政策」並不正確。

為何會出現這麼大的偏差？主因當時執政者嚴重扭曲「地主」定義，而這也是台灣土地改革的根本致命傷。根據實施耕者有其田條例第六條，「本條例所稱地主，指以土地出租與他人耕作之土地所有權人」，也就是土地所有權人只要將其土地出租予他人耕作，不論面積多寡，就是地主。

這樣粗糙及錯誤的定義，使得台灣的地主數量非常高，但是他們所擁有的土地面積卻大都在一甲以下。而這也就是經濟史學者趙岡教授所稱，若田地出租給他人耕作，便是地主，那「實在是太恭維了這些土地所有權人了！」也就是說，台灣當時的農戶絕大多數都是不夠資格被稱之為地主，而只是小面積的「業主」。更應該注意的是，若是運用中國國民黨政府在中國統治時期的地主計算標準，台灣絕大多數的農戶根本不夠資格稱之為地主。

中國國民黨政府來台之後，為了要實施土地改革，竟然將地主的定義做了幾無限制的擴張，凡是擁有耕地，並且將其出租者，便被冠之以地主的稱謂，而其命運也因此大有不同。命運最為悲慘的，當屬共有出租耕地業主！他們大部分都僅有小面積耕地，藉以維持生計，但是這些小面積耕地大概都被徵收，並且放領給了佃農，根本沒有受到馬先生所稱的「保護」。

【延伸閱讀】

（1）徐世榮，2008，〈被操弄的農戶「分類」—以臺灣土地改革為例〉，《台灣史學雜誌》，4：頁25-44。
（2）徐世榮與蕭新煌，2003，〈戰後初期臺灣業佃關係之探討—兼論耕者有其田政策〉，《臺灣史研究》，10（2）：頁35-66。
（3）徐世榮與蕭新煌，2001，〈臺灣土地改革再審視－一個「內因說」的嘗試〉，《臺灣史研究》，8（1）：頁89-123。

068

剝削農民的肥料換穀政策

徐世榮

二次大戰之後，糧荒極為嚴重，台灣省行政長官公署為增加糧食生產與掌握糧源，乃規定肥料換穀辦法。中國國民黨政府敗逃來台之後，與中華人民共和國軍事對抗情勢相當緊張，政府財政問題也相當的吃緊，當時的主要生產來源又是來自於農業，因此，如何掌握糧食實物，一方面能夠充分供應軍需民糧，另一方面，能夠運用農業生產來促進「以農業來培養工業」，乃成為相當重要的政策目標。在這目標之下，肥料換穀乃成為最重要的政策，並由當時的台灣省糧食局執行。

肥料換穀雖是由 1946 年開始試辦，卻是於 1949 年才完全確定，也就是從當年起，農民所需的肥料一律以稻穀來予以交換，而不是用現金來進行交易，此制度實施至 1973 年才廢止。觀其過往的交換比率，有不斷降低的趨勢，自每一公斤硫酸錏肥料交換稻穀 1.5 公斤（1946-1949 年），降為 1 比 1.2（1950 年 1 期），1 比 1（1952 年 1 期起），1 比 0.9（1960 年 2 期起），1 比 0.88（1964 年 2 期起），1 比 0.86（1965 年 2 期起），1 比 0.85（1967 年 2 期起），1 比 0.83（1968 年 2 期起），1 比 0.79（1969 年 2 期起），1 比 0.68（1970 年 1 期起），1 比 0.58（1971

年1期起），1比0.53（1972年1期起），前後計降低約為3倍，但因肥料供應數量逐年增加，此政策始終為政府掌握糧食的主要來源。

對此制度的最主要批評乃是稻穀價值高，肥料價格低，但由於政府壟斷了肥料的供應，這使得肥料換穀成為不等價的交換，是對農民變相的剝削。因此，社會輿論時有批評，有人將其稱為「隱藏稅」、「暗稅」等，若再加上其他的稅賦及田賦征實政策，農民的負擔實在是非常的重，尤其是在1950年代的1比1交換比率下，使得政府得以從農業部門當中攫取了相當多的生產剩餘，以此來養活眾多的軍公教人員，並經由多餘糧食的外銷來賺取外匯，以此挹助於工業發展之所需。政府也間接藉由這個手段降低了農民的所得，促使農村人力往工業部門輸出。

由於輿論的批評不斷，加上台灣工業的逐漸起飛，經濟情況有所轉變，當時的行政院長蔣經國乃於1972年9月27日的台灣省政府座談會中，提出「加速農村建設九大措施」，指示將配銷農民之化學肥料全部貸放。從此之後，農民於作物收穫時，可用現金或稻穀償還所領用的肥料，肥料換穀政策終告結束。

政府過往不斷宣示對於農民是非常的照顧，然而若由肥料換穀政策來予以觀之，情況可能並非如此，政府反而成為攫取農民生產剩餘的最大剝削者，這對於廣大農民而言是相當不公平的一件事情。

【延伸閱讀】

（1）華松年，《臺灣糧政史（下）》，臺北：臺灣商務印書館，1984年，頁619～624。

069

人生有幾個六十年？——爲「三七五地主」請命！

徐世榮

台灣有一群年齡約七、八十歲的老人家，無法將自己所擁有的出租土地收回，他們的內心相當的焦慮，很擔憂在他們有生之年無法收回自己的土地，而且，他們已經等待六十多年了。

人生有幾個六十年？又為什麼他們無法收回自己的土地？這涉及了過往的土地改革政策。1951 年，在國共對峙的緊張時刻，政府為了攏絡佃農，制定了「耕地三七五減租條例」，強制規定在 1949 年出租的農地，必須繼續出租，不得收回，縱然該條例有土地收回的規定，但卻異常嚴苛，農地出租人根本無法適用。雖然該條例也規定雙方每六年換約，但是，不論農地出租人願不願意，這個租約皆必須簽署，並不斷持續下去，而且承租權是可以由下一代繼承的。

1953 年，政府更進一步制定「實施耕者有其田條例」，在這條例中竟然寬鬆的定義，只要是把土地出租予他人耕作，不論其出租土地面積的多寡，皆是「地主」。因此，許多農地出租人所擁有的農地面積縱然是低於一甲，但是在此定義下都變成了萬惡不赦的「地主」，從此被貼上了剝削階級的標籤。

上述對於「地主」的定義其實是很不恰當的，這也與國民黨政府以往在中國對於「地主」的定義完全不同。簡單的說，台灣農地所有人的土地面積大抵都是非常狹小，根本不夠資格被稱之為地主，但中國國民黨政府敗逃來台後，卻故意在台灣創造出不一樣的類別，並欲除之而後快。如今三七五減租政策大抵已經實施了 62 年，根據內政部資料計算，目前每一出租農戶所擁有的面積約僅有二分地（0.2 甲），這個面積連蓋一棟農舍都不夠（需 0.25 甲），怎麼夠資格被稱之為「地主」呢？

當 2000 年「農業發展條例」修正，明白規定以後農地租賃不再適用三七五減租條例時，其實也隱藏了重要意涵，那就是三七五減租政策的繼續施行是非常缺乏正當性的。如今，縱然司法院大法官早已有 579、580 及 581 解釋文，但是行政部門卻依舊不動如山，這實在讓人不解。

台灣與中國關係已經解凍，國民黨大員都能夠與共產黨高層寒暄送暖並相互擁抱，戰後初期因國共戰爭所刻意製造出來的階級仇恨是否也該放下了？所謂解鈴仍須繫鈴人，政黨輪替後，此刻應是適當時機了，我們又何忍讓這群老人家繼續苦等下去？他們又撐得了幾年呢？

【延伸閱讀】

（1）徐世榮，2008，〈被操弄的農戶「分類」—以臺灣土地改革為例〉，《台灣史學雜誌》，4：頁 25-44。
（2）徐世榮與蕭新煌，2003，〈戰後初期臺灣業佃關係之探討—兼論耕者有其田政策〉，《臺灣史研究》，10（2）：頁 35-66。
（3）徐世榮與蕭新煌，2001，〈臺灣土地改革再審視——個「內因說」的嘗試〉，《臺灣史研究》，8（1）：頁 89-123。

070

農業補貼工業

徐世榮

在1960年代以前，台灣的經濟主要是由農業來支撐，然而，為了促進經濟成長，工業發展遂成為政府施政的重點。惟那時政府財政問題嚴重，為了配合政策的需要，大量的農業資源因此被轉為工業所用。政府那時提出的響亮口號為「以農業發展工業，以工業扶植農業」，因此，政府實施了田賦征實、肥料換穀等不對等的交換政策，加上又課予農民相當沈重的稅賦負擔，由此攫取農業生產剩餘，經由農產品外銷賺取外匯，以此支撐工業的發展。1960年代底，經濟政策也做了根本的調整，由原本的進口替代轉為出口導向，台灣從此被納入以美國為首的資本主義體系。

為了吸引外資來台投資，實現出口導向，1960年底，政府制訂了重要的「獎勵投資條例」，其主要內容除了要以減免稅捐的方式來吸引國外投資外，條文中更包括了有關工業用地編訂、取得及使用管理之規定，例如，工業用地之取得可由政府主動就私有農地加以變更；或凡創辦工業或擴展原有工業，經經濟部證明確有特殊需要者，得購買或租用編為工業用地區域以外之私有農地，變更為工業用地。1965 年政府制訂了「加工出口區設置管理條例」、1979 年又增訂了「科學工業園區設置管理條例」，這些條例透過土地徵收手段，創造工業區、加工出口區、科學園區，但也造成了大量農地流失及農民的離鄉背井。雖然後來「獎勵投資條例」經過多次的修改，並更名為「促進產業升級條例」、以及現今的「產業創新條例」，但是其重工輕農的結構卻沒有根本的改變。

另一方面，台灣土地使用管制法令的建制卻要一直等到 1974 年「區域計畫法」及 1976 年「非都市土地使用管制規則」的制訂才稍完備。早期僅有「都市計畫法」用來管理極少面積的都市土地，至於極大面積的非都市土地則都沒有進行管制，加上當時為了追求台灣各區域的均衡發展，致使在尚未有完整土地規劃的情況下，許多的工廠及住宅即建築於農業土地之上，大量的侵蝕農業用地。縱然後來制訂了「非都市土地使用管制規則」，但是各縣市非都市土地的編定及管制卻是個相當費時及龐雜的大工程，當時約使用了 10 年的光陰，才使得全台灣的非都市土地納入於管制之列，在此土地使用管制制度尚未完備之前，農業用地的轉用幾乎是不受到任何的限制。但是，後來縱然有了土地使用管制的相關法令，原先的經濟政策及相關條例卻沒有根本的改變，因此，農業還是繼續被輕視、甚且被放棄，至今不變。

為了工業及經濟發展，農業、農地及農民皆可以被犧牲，農業因此不斷的式微與沒落，這是政府政策使然，絕非是自然或正常的現象，這也讓政府原先所標榜的「以工業扶植農業」一直都沒有實現！

【延伸閱讀】

（1）王瑞興，2002，〈當前非都市土地使用管制的現況與發展（一）（二）（三）〉，《現代地政人與地》，頁 6-11，頁 6-11，頁 10-13。

（2）陳聖怡，1982，《工業區的開發》，台北：聯經出版事業公司。

（3）張梅英，1996，〈非都市土地使用管制〉，《土地政策論》，頁 65-87。

071

浮濫的土地徵收

徐世榮

我國土地徵收向來相當浮濫，近年來苗栗大埔、二林相思寮、後龍灣寶、竹東二重埔、竹北璞玉計畫、東北角貢寮…等徵收案，充分顯現了這種怪異現象。

政府為何輕易啟動土地徵收？大概有三個原因。

第一、歷史因素。由於實施耕者有其田政策，政府於 1953 年大量徵收私有土地，並將其放領給現耕佃農，這使得當時的威權政府養成了非常不好的惡習，動不動就祭出嚴峻的土地徵收權，至於是否符合土地徵收要件，則是甚少深入探究。在耕者有其田政策之後，政府修改其經濟政策，由原本的進口替代改為出口導向，1960 年制訂了獎勵投資條例，其中特別包括了土地專章，也就是要使用土地徵收手段提供給興辦工業人所需的建廠土地，後來又有科學園區管理設置條例及許多其他法規，皆涉及了土地徵收，這使得土地徵收相當的浮濫。

第二、財政因素。眾所皆知，我國政府是負債累累，財政問題相當的嚴重，但是地方建設又是勢在必行，那麼，建設所需的經費從何而來？土地利用計畫變更、工業區開發及土地徵收就演變成為地方政府的重要業務，因為彼等能夠為政府創造財政收入，也就是說，地方政府透過土地開發（或炒作），獲得地方財政的部份挹注。

由於農地不課稅，因此政府透過都市計畫的新訂或擴大，讓農地變更為可建築用地，藉此徵得地方政府的主要稅源—地價稅、土地增值稅、房屋稅等。另一方面，地方政府經由區段徵收取得大面積可建築用地（俗稱配餘地），透過它們的讓售或標售，獲得大筆資金。晚近，這個重要開發手段不斷地在變形，由「抵價地式的區段徵收」（如竹南大埔、竹東二重埔等）逐漸演變成「預標售式區段徵收」（如中和華中橋西側開發案、林口 A7 站區合宜住宅等），政府及建商財團合作，作的是低成本高獲利的生意。

由於土地徵收的進行一定要有增進公共福祉的表面理由，如此才得以名正言順，因此，政府藉由不斷地興建各式各樣的科學園區、工業區、加工出口區、產業園區、或大學校區等，在增加就業機會及提升經濟成長率等口號的掩護下，讓土地徵收得以獲得形式上的合理性。

政府不僅徵收了各式園區所需的土地，更在園區外，大規模地劃設許多以園區為名，但實際上卻與園區毫無關係的「特定計畫區」或「新訂都市計畫區」（例如，竹南大埔及竹東二重埔皆是），政府並動用了區段徵收手段，來取得計畫區內的土地。

這也就是說，許多園區或計畫區的開發，其真正的目的並非是為了工廠的興建，而是為了園區及其周遭土地的炒作，這是長久以來政府持續開發工業區的秘密，而這也就是工業區土地閒置率高，使用率低的根本原因。所以，我們看見一個相當矛盾的現象，即各式園區內都還有許多空地，但政府開發新園區的腳步卻是絲毫不歇。

第三、政治因素。其實，透過這套機制運作的得利者並非僅是地方政府而已，以地方政府為核心的土地開發集團更因此獲得龐大利益。這主要是因為土地與一般商品不同，它具有獨占性、不可增加性、及不可移動性等特質，當土地轉變成為商品之後，將可創造出龐大的超額利潤，因此，它也成為地方派系的最愛。

地方政府與建商、財團、及派系密切合作，結合成為土地開發的成長機器（或是怪獸），這個怪獸具有嚴重的嗜土性，土地炒作是這個機器的最主要利基，經由土地利用計畫變更及區段徵收的開發手段，這個怪獸不斷地吞噬都市周遭的農地、山坡地及其他非都市土地，並將其轉變成為可出售的建築商品，藉由誇張及迷惑的廣告行銷，在市場上交易，這使得地方成長機器獲得驚人的利益，但是卻也造成了我們生存環境的不斷惡化，及人民憲法基本權利的遭受剝奪。

【延伸閱讀】

(1) 陳立夫，2007，〈我國土地徵收制度上若干爭議問題之探討〉，《土地法研究》，新學林，頁 213-243。
(2) 陳立夫，2007，〈土地徵收與損失補償－我國土地徵收制度之現況與重要課題〉，《土地法研究》，新學林，頁 245-290。

072

都市計畫與公共設施保留地

徐世榮

台灣的都市計畫有深遠的歷史，早從日治時期就開始實施。都市計畫的起因乃是人口的大量集居，為了改善居民的生活環境，並促進均衡發展，乃在一定地區內，對於其經濟、交通、衛生、保安、國防、文教、康樂等重要設施，做有計畫的發展，並對土地使用作合理的規劃與管制。台灣目前約有 435 個都市計畫區，總面積為 4,751.11 平方公里，為台灣面積的 13.1%，其居住人口數則為 18,598,031 人，為總人口數的 80.4%。

根據都市計畫法的規定，都市計畫範圍內，應視實際狀況，分別設置道路、公園、綠地、廣場、學校、市場、上下水道等多項的公共設施用地，以增進市民活動之便利，及確保良好之都市生活環境。據統計，目前都市計畫區內的公共設施用地大約有 9 萬公頃，但是其中約 4 萬公頃政府目前仍未取得，其產權仍屬私有，這些土地因此被稱為公共設施保留地，以下列土地為大宗：道路、人行道、公園、學校、機關用地、綠地等。

根據 1973 年 9 月 6 日修正公布的都市計畫法第 50 條之規定，在此時間以前劃設且尚未取得之公共設施保留地應於 1988 年 9

月 5 日以前取得，否則視為撤銷徵收。若是按 1987 年土地公告現值予以計算，其所需的土地取得費用及拆遷補償費用即高達 10,025 億元，這比 1989 年中央政府總預算 5,615 餘億元還多。由於財政無法負荷，政府乃在 1988 年 7 月 15 日再度修正都市計畫法，將取得年限予以刪除，這引發社會非常大的議論，因為人民的權益受到嚴重的剝奪。

必須檢討的主要課題為：現行都市計畫合理嗎？台灣需要那麼多的都市計畫區嗎？連帶地，我們需要那麼多的公共設施用地嗎？多年以來，由於地方政府財政問題相當的嚴重，其主要解決辦法就是增劃設都市計畫區、或是擴大原本都市計畫區的範圍，這使得公共設施保留地數量居高不下，而這個課題其實也涉及了政府浮濫的土地徵收。

政府財政問題極為嚴重，但它不僅不敢對大型資本課予重稅，竟還給予減稅、免稅及其他的優惠。那麼，所需的建設經費要從何而來？答案乃是進行都市計畫的增劃設、及以土地徵收為本質的土地開發。地方政府的主要稅源為土地相關稅目，如地價稅、土地增值稅等，因此如何增加這些稅收便成為施政重點。由於農地不用繳稅，因此各地方政府藉由土地的開發，千方百計地要把農地變更為都市土地。行政院特別命令「凡都市計畫擴大、新訂或農業區、保護區變更為建築用地時，一律採區段徵收方式開發」，這使得都市計畫不斷擴大及增加，被徵收的農地也倍增。另外，透過區段徵收，政府還可以無償取得大面積的配餘地，經由配餘地的讓售及標售，賺進大筆鈔票。

由於政府掌控規劃的大權，因此，許多都市計畫區不斷地擴大，工業區或科學園區附近，更出現了許多都市計畫特定區，但是許多都市計畫區內的土地卻都是閒置或作低度的使用。這造成我國都市計畫異常浮濫的現象，各地方政府不斷虛報人口數，以此作為將農地變更為都市土地的藉口。至今，虛報與實際人口數之間出現了極為驚人的落差，二者相差高達七百多萬人！約為台灣現有人口數的三分之一！相對地，為了配合人口數的虛報，縱然工業區、園區、或是都市計畫區內都仍有許多閒置土地，卻仍不斷捏造必須興設及增劃的謊言。

為了遂行土地開發及挹注財政收入，政府建構了這個謊言機制，其目的之一就是財政上的需要。遺憾的是，都市計畫的本質已經改變，許多私有土地被錯劃為公共設施用地，但是政府卻無錢取得；另外，土地徵收所需具備的嚴謹要件，也全部被拋諸腦後，這使得人民在憲法上所保障的財產權及基本人權皆被剝奪。

【延伸閱讀】

（1）陳忠信（杭之），1987，《國家政策與批判的公共論述》，台北市：國家政策研究資料中心。

（2）徐世榮，2010，〈揭開浮濫徵之謎〉，《財訊》，353：頁 66-68。

（3）徐世榮，2010，〈違背土地正義的濫權徵收—土地淪為政府發展經濟的金雞母〉，《當代雜誌》，242：頁 102-105。

073

房價飆漲

徐世榮

高房價一直是個嚴重社會問題，近年來並成為民怨之首，其實早在 20 多年前，就曾經發生過轟轟烈烈的社會運動。1989 年，房價飆漲，許多年輕人無力購屋，他們自稱為「無殼蝸牛」，並組成了「無住屋者團結組織」，於當年 8 月 26 日晚上，夜宿忠孝東路高房價地段，用揶揄的方式來表達沈痛的抗議。這群「無殼蝸牛」絕非僅是來自於窮人階級，還包括了許多中產階級，如公務人員、教師、公司經理人員、律師、法官等，他們都因為買不起房子，或是無法負擔一棟較好的房子，而憤怒的站出來。

根據當時的統計，台灣都會區的房價（特別是台北都會區）以極不合理的速度狂飆，估計從 1977 年到 1989 年間，台北都會區的平均房價大約是漲了四倍。《財訊》月刊指出，一個平均每月收入為 3.4 萬的受薪族，大約要不吃不喝 16 年，才能在台北都會區買一間 30 坪的房子，如果在市區則要 22 年。到了 2011 年，由於房價又再度飆漲，一般受薪者的薪水又沒有增加多少，上述估計時間又要拉長許多，這使得許多年輕人根本不敢奢望能夠買到一棟房子。

房價為何會飆漲？純粹由經濟學的供需法則能夠予以解釋嗎？許多人指出，房價飆漲的原因乃是因為供給不夠所造成，但，真是如此嗎？台灣的非都市土地約佔台灣總面積的 87%，政府從 1980 年代起就採取開發許可制，這使得許多建築物蓋在台北都會區外圍，如汐止、土城、新店、三芝等；近年來政府又建制了容積獎勵制度，都會區房子越蓋越高，幾乎都是高層建築；另外，政府也開放個別農舍及集村農舍的興建，因此，數量的供給絕非是不足，眾所皆知，許多地區的空屋率都非常的高，夜晚很難看見燈火。那房價為何不僅居高不下，甚且還節節攀升呢？

那是因為土地跟一般商品絕然不同，它有不可移動性、不可增加性等特點，因此，土地有它的絕對性及壟斷性，它的價格並非是由市場來決定，而是由土地的擁有者來決定價格，這就是所謂的「獨佔地租」或是「絕對地租」的理念，也就是說，土地的價格是人為主觀創造出來的（或稱土地炒作），不是由市場來決定的，一般的消費者根本缺乏議價的能力。由於這個特點，使得土地或房地產成為政經權勢者的最愛，地方政治人士有超過半數以上皆是從事於與土地相關的行業，如建築業、砂石業等，因此，高房價問題不單純是經濟面的問題，它反映出政治經濟的問題，也就是它其實是主政者與財團、建商、及地方派系的共生關係下的產物。

政府控制了土地規劃的大權，透過都市計畫及區域計畫的改變，就能夠創造出龐大的利益，而它本身並不需要付出太多的成本；也是經由這個土地炒作的利益交換手段，主政者能夠拉攏許多地方政治人士，讓他們對於主政者付出政治的支持。這也就是說，主政者與財團、建商、地方派系緊密掛勾，並且以土地炒作當成是彼等利益交換的工具，這是地價飆漲的根本原因，而這也是主政者無法阻絕土地炒作並提出有效管制的主因。所以，未來的問題解決之道，應該要由這個政經結構關係下手，經由不斷地批判與論述，讓民眾瞭解房價飆漲的問題根源，促進民間社會力量的茁壯，嘗試來改變這個結構關係，並讓政府能夠增加其相對的自主性，在民間社會協助之下，提出較為有效的解決對策。

【延伸閱讀】

(1) 李承嘉，1998，《台灣戰後（1949-1997）土地政策分析》，台北：正揚出版社。

(2) 陳東升，1995，《金權城市》，台北：巨流圖書公司。

(3) 蕭新煌、劉華真，1993，〈台灣的土地住宅問題與無住屋者運動的限制〉，《香港社會科學學報》，2：頁1-19。

074

外匯管制與黨政特權

李福鐘

國民黨政府在1987年解除戒嚴以前，以政治學上所謂的「黨國威權主義」（party-state authoritarianism）統治台灣。所謂「黨國威權主義」，除了統治者假借各種冠冕堂皇的理由通過違憲之法律，並運用國家暴力剝奪憲法所賦予人民的基本權利之外，還因為其政府部門係聽命於黨組織的指揮運作，黨組織不僅滲透進所有層級並所有領域的政府機關內部，甚至凌駕於行政體制之上，以黨意取代決策，以黨領政，以黨領軍，也因此，在「黨國」的結構之中，一旦抽離黨的意志，整個政府體制將只剩下毫無靈魂的空殼。這種政治條件下的政府組織，其實只在於為黨服務，向黨效忠。至於理論上作為國家主體的人民，在黨意凌駕一切的前提下，不僅談不上民意的匯聚表達，甚至連自身基本權益亦無能確保。

正因為黨意凌駕民意，甚至凌駕於政府組織之上，也因此在 1949 年至 1987 年的威權統治時代，出現許多國民黨利用本身特權營私牟利的事例。在某些匪夷所思的案例中，這種營私牟利的過程甚至是透過政府組織及相關法令來進行，也就是說，在此種狀況下的「黨」與「國」關係，根本就是水乳交融，黨國一體，黨國不分。

1958 年 3 月《自由中國》雜誌就曾披露一起國民黨透過令人難以置信的手段，利用政府在進出口及外匯上的管制措施，中飽私囊的弊案。該期《自由中國》雜誌社論以〈從滿街蘋果談到外匯管制的弊端〉為題，揭露國民黨中央財務委員會以手中握有之「特種外匯」批准權，大肆賺取匯率差價。所謂「特種外匯」，意指某些被政府列為管制進口物品，進口商必須先向有關部門申請特種外匯配額，方得進口。而擁有特種外匯核准權的機關，竟然是國民黨中央財務委員會！（當時國民黨中央財務委員會主任委員為行政院長俞鴻鈞，副主任委員為財政部長徐柏園）國民黨理論上只是民間的社團法人，卻擁有公權力部門才能行使的行政權力，威權時代黨國不分的荒謬度，令人咋舌。

正由於國民黨手中握有特種外匯的核准權，因此便能借用此一特權，獲取暴利。舉例而言，進口商想要進口當時被政府列為「奢侈品」的國外蘋果，便必須申請特種外匯，而該等外匯適用之美元匯率，竟然是官定匯率的三倍以上。台灣省物資局以每美元新台幣 60 元至 80 元的高價向商人出賣特種外匯，然而該局向臺灣銀行繳交的，仍是一美元兌換新台幣 24 元 7 角 8 分的官定匯率。其間的價差，並不流入省政府財庫，而是進了國民黨口袋。而更令人難以置信，進口商除了必須負擔關稅和手續費等支出外，還得致送居中牽線的「介紹人」一筆可觀的佣金，行情是每取得一美元的特種外匯便必須付出新台幣 8 至

10元的佣金。某些中央民意代表，對於充當這種「介紹人」竟然樂此不疲。

換言之，威權統治下的黨國不分，讓國民黨能夠予取予求，直接以特權進行「尋租」（rent-seeking）行為。如此一來，國民黨將原應屬於國庫之稅費據為己有，或轉嫁黨的開銷成為人民之負擔。黨國不分所造成的種種弊端，讓社會及政治上原有的不平等情況更形惡化。也因此，《自由中國》在社論中指出：「黨費取諸國庫，以致弄得黨國不分，是我們所一貫反對的」。黨國不分，正是解嚴以前國民黨能夠長期施行黨國威權統治的結構性因素。

【延伸閱讀】

(1) 社論，〈從滿街蘋果談到外匯管制的弊端〉，《自由中國》第18卷第5期，1958年3月1日，頁3-4。
(2) 黃煌雄、張清溪、黃世鑫主編，《還財於民——國民黨黨產何去何從？》，台北：商周出版，2000年7月。

075

國民黨的黨產

李福鐘

所謂國民黨「黨產」，指的是國民黨名下所擁有的銀行存款、有價票券、不動產、營利企業，以及債權金額等等的總和。國民黨黨產總值究竟有多少，人言人殊，以國民黨自己願意承認的數字，在 1998 年 12 月李登輝擔任黨主席任內，黨產總值達到最高，為 918 億元新台幣，[1] 而到了 2006 年 7 月，也就是該黨黨主席馬英九對外作出黨產說明的前夕，總值僅剩 277 億元。[2] 也就是說，國民黨聲稱即使在最富裕的時候，其總資產亦從未超過一千億元新台幣。然而 1992 年 3 月前立法委員彭百顯在向當時的行政院長郝柏村質詢時，曾估計國民黨「黨營事業」資產規模至少有數千億元新台幣之鉅。[3] 而由《財訊》月刊前社長梁永煌及記者田習如等人所編寫之《拍賣國民黨——黨產大清

1 包含七家控股公司總資產淨值 683 億元，以及銀行存款、有價證券、應收款項、美金公債、黨發基金、土地房屋等六項，合計 918 億元。見《面對歷史　向全民交待》，頁 8。《面對歷史　向全民交待》報告全文見國民黨網站 http://www.kmt.org.tw/event/951027/kc_index.htm，瀏覽時間為 2007 年 8 月 15 日。

2 同上。

3 見彭百顯，《特權幽靈——黑手真能掩青天》（台北：財團法人新社會基金會籌備會，1992 年 10 月），頁 8。

算》一書，則聲稱國民黨總資產高達6000億元新台幣。[4] 這些數字，與國民黨自己所願意承認的金額，相差在數倍以上。然而不論實際情形如何，國民黨擁有數量龐大的黨產，是不爭的事實。

那麼國民黨究竟如何累積其財富？一個政黨又何以需要金額如此龐大的黨產？

國民黨黨產基本上有五種來源：（1）接收日產；（2）佔用國有財產；（3）國庫通黨庫：（4）黨營企業；（5）強徵人民財產。

第一種，所謂「接收日產」，指的是1945年8月第二次世界大戰日本投降後，國民政府在接收台灣過程中，竟將某些原本應該劃為國有財產的原日本政府及民間資產，直接移轉為國民黨所有。其中最知名的，是全台灣總共二十家戲院的土地及建物，其中不少位於地方縣市精華地段，具有高度商業價值。此外，尚有為數眾多的日人房產被移轉為國民黨所有，歷經數十年輾轉易手，以至難以索回。

第二類，佔用國有財產，包括原國民黨中央黨部（今張榮發基金會）、原中國廣播公司（今台北市帝寶大樓豪宅），都是國民黨在長期佔用國有資產之後，無償或低價取得所有權，最後又在政治民主化之後轉賣給所謂「善意第三人」的例子。如今這些原本的國有財產都已無法或難以追討。此外，遍布台灣各縣市的民眾服務社，不少原本產權亦屬於地方政府所有，

4 梁永煌、田習如等編著，《拍賣國民黨——黨產大清算》（台北：財訊出版社，2000年1月），頁137。

最終轉移為國民黨所有，其中過程亦難於追蹤釐清。

第三類「國庫通黨庫」，係指在黨國不分的情況下，國民黨將自身開支轉嫁給政府預算負擔，或利用執政之便以權牟私。這在「外匯管制與黨政特權」篇中已略有述及，在「國庫通黨庫」篇中還將再加以介紹。

第四類，黨營企業，這是國民黨得以累積龐大財富的最主要來源，同時也是最令人難以置信的特權牟利所在之處。這在「國民黨黨營企業」篇中，將再進一步說明。

第五類「強徵人民財產」，可以位於台北市木柵地區的革命實踐研究院（對外稱為「中興山莊」，亦曾一度稱為「青邨」，2000 年後改名為國家發展研究院，簡稱「國發院」）為例。據該土地原始地主葉中川之子葉頌仁的說詞，1949 年國民黨中央敗逃來台之初，曾在木柵國發院現址為該黨總裁蔣介石興建一處臨時「行館」，純係霸佔行為。之後該處行館改建為革命實踐研究院，國民黨仍不願將土地返還葉姓地主。經葉姓地主不斷請願，國民黨遂於 1954 年以一年 800 多元新台幣的象徵性租金租下一共 1820 坪的土地。1957 年租約期滿，國民黨仍不願搬遷，卻也不再繳交租金。1962 年 1 月 16 日，國民黨中央委員郭驥率領馬葆民等四名武裝情治人員，脅迫葉中川以每坪 105 元之代價將該片土地出售予國民黨中央委員會，總價為 19 萬 1100 元新台幣。然而事實上郭驥等人只願支付十分之一之價錢，即 1 萬 9110 元，葉中川拒不收受該筆買賣價金，郭驥遂將該筆款項提存於法院，而葉中川亦從未至法院領取該筆金錢。[5]

5 以上有關國民黨與國發院原葉姓地主之土地產權糾紛經過，主要根據葉頌仁

2000 年國民黨在第十屆總統大選中落敗，基於社會輿論對於黨產問題迭有批評，該黨開始積極處分名下若干財產，國發院土地即為其中之一。2005 年 9 月 26 日國民黨將國發院總共八公頃土地賣給元利建設公司，據媒體報導，國民黨獲利 43 億元新台幣。元利建設公司接手國發院土地，目的當然是寄望日後作為住商開發之用，然而國發院土地登記為「機關用地」，依法不得用於住商開發。台北市都市發展局則研議以捐贈國發院土地北側靠山坡地的二公頃多土地給台北市永建國小的方式，交換讓其餘土地計畫變更為住商用途。[6] 然而如此一來，將成為台北市政府主動為國民黨的土地買賣糾紛排除法規上的障礙。其中有無不法，引起社會強烈關注。也因此從 2005 年馬英九擔任台北市長，至 2011 年郝龍斌擔任台北市長，國發院土地變更使用項目的問題，一直未完全定案。

【延伸閱讀】

（1）李福鐘，〈國民黨黨產取得之類型分析〉，《台灣史學雜誌》第五期，台北：台灣歷史學會出版，2008 年 12 月，頁 139-167。

（2）梁永煌、田習如等編著，《拍賣國民黨——黨產大清算》，台北：財訊出版社，2000 年 1 月。

之委任律師陳達成之公開說詞〈開戰時刻——全民討黨產的戰鬥〉，以及葉頌仁提出之民事起訴狀。同時，《聯合晚報》2000 年 2 月 11 日亦有相關之報導。

6 台北市政府，〈臺北市都市計畫書：變更臺北市文山區木柵路一段中興山莊附近地區主要計畫案〉，2005 年 4 月。

076

國民黨黨營企業

李福鐘

所謂國民黨黨營企業，指的是其轄下自 1945 年國民政府接收台灣以來，由黨中央及地方黨部所經營管理或投資的營利事業體。隨著國民黨黨營企業機構在 1960 年代日漸壯大擴充，1971 年國民黨成立中央投資公司（簡稱「中投公司」）以便於統轄經營，1979 年又成立光華投資公司，對旗下企業作更進一步的分工管理。直到 1991 年 12 月成立悅昇昌公司，專事海外投資，國民黨一共組建了七家投資控股公司，其黨營企業集團便是以這七家控股公司為主體，所形成的跨產業（包括從金融、營造、石化、水泥、各類型製造業，到媒體、文化、出版等各種領域）之營利事業王國。

作為長期執政且一黨獨大的政黨，不僅經營企業，而且還成為全國數一數二的大型企業集團，究竟違不違法？中華民國長久以來不曾訂定「政黨法」，精確來講，是「政黨法」草案始終躺在立法院無法完成立法，原因就是擁有龐大黨營企業的國民黨不肯配合立法，因此乾脆以怠惰職守的方法，讓理應規範政黨行為的相關法律難產。

那麼長期以來國民黨所經營的黨營企業，是否有觸法或有違政治倫理之處？換句話說，雖然不曾有相關法律規定政黨不得經營企業，但是放任長期執政之政黨經營企業，是否產生弊端或有任何利益輸送之情事出現？本書已有〈外匯管制與黨政特權〉及〈國民黨的黨產〉兩篇探討了國民黨在威權統治時期以權牟私的個別行徑，但卻尚未揭穿其利用執政之便，全面圖利黨營企業的真相。事實上，由一黨獨大的執政黨經營黨營企業，最大危險就是可以利用決策權力，獨厚自家企業以經營壟斷性的特權行業。由此所獲得的利潤，千百倍於個別的牟私行為。而一旦獲得壟斷性行業的特種經營權，執政黨的獲利不僅只限於金錢，而且可以將資源支配權力伸入產業界、文化界、傳播界。國民黨在威權時代，就是靠著對各類產業強大的支配能力，從經濟活動與意識形態對台灣社會進行著雙方面的控制。

最能夠說明黨國威權體制下國民黨特權行業的例子，或許莫過於復華證券金融公司（以下簡稱「復華證金」）。復華證金曾經因為經濟部證券管理委員會（證管會）[1]的一紙行政命令，從 1980 年 4 月起至 1990 年 10 月為止整整十年間，壟斷台灣證券融資業務的獨家經營權。在 1980 年 4 月 21 日以前，原本承作證券融資業務的金融機構，有台灣銀行、土地銀行，以及交通銀行三家國營銀行。1980 年 4 月 2 日，經濟部證管會發出「證管（69）三字第0345號函」，要求台銀、土銀、交銀三家銀行「自復華證券金融公司開業之日起，停辦證券融資業務」。由主管機關下令全國有價證券的融資業務只能由特定單一民間企業承

1 證券金融管理委員會 1981 年 7 月起改隸財政部。

作，而且這家特許金融公司又是執政黨本身的黨營企業，此種情況，明顯就是執政黨企圖壟斷證券融資的經營權。藉由類似手段，國民黨可以更徹底的控制民間產業界，建構出權力更有效集中的政治經濟結構。

類似復華證金的例子其實所在多有，像是媒體傳播界的中國電視公司與中國廣播公司，都是國民黨黨營企業，而且性質上都帶有一定的壟斷性。國民黨對於這類型需要政府特許經營的產業，向來樂此不疲，而且亦從不顧慮利益迴避問題。

【延伸閱讀】

（1）李福鐘，〈以黨領政，以政養黨——黨國威權體制下的國民黨黨營企業〉，收入黃翔瑜執行編輯，《戰後檔案與歷史研究：第九屆中華民國史專題論文集》，台北：國史館，2008 年 12 月，頁 439-466。

（2）彭百顯，《特權幽靈：黑手真能掩青天》，台北：財團法人新社會基金會籌備會，1992 年 10 月。

077

國庫通黨庫

李福鐘

1960 年 6 月 1 日《自由中國》第 22 卷第 11 期由傅正所寫的社論〈國庫不是國民黨的私囊！〉，批評國民黨將黨務編列為國家預算，公然以國庫支助政黨，而各種黨營企業如《中央日報》、《中華日報》，乃至救國團所屬的幼獅出版公司，都可以動輒向臺灣銀行貸款上百萬元，黨政分際蕩然無存。然而傅正先生可能想像不到，無人能夠向之借錢的中央銀行，唯獨國民黨有辦法。2007 年 5 月由中央銀行所提供的一份 1961 年至 1970 年貸款明細顯示，執政的國民黨竟然向理論上不應經手任何存貸業務的中央銀行取得五次合計一億六千五百萬元新台幣的無息貸款。（特別強調，是「無息」貸款！）五次貸款中，期限最長的一筆由 1965 年起貸，至 1982 年才清償，金額為八千萬元。而國民黨歷次向中央銀行借錢的理由亦匪夷所思，分別為「週轉需要」（兩次）、「加強對匪鬥爭工作週轉需要」、「為加強大陸敵後策反工作，除請政府增列預算外，請本行准予透支週轉」、「推進大陸工作需要」等。

國庫通黨庫的怪現象，歷史上可以追溯自 1920 年代至 1947

年為止國民黨的「訓政」經驗。在訓政體制下的國民黨，不僅享有《訓政時期約法》所賦予的絕對統治權力，同時，這二十多年間的黨務開銷，基本上亦交由國庫埋單。理論上，此種情況到了行憲之後便不應該再延續。然而家大業大的國民黨，一時間要完全依靠黨員繳交黨費自給自足，談何容易？於是一方面想辦法在政府預算中夾帶編列黨務經費，靠國庫來養活黨的附屬組織；另方面則廣闢財源，經營黨營企業。這兩種辦法遂成為國民黨在行憲之後，解決財務困難的兩帖秘方。而在政府預算中夾帶編列黨務經費，事實上即為「國庫通黨庫」。1953年5月24日離台赴美的前台灣省主席吳國楨，隔年2月與國民黨當局徹底翻臉攤牌，當時吳國楨寫了一封致國民大會信函，痛陳政府六大缺失，其中第一條便是：

一黨專政。國民黨之經費，非由黨員之捐助，乃係政府，即國民之負擔。這種國庫通黨庫做法，除共產極權國家外，實為今古所無。[1]

不止寫信給國民大會，吳國楨還上書蔣介石，提出對國民黨的十二點尖銳質疑，其第一點便是：

國民黨經費是否由政府負擔？[2]

剛卸下台灣省主席職務的吳國楨，自然知道國民黨究竟有無動用到省政府的預算。

國庫通黨庫涉及的問題林林總總，包括「黨職併公職」的偉大發明，[3]以及政府財政部門對國民黨的稅捐優惠及減免等等，

1 吳國楨手稿，黃卓群口述，劉永昌整理，《吳國楨傳（下冊）》（台北：自由時報，1995年），頁502。
2 同上，頁509-510。
3 所謂「黨職併公職」，指的是曾經服務於國民黨之黨工人員，在轉任政府公

都屬於國庫通黨庫的範疇。此外，國民黨尚有一項特殊的籌措黨費手段，來源同樣是國庫，值得特別提出，就是充當行政院各部會的房東。

國民黨名下擁有為數眾多的房地產，人盡皆知。但較鮮為人知的，行政院各部會、各機關向民間租賃房舍時，房東往往都是國民黨。最明顯的例子，是國民黨位於台北市中心的四幢大廈——崇聖大樓、中保大樓、大孝大樓、裕臺大樓，都曾有多個行政院部會充當其房客。[4] 從 1985 年至 2007 年年中為止，政府所支付給國民黨的「房租」，至少在 22 億 6426 萬元以上。[5] 政府部門租用執政黨名下所擁有之不動產，就法律上而言或許不違法，但就行政倫理層面而言，似乎有違利益迴避原則。因此不妨列入「國庫通黨庫」範疇。

【延伸閱讀】

（1）傅正，〈國庫不是國民黨的私囊！——從民社黨拒受宣傳補助費說到國民黨把國庫當作黨庫〉，《自由中國》第 22 卷第 11 期，1960 年 6 月 1 日，頁 3-4。

（2）彭百顯，《特權幽靈——黑手真能掩青天》，台北：財團法人新社會基金會籌備會，1992 年 10 月。

務人員之後，可以將黨職年資一併計算為公職年資的規定。此一制度，曾經在 1969 年至 1987 年間實施長達十八年之久，而適用的國民黨相關機構，包括救國團、婦聯會、各地民眾服務社【站】及中華民國民眾服務總社、中國大陸災胞救濟總會、世界反共聯盟中國分會、亞洲人民反共聯盟中國總會、三民主義大同盟等，基本上囊括了所有國民黨之附屬組織。

4 詳細清單，可見彭百顯，《特權幽靈——黑手真能掩青天》（台北：財團法人新社會基金會籌備會，1992 年 10 月），頁 78 － 79。

5 統計金額，見行政院追討政黨不當取得財產處理小組主辦之「清查不當黨產捍衛國家資產」檔案展覽（2007 年 8 月 22 日於台北市國父紀念館）展件。

078

國民黨民衆服務社

李福鐘

國民黨因為忽略基層經營，1949 年被擅長「農村包圍城市」的共產黨趕到台灣來。因而 1950 年代起，國民黨便不斷強化自己的外圍結構，試圖將組織勢力滲透進台灣社會底層。這樣的企圖或許無可厚非，問題是紮根基層需要大量資源，尤其是人力物力、房舍空間，而國民黨又捨不得花錢在各縣市鄉鎮置產，於是再次出現上一節所談的弊端——國庫通黨庫，也就是說，國民黨的基層組織「民眾服務社」，憑藉其執政的威勢，無償佔用各縣市鄉鎮政府的公有土地與房舍，有的甚至強將土地產權移轉登記為黨產。民眾服務社（有時或稱民眾服務站）最遭人垢病的正是這一點——國民黨要擴張基層勢力，卻又想做沒本錢的生意，吃相難看，由國庫買單。

民眾服務社的組織系統在國民黨政府敗逃後不久，便快速組建完成，截至 1953 年，已在全台灣成立有 397 站，[1] 基本上已達到每一鄉鎮至少一處民眾服務社（站）的規模。此後近六十

1　中國國民黨台灣省黨部委員會編，〈臺灣省委員會推行民眾服務工作報告〉，1957，頁 1，國民黨黨史館藏，檔號：558/296。

年，國民黨始終不曾放棄此一基層組織，例如 2007 年年中，當時民進黨執政已有七年之久，然而地處偏僻的屏東縣瑪家山地原住民部落，仍有民眾服務社存在。[2] 民眾服務社的實際規模與影響力，絕對不容小覷。

2004 年 1 月中華民國第十一屆總統大選前夕，國民黨曾公布一本名為《中國國民黨黨產處理大公開》的小冊子，其中登錄了一份由永然聯合法律事務所製作的表格，詳列出六十七個鄉鎮市公所名單。由協合國際法律事務所署名的聲明中指出，由於國民黨曾接受這些鄉鎮市公所贈予或轉帳撥用不動產，因此國民黨擬「再為捐贈予原捐贈機關」。[3] 這六十七個國民黨承認曾經接受「贈予」或「轉帳撥用」不動產的鄉鎮市公所，僅僅是國民黨民眾服務社或地方黨部侵佔地方政府公有財產的部份清單。全部國庫通黨庫的事例究竟有多少？只能說罄竹難書。

當然，不能否認有些民眾服務社的房地產係由國民黨自購（不論是向私人購得或購自政府），或者產權已順利移轉至國民黨名下，因此只要產權已完成登記的，國民黨就不會承認係得自「贈予」或「轉帳撥用」，也就沒有「回贈」或「歸還」的問題。然而事實上，不少國民黨地方黨部或民眾服務社土地產權的取得，過程黑幕重重。筆者曾親耳聽聞一位地方退休稅務人員提及，澎湖縣某鄉之民眾服務社，土地產權原為鄉公所所有，然而卻由「上級長官」下令無償轉讓給國民黨民眾服務

2〈專訪中研院近史所陳儀深教授〉，《李登輝學校校友通訊》13 期（2007 年 8 月），頁 13。
3 中國國民黨中央行政管理委員會編印，《中國國民黨黨產處理大公開》（台北：編者，2004 年 1 月），頁 13。

社，該名稅務人員當時即為承辦人之一。歷史上國庫通黨庫問題的嚴重程度，實在難以想像。

【延伸閱讀】

（1）黃煌雄、張清溪、黃世鑫主編，《還財於民——國民黨黨產何去何從？》，台北：商周出版，2000 年 7 月。
（2）李福鐘，〈國民黨黨產取得之類型分析〉，《台灣史學雜誌》第五期，台北：台灣歷史學會出版，2008 年 12 月，頁 139-167。

079

黨職併公職

許志雄、羅承宗

民主立憲國家中，政黨非屬國家組織的一部分，服務於政黨裡的人員（黨工）亦非公務員，這是基本常識。所謂的黨職併公職，就是違反此一常識的怪現象，將政黨及其附隨組織的服務年資併入公職年資以計算退休金。更簡單來說，就是把政黨應負擔的黨工退休金部分，也一併轉嫁予全體納稅人負擔。過去國民黨利用長期威權統治之便，以黨職併公職的手段圖利自己及諸多附隨組織，為「國庫通黨庫」增添一個管道。

民進黨執政時期為了處理這個問題，於 2005 年 11 月 9 日行政院第 2965 次會議中，院長謝長廷一方面對黨職併公職現象以「違反社會公平正義」、「無法無天」予以批判，另一方面為回應社會期待，宣布開始著手調查相關制度的演變經過、領取人數、金額範圍與適法性…等問題。初步調查結果於 2005 年底出爐，調查範圍包括退職政務人員、中央及地方機關退休公務人員（僅以 2001 年以後退休者為主）、大專院校退休教育人員（僅 1991 年後退休者）、中央機關資遣人員（2000 年 8 月前資遣者）、縣市長及鄉鎮市長退職人員（僅 1999 年 9 月後退職者）及退伍軍職人員，未及於公立學校與公營事業退休人員。調查結果發現 160 人有併計黨職年資情形，惟清查範圍有限，實際情形應遠高於此數目。此次調查發現一些重大個案採計黨職年資情形，包括：連戰（3 年 8 個月）、林豐正（9 年 6 個月）、胡志強（10 年 11 個月）、焦仁和（3 年 3 個月）、吳伯雄（2 年 1 個月）、施啟揚（7 年 2 個月）、蕭天讚（7 年 6 個月）、林洋港（2 年 4 個月）。另外，這份調查報告也披露，採計的黨職除中國國民黨各級黨部外，甚至包括民眾服務社、救國團、中國大陸災胞救濟總會、世界反共聯盟中國分會、亞洲人民反共聯盟中國總會、三民主義大同盟、中央電台、革命實踐研究院、幼獅文化公司及三民主義青年團等附隨組織，真是吃國庫夠夠。

黨職併公職最著名的個案，當推現任台中市長胡志強部分。胡志強申報的退休年資是從 1975 年採計到 2000 年，期間共 25 年，但事實上胡自強僅有 9 年公職資歷，亦即從 1991 年的總統府第一局局長至 2000 年的外交部部長。1975 年到 1985 年間胡志強人在英國攻取博士學位，並無公職身分，而其年資上卻記載分別擔任中華民國民眾服務總社聯絡員、書記、黨務聯絡員，及世界亞洲太平洋反共聯盟中華民國總會秘書長等職務，並由這些組織提出在職證明，併入政務人員公職辦理退休，再由銓敘部據以核發胡志強退職金。事實證明，學生時代的胡志強是職業黨工，而且他在英國為國民黨效力的年資居然也併入公職年資計算，涉有詐欺之嫌。但是，該案經行政院移送檢察機關調查後，台中地檢署不但作出不起訴處分，居然更積極為「黨職併公職」合法性辯護，該不起訴處分書中說：「中華民國民眾服務社成立之初衷，係為因應當時環境之需要，協助政府推行政令，其性質與政府工作至為相近，其雖非政府公務機關，但實質上與一般人民團體或民間機構有所不同，因此有彼此間年資可互相採計之考量…經核與公務人員退休法第16條之1及同法施行細則第13條規定意旨，尚無不合…被告擔任國民黨黨職之年資，自可併入其退休年資」。檢察官黨國不分，一句「當時環境之需要」就可無視法律基本原則，讓納稅人必須為中國國民的黨工負擔退休金，令人錯愕。

【延伸閱讀】

(1) 楊士仁，《黨產追緝令》，臺北市：前衛出版社，2008年3月初版。
(2)《清查不當黨產・捍衛國家資產》展覽導引，行政院研考會，2007年8月初版。
(3) 梁永煌、田習如編，《拍賣國民黨》，臺北市：財訊出版社，2000年初版。

080

國考的後門程式：甲考與軍職轉文職

許志雄、羅承宗

憲法第 85 條規定，公務員之選拔，應實行公開競爭的考試制度，非經考試及格者，不得任用。考試取才的目的，係從公平與防弊立場出發，防杜政府濫用私人。2011 年 3 月《遠見》雜誌與 104 人力銀行合作的一份調查發現，20 到 40 歲的年輕人，有 4 成表示公務員是他們最想從事的行業，因此每年有數十萬考生參加競爭激烈的高普考，耗盡心力期盼擠進公職窄門，由此可見公平與防弊的必要性。

這套行之有年的考試取材制度看似公平，實則不然。鮮為年輕人所知的是，在我國有更快捷的特考作為直接進入高階文官體系的「後門程式」(Backdoor) ，其一為甲等特考，其二則為軍職轉文職。國民黨執政下，許多位居公務員金字塔上層的高階文官甚至具有常任文官年資的政務官，就是這種制度的獲利者。這個事實印證了《動物農莊》裡的一句名言：「人人平等，但有些人比其他人更平等。」

甲等特考

甲等特考（以下簡稱甲考）是往昔「特考制度」等級最高

的考試，及格者馬上可取得簡任 10 職等資格。而一般大學畢業生參加普考及格，僅能擔任委任三職等職位；參加高考及格，頂多擔任薦任 6 職等職位。一般而言，高考及格者即便表現優異，也要 10 餘年才能晉升高階文官；甲考及格者卻可立即取得高級文官資格，顯然相當不公平。尤其是高普考應考科目多達 7 到 9 科，甲考僅有論文審查、口試或其後加上的一科筆試，與高普考試相較，既簡便又缺乏客觀標準，使得甲考成為有力人士空降飄入高階常任文官體系的捷徑。

通過甲考的名單，信手拈來除了 1986 年甲考一般行政榜首的馬英九最廣為人知外，還包括：蕭萬長、宋楚瑜、趙守博、胡志強、陳沖、吳清基、章孝嚴（改名蔣孝嚴）、徐立德、沈世宏、伍錦霖、廖正豪、毛治國、彭鳳至、楊朝祥、黃雅榜、王志剛等現任或卸任政要。綜觀甲考歷屆錄取名單，不難得知，在黨國體制下甲考的受惠者通常是與中國國民黨關係良好或中國國民黨刻意拔擢的人。甲考充當權貴進入公務體系的後門，因此被視為「黑官漂白」的代名詞，又被譏為「大官製造機」，公平性十分可議。

第 2 屆立法院時期，民進黨立委盧修一在立法院法制委員會強力主張廢除甲考，獲得輿論迴響，讓國民黨無法迴避此一問題。再加上 1993、1994 年間爆發僑委會處長李慶珠，亦即前行政院長李煥女兒的「甲考論文抄襲事件」，更凸顯事態的嚴重性。根據當時檢舉資料，該論文第 2 章 1 萬 2,000 字中，有 9,000 多字抄襲；第 3 章 1 萬 3,000 字中，有 1 萬 1,000 多字抄襲。考選部調查結果，認定檢舉資料確有實據，考試院遂撤銷其考試及格資格，並吊銷其及格證書。李慶珠倉皇請辭，輿論譁然，終於促使甲考在 1994 年廢除。

總的來說，甲考雖已於上個世紀末走入歷史，不過由於已經有太多權貴子弟透過此特殊管道空降公門高位，到現在仍然位居要津，使得該制度對常任文官制度的不利影響至今猶存。

軍職轉文職

西方民主憲政國家一向主張「文人統制」（civilian control）原則，強調在政治上軍人應接受文人的領導和監督，並將此當作政治發展過程中民主鞏固（democratic consolidation）的一項指標。本此意旨，憲法第 140 條亦規定現役軍人不得兼任文官，其主要目的在於樹立文官統治、厲行文武分治原則，以防止軍人干政。不過，威權體制時代憲法規範形同虛設，「槍桿子出政權」依舊是政治現實，軍人出身的蔣介石從第一任做到第五任總統，正說明了一切。

1949 年中國國民黨政府敗逃來台之際，軍人轉任國家高階官吏的情形業已相當普遍。後來由於反攻大陸日漸無望，為大量安置退除役軍人，廣開退除役軍人特考及國軍上校以上軍官「外職停役」轉任公務人員考試等管道。相較於競爭激烈的高普考，長久以來這類封閉型的轉任考試明顯簡單，競爭少，錄取率超高。根據經濟學者駱明慶研究，從 1951 至 1991 年間，軍人轉任特考共錄取了 6 萬 7,000 多人，錄取率高達 44%，占同時期高普考錄取人數的 83%。即便到了最近幾年，如 2005 年少將轉任公職考試，錄取率甚至高達 100%。再者，依據相關比敘規定，中將可轉任簡任 13 到 14 職等公職，幾乎相當於部會常務副首長，少將可轉任 11 到 12 職等簡任文官，相當於部會司處一級單位正副首長，至於上校則可轉任簡任 10 職等公職，相當於部會的簡任秘書、視察或專門委員，使得數十年來利用此管道空降進入公務體系高階文官的軍職人員不知凡幾，影響常任文官正常升遷管道至鉅。

優惠軍人應從加強福利待遇等方式著手，而不應以另一個制度給予優待，破壞文官制度。這句話是 1992 年 5 月 20 日前考選部長王作榮於立法院接受質詢時對此制度的嚴正批判。一轉眼將近過了 20 年，這段期間內台灣經歷兩次政黨輪替，遺憾的是軍人轉任文官考試卻依舊延續至今。時下窮盡氣力只為擠進高普考窄門的莘莘學子若讀到這一段，心裡不知是何滋味？

【延伸閱讀】

（1）聯合報，〈考試院審查會撤銷李慶珠甲考及格資格〉，1994 年 2 月 25 日 /01 版。
（2）行政院退輔會網站，退除役軍人轉任公務人員特種考試專區，網址：http://www.vac.gov.tw/content/index.asp?pno=508（造訪日期：2011 年 4 月 1 日）。
（3）自由時報，〈看！人神共憤的不公不義！〉，2011 年 1 月 13 日社論。
（4）林丘湟，《國民黨政權在經濟上的省籍差別待遇體制與族群建構》，國立中山大學中山學術研究所碩士論文，2006 年。

081

歧視台灣人的分區定額制度

許志雄、羅承宗

憲法第 85 條規定：「公務人員之選拔，應實行公開競爭之考試制度，並應按省區分別規定名額，分區舉行考試。非經考試及格者不得任用。」此即「分區定額」制度，當初制憲意旨係顧及中國各省區交通狀況與文化程度高下，而對邊遠省區的考生給予優待，具有一定的意義。不過，蔣介石所領導的中國國民黨政權在中國內戰敗北而於 1949 年流亡至台灣，這種依據省籍規定名額的考試方式照理說根本失去意義且窒礙難行。然而荒謬的是，其後在台灣舉行「全國性」高普考試，卻依舊沿用針對大中國設計的「分區定額錄取辦法」，依照中國各省區參考人數按人口數目分配錄取考生。

以 1950 年高普考為例，錄取者中台灣省籍者有 7 人，其他省籍者雖因少數省區無人應考而缺額，仍然錄取了 179 人，佔全部錄取名額的 96%。即使加上只由台籍人士應考的台灣省公務人員考試所錄取的 30 人，外省籍仍佔該年高考錄取的 83%。顯見此種高普考分區定額錄取的作法違反公平正義原則，乃限制台籍考生錄取的歧視制度。後來雖有「加倍錄取」以提高台籍考生錄取比例的做法，但不合理現象並未抒解。甚至 1989 年 10 月還發生某臺灣省籍考生藉著被西康省籍男士收養方式變更本籍，並依分區定額擇優錄取規定而降低標準錄取的荒唐事件。

1977 年 12 月 25 日學者許慶復曾於聯合報投書詳述分區定額制度的五大缺失，饒富參考價值。茲節錄如下：一、劣勝優敗：常有考試成績較佳者，因其所屬省分應錄取名額有限，而成績佳者供過於求之故（如臺籍）而被淘汰。反之若干省分之應考人雖成績未必佳者，竟獲錄取。二、畫蛇添足：高普考試之錄取人員應注重其學識才能，而非其代表地方之身分。此類經高普考錄用人員之職務，乃在擬議及執行政策，並非決策之權力職務，縱使某省人數較多，亦不致產生流弊。三、觀念落伍：今日交通發達，人才已有融為一爐之趨勢，因何仍以省籍為掄才的重要標準？四、東施效顰：採用此項制度之聯邦國家，各有其特殊國情。我國不是聯邦國家、不宜輕易仿效。五、不切實際：參加高、普考試的應考人，多屬金馬台澎地區住民，出身之文化及社會背景並無重大差異、苟有分區定額之必要，亦僅宜依閩台兩省，或依金、馬、台灣各縣市及台北直轄市，定其劃分標準。

1992 年 5 月 28 日憲法增修條文第 14 條第 3 項明定，憲法第 85 條有關按省區分別規定名額，分區舉行考試的規定停止適用，另因修戶籍法廢除本籍制度，才使分區定額這種不公平的考試歧視制度正式走入歷史。不過由於這套按中國省籍比例分配高普考名額的制度在台灣施行 40 多年，早已在國家文官體系內種下了至今仍難以治癒的國家認同錯亂症。

【延伸閱讀】

(1) 許慶復，〈行憲三十週年話高普考—如何貫澈「政府用人須經考試」的原則〉，聯合報，1977年12月25日/15版。

(2) 謝無忌，〈考改先驅 姚嘉文虎落平陽〉，新台灣新聞週刊，2002年6月17日。

(3) 自由時報，〈昔日高普考 限制台籍錄取率〉，2011年1月17日。

(4) 林丘湟，《國民黨政權在經濟上的省籍差別待遇體制與族群建構》，國立中山大學中山學術研究所碩士論文，2006年。

082

疊床架屋的政府組織

李筱峰

中華民國政府自 1949 年底流亡到台灣之後，不僅在台灣建立了學者所說的「遷佔國家」(settler state)，而且因為中央政府遷到台灣省之上，形成疊床架屋的政府組織。流亡來台的國民黨政權打著「中華民國」名號，所標榜的憲法和行政區，一直停留在「35 行省」的大中國舊體制的設計，形成台灣省與中央政府在人口上有 81% 重疊，管轄的土地面積有 98% 重疊，而且產生全世界最畸型的「一省二市」行政區，與疊床架屋的四級政府，導致資源分配的嚴重扭曲及浪費。

這種現象及其癥結，雷震在《救亡圖存獻議》中說得極為明白透徹：

「過去在大陸時期，地區遼濶，交通不便，為求統治上的方便，確有設立「省級」的必要。在今日臺灣地區，包括金、馬在內，也只有二十幾個縣市，何況交通又如此方便。但在中央級與縣、市級之間，還有一個累贅的「省級」，而中央政府與省政府所管轄的地區相差既十分有限，中央各部會與省政府各廳處所主管的事務也十分相近，除了外交、僑務和蒙藏之外。

因此，教育廳幾乎完全成了教育部的公文承轉機構，財政廳也幾乎完全成了財政部的公文承轉機構，交通處更幾乎完全成了交通部的公文承轉機構。有了一個省級，只是公文上增加了一次承轉的手續，除浪費了許多人力、物力和財力之外，反而降低了工作效率和延誤時間。」

早在 1959 年，青年黨黨魁左舜生在其「治臺方案」中，即認為只要中央政府而沒有設立省政府的必要；監察委員陶百川也於 1971 年底（蔣政權代表被逐出聯合國之後），在監察院年度檢討會中公開建議將省政府改為「虛級」制度。雷震基於前述理由，上書蔣介石，建議廢除「省級」制度，不設省級政府，以求強化行政組織，配合目前的現實環境，節省人力、物力。雷震主張仿日本只有中央和地方兩級政府，提出具體建議說：「提高縣市政府權責。現在大部分屬於省府的權責，移轉到各縣市，中央政府只管政策和制定章則，實際執行工作應由各縣市全權處理，而且全面負責。中央政府不可動輒干預，縣、市政府亦不必動輒請示，切實做到分層負責。」

雷震的建議不為蔣介石所接受。此後，在 1980 年代以降的民主運動中，仍有在野人士陸陸續續提出廢省及調整行政區的改革意見，但不為蔣政權所接受。蔣政權認為廢了省，無異是促使台灣獨立，這是他們所不能忍受的。

時序進入 1990 年代，台灣開始民主化，經過修憲之後，不再官派省主席，改為省長民選。1994 年 12 月 3 日，舉行台灣有史以來的省長民選（北、高兩院轄市市長也同時民選）。國民黨的宋楚瑜擊敗民進黨的陳定南當選省長。省長改為民選固然是民主化的表現，但是疊床架屋的畸型體制依然未變，廢省之議仍然存在。

1996 年 12 月，李登輝召集朝野人士舉辦國家發展會議，廢省之議仍被提出，最後達成「凍省」的共識。李登輝主導的國民黨主流派，開始朝「凍省」方向努力，卻引起新黨及部份國民黨內保守勢力的反撲。省長宋楚瑜更砲打中央，極力反對，認為這是針對他的權力鬥爭。在反動勢力的掣肘下，廢省不成只好「凍省」，最後更妥協成「精省」。1997 年 7 月 18 日第 3 屆國民大會第 2 次會議三讀通過修改後的「中華民國憲法增修條文」完成「精省」的法定程序。為了平和完成精省改革工程，行政院決定以「兩階段」方式調整省府組織，在「台灣省政府功能業務與組織調整暫行條例」施行期間，省府組織將以「台灣省政府暫行組織規程」定之，精省過後的省府組織，則以類似福建省模式存在。1998 年 10 月 9 日，立法院三讀通過〈台灣省政府功能業務與組織調整暫行條例〉明訂省府為行政院派出機關，非地方自治團體。省府不再擁有財產權、課稅權，省產及負債由國家概括承受，組織上省府設省府委員 9 名，由官派省主席綜理省政業務。省議會終結後，改成「省諮議會」，議員由行政院長提請總統任命。「省諮議會」將扮演省政府被動諮詢的角色。

1998年下半年，中央20多個相關機關開始與省府各廳、處、會暨所屬部份二級機關，完成業務與人力移撥的計劃書（例如行政院農委會對應省農林廳）。12月1日為法定期限，台灣省長、省議會終於走進歷史。

為了安撫具有「大中國情節」的「反台獨」舊勢力，致使廢省至今仍不能徹底。

【延伸閱讀】

(1) 雷震，〈救亡圖存獻議〉，手稿本。

083

奉命不上訴事件

許志雄、羅承宗

1958 年 5 月間，南投縣長李國楨因在中興新村徵購地皮過程中涉嫌貪瀆而遭檢察官起訴。該案原經台中地方法院刑庭諭知無罪，承辦檢察官黃向堅不服上訴，惟該院首席檢察官延憲諒卻不准其提出上訴，並拒絕於上訴狀蓋關防。對此，黃檢察官直接在公文上以反諷的意思明白批註「奉命不上訴」，以明其志。該事件經媒體揭露後，引起喧然大波，延首席檢察官遂不敢再予阻攔，黃向堅才以檢察官的職章越過首席檢察官自行向高等法院提出上訴，而獲受理。黃向堅在戒嚴時期能夠不畏權勢對抗體制，被認為是獨立辦案的先驅。不過這種對抗體制的下場是被長期冷凍，難以升職，至於延憲諒也鞠躬下台，調非主管職，結局是兩敗俱傷。該貪瀆案件在法庭上輾轉纏訟十年，最後李國楨仍獲判無罪。

檢察的法理中，同時存在「檢察獨立」與「檢察一體」兩大原則。國內實務一向輕「檢察獨立」而重「檢察一體」，這種態度並非正確。析言之，檢察機關雖隸屬行政部門，但是檢察權的機能與司法權息息相關，除非檢察權的行使保持公正，否則公正客觀的刑事司法無可期待。因此，「檢察獨立」原則極端重要，每位檢察官都有檢察權，是「獨任制官署」，並非檢察長或其他長官的「補助機關」。檢察官對其承辦的案件，在職務範圍內具備獨立性，檢察權的行使即使違反長官指示，仍屬有效。基本上，「檢察一體」原則的目的，也是為了確保檢察權的公正行使，所以對「檢察獨立」原則而言，應該居於輔助地位，不可喧賓奪主。法院組織法基於「檢察一體」原則，賦予檢察首長對所屬檢察官的指揮監督權，以及「事務介入權」與「事務移轉權」。該等權限的行使，理應受到限制，亦即以不破壞檢察的公正性與獨立性為前提。

台灣長期受到中國國民黨威權統治不良影響，檢察機關容易受政治勢力利用「檢察一體」原則由上而下影響，使得檢察官在特定案件上，起訴、不起訴、上訴等行動往往有隻看不見的黑手在操縱，導致運作上時有諸多濫權、偏頗情形，尤其在2008年中國國民黨重掌執政權後，檢察權受政治力影響，違反「檢察獨立」原則的情形更為顯著。除了最高檢特偵組偵辦扁案過程諸多不正義奇觀外（如偵查大公開、檢方開記者會嗆聲辦不了就下台），根據台灣教授協會於2011年4月甫出版的「倒退的司法，哭泣的人權：解構馬英九的司法人權政策」小冊，其中還舉出「選舉前綠營首長先押再說」、「特別費總向綠營首長下手」、「王定宇案的速偵重辦」等案例，堪為馬政權將檢察權當作政爭工具的佐證。再拿特偵組於2011年5月下旬對包括前國防部長陳肇敏等刑求取供江國慶的9位軍官全不予起訴事件比較，明顯可見馬政權下的檢察權運作，似乎限於針對綠營高官家屬張牙舞爪，對於中國國民黨從政、從軍同志則溫馴可愛。

【延伸閱讀】

(1) 許志雄，〈檢察獨立與一體〉，聯合晚報，1997年4月21日，02版／話題新聞。
(2) 林山田，《談法論政（三）》，臺北市：前衛出版社，1992年初版。
(3) 羅承宗，〈白賊的「還要更好」〉，自由時報，2011年5月16日，自由廣場。
(4) 台灣教授協會，《倒退的司法，哭泣的人權》，台北市：台灣教授協會，2011年4月。

084

法院是國民黨開的

許志雄、羅承宗

1995 年臺中市發生衛爾康餐廳火災，64 人不幸罹難。受害者家屬控告市長林柏榕未盡督導之責，時任中國國民黨秘書長的許水德卻安慰林柏榕說「法院是國民黨開的 ......」。有趣的是，同年 11 月新黨祕書長趙少康因台灣省議會副議長楊文欣賄選案被判無罪而表示，許水德這句話所言不差，說的都是「真心話」。由於司法官考試、訓練及升遷制度的偏差，使得過去威權體制時代的法官及司法體系的重要職位，幾乎莫不屬於中國國民黨籍，受到中國國民黨的約制。有些高層司法人員，如前司法院副院長洪壽南還特別感謝中國國民黨對他的栽培。總的來說，許水德縱橫政壇數十年，沒留下什麼值得一提的政績，最被人記得的大概就是這句經典名言，恰成中國國民黨涉嫌干涉司法的最佳「自白」。

中華民國憲法頒行後，表面上雖已由「訓政」進入「憲政」，然而政府各項實際施政作為並無太大不同，仍是用複製訓政時期以黨治國方式來「施行憲法」。誠如學者李鴻禧指摘，中華民國政府長年營運一黨獨裁，以黨領政、有司法院長甚至由中國國民黨高級幹部中常委擔任，於是在黨魁中心領導式威權統治下，權力制衡完全破壞無遺，法治政治難以健全發展。這種對法院的控制與強調以黨領政的共產國家有異曲同工之妙。此外學者許志雄亦指出，我國司法所獲評價一向不高，其原因不一而足，惟法官多屬國民黨員，且不避諱參與政黨活動，實在難辭其咎。尤其，若干上級司法人員擔任重要黨職，積極從事黨務工作，甚至投身公職人員選舉，將司法、政黨與政治的關係絞成一團，更對司法造成難以估計的傷害。

東西德合併前夕，東德境內共有約 1,500 名法官，其中約 97% 是執政黨員，司法制度不過是「政府挑選同志執法，法官報答黨國栽培」而已。統一後，聯邦政府致力恢復「以憲法為基礎的司法制度」，東德法官能否繼續擔任職務，必須由「法官審查篩選委員會」決定，結果只有約 1/3 的東德法官留下，其餘的有些轉行，有些甚至因曾不當審判而入獄服刑。反觀台灣邁入民主化後，即便 2000 年歷經政黨輪替，法院受到中國國民黨控制的情況略為改善，但是由於台灣一直沒有在法院體系積極革新換血、進行轉型正義工作的契機，導致黨國威權時代受黨國栽培、甘為政治效力的劣質法官，依舊充斥在今日的法院裡。「法院是國民黨開的」，似乎仍然陰魂不散。

【延伸閱讀】

(1) 李鴻禧，〈百年來台灣的法治發展〉，收錄於《憲法與憲政》論文集，台北，植根雜誌社，1997 年 3 月初版。

(2) 許志雄，〈重塑司法的形象〉，聯合晚報，1992 年 4 月 16 日，02 版 / 話題新聞。

(3) 聯合報，〈傳聲筒下場 前東德法官 陰溝翻船〉，1992 年 7 月 30 日 /29 版 / 萬象。

085

非現役軍人受軍事法庭審判

許志雄、羅承宗

中華民國憲法於 1947 年 12 月 25 日施行，其第 9 條明白規定，人民除現役軍人外，不受軍事審判。換言之，憲法雖不否認軍事審判制度的存在，但至少審判對象應僅限於現役軍人，而不及一般人民。該條文於憲法施行不久後，即因發布全國戒嚴令而遭架空。不幸的是，台灣從 1949 年 5 月 20 日實施戒嚴至 1987 年 7 月 15 日解嚴為止共持續 38 年，堪為全世界施行時間最長的戒嚴。

在戒嚴體制下，非現役軍人往往成為軍事審判的對象。依戒嚴法第 8 條規定，戒嚴時期在警戒地區內，犯內亂、外患、妨害社會秩序、公共危險、搶奪強盜及海盜、恐嚇及擄人勒贖等罪者，軍事機關得自行審判或交法院審判之。1967 年 9 月 4 日行政院修正「台灣地區戒嚴時期軍法機關自行審判及交付法院審判案件劃分辦法」，雖把劃歸軍法機關審判案件範團略為縮小，但依該辦法第 2 條第 2 項規定，犯戡亂時期檢肅匪諜條例、懲治叛亂條例所定之罪，仍由軍法機關審判。回顧歷史，非現役軍人在無知妄為的特務機關刑迫，加上軍法機關枉法裁判之下，遭羅織為「判亂」、「匪諜」的受冤者不計其數。當中最廣為人知的案例，首推 1979 年 12 月 10 日的「美麗島事件」。

詳言之，在美麗島事件裡，被警備總部指為暴亂份子的民眾俱非現役軍人。然而到了審判階段，同一事件涉案的「被告們」卻被拆成兩個群組，走不同的審判程序。對於具有象徵意義的核心人士，以軍法嚴懲。1980 年 4 月 5 日軍事法庭即將 8 名非屬現役軍人的人民依「意圖以非法之方法顛覆政府而著手實行」全部判處重刑。其中施明德處無期徒刑，黃信介處有期徒刑 14 年，其他 6 名被告姚嘉文、張俊宏、林義雄、林弘宣、陳菊、呂秀蓮都處以有期徒刑 12 年。至於一同參與該事件的周平德、楊青矗、邱茂男、王拓、陳忠信、魏廷朝、蔡有全、紀萬生、邱垂貞、李明憲 .. 等 30 餘人，卻又回歸地方法院依刑法訴追。由此可見，在戒嚴時期中國國民黨政權可恣意決定是否將非現役軍人送交軍事法庭，進行政治審判。憲法第 9 條所謂非現役軍人不受軍事審判的條文根本形同虛設。

附帶一提，戒嚴法第 10 條規定，曾於戒嚴期間受軍法判決者，得於解嚴之翌日起依法上訴，但國安法第 9 條第 2 款前段卻規定，戒嚴時期戒嚴地域內經軍事審判機關審判之非現役軍人刑事案件已確定者，於解嚴後不得向該管法院上訴或抗告，使得戒嚴時期受軍事審判的非現役軍人無法因解嚴而得到重新公平審理的機會。更令人遺憾的是，司法院大法官於 1991 年 1 月 18 日作出釋字第 272 號解釋，居然也為國安法此限制上訴的規定背書，稱此項規定乃「謀裁判安定，維持社會秩序所必要」而設，與憲法尚無牴觸。

【延伸閱讀】

(1) 李筱峰，《快讀台灣史》，玉山社，2002 年初版，臺北市。

(2) 王泰升、薛化元、黃世杰，《追尋台灣法律的足跡—事件百選與法律史研究》，五南，2006 年 7 月初版。

086

國民黨只贏兩票：操控選舉鞏固政權

戴寶村

中國國民黨統治台灣，為了表示是民主政體，在戒嚴與動員戡亂時期，除總統、省長、中央民代之外，會定期辦理選舉，但實際上都是政府自導自演的戲碼，尚未投票就能知道選舉結果，甚至連幾票當選都可在預料之中。往往有三票主義：眷村鐵票，操控選票的買票，以及舞弊的做票。過去曾有選務人員收身分證代替圈選，這就是「做票」。

做票的手法是黨工會在投票前或過程中，將所需票數的選票圈選好放入票箱中，開票時掉換票箱就會高票當選，當然這種做法不小心會有選票多於選民的問題，因此黨外時代開始關注這個問題，每到選舉時刻，就會派人到投票所監看，國民黨也就不能再明目張膽地做票。不過國民黨會運用軍警去刁難這些人，不讓他們接近投開票所。或者開票時製造「意外」的停電，工作人員會趁機做票，因此民眾到現場看開票時還得自備手電筒，以防止「意外」發生。

雖然如此戒備，做票還有最後一招，就是污損選票，在不能提高預定候選人的票數情形下，那就降低對手的票數，因此破壞別人的選票、或藉口當廢票處理等方式，都是當時慣用的手法。1975 年立法委員增額選舉，擔任過五屆 25 年省議員的郭雨新，轉換跑道挑戰國民黨候選人，結果因 8 萬張廢票落選，宜蘭鄉親泣不成聲，當街高喊「郭雨新當選」，但徒留遺憾！

國民黨做票的高峰是 1977 年桃園縣長選舉，脫黨競選的許信良對上國民黨的候選人歐憲瑜，面對聲勢超前的許信良，國民黨再度運用做票手段，而引發「中壢事件」。中壢是許信良大本營，面對選舉不公而在開票夜引發警民衝突，政府最後調派軍隊進駐後平息事件。

由於做票變得困難，「買票」就應運而生，買票有個很好聽的代名詞，叫「提高投票率」。在民風淳樸的時代，候選人往往一包味精就能得到選票，但隨著台灣經濟發展，買票行情也節節看漲，而且城鄉差距拉大，買票技巧也日新月異，「辦桌」、送「贈品」或後謝等方式出現。隨著價碼愈來愈高，賄選實在太明顯，因此開始有人查辦賄選，由於「贈品」可做為賄選物證，現金便取而代之，二百、三百或五百元，依地區及選情激烈程度而定。雖然拿了錢也不一定會把票投給這個人，但台灣人講究情面，「拿錢辦事」的情況仍常見，因此買票有一定的效益，「好央叫，拼輸新台幣」、「會使沒錢糴米，𣍐使沒錢選舉」，平日辛勞服務選民，比不上選舉時一張鈔票，因此候選人想盡辦法也要借錢來買票，選民也以有否買票做為投票的標準，戲稱此為「走路工」或「退稅」，使得台灣選舉風氣日益敗壞。而候選人花大錢選舉，當選後自然要撈本，台灣政治日趨黑暗，惡性循環下，黑金政治與台灣劃上等號。

買票賄選除了在普選時發揮作用，在議會內的選舉更是不可或缺。為了個議長選舉，議員們叫價驚人，甚至議長候選人為了防止議員跑票，還集體招待議員出遊，中斷對外通訊，至投票前才出現，以預防對手有機可趁。2002年高雄市議會議長選舉，證據確鑿，但議員們卻以買票為常態，不引以為恥，事發後竟以為將賄款退回就可以了，民意代表素質低落至此，選風之敗壞可想而知！

除了作票和買票外，國民黨勝選還有一個武器，就是「鐵票」。在眷村地區，這些跟著國民黨來台灣的「外省人」，被安置在特定地區，未能與台灣文化融合，有自成一格的眷村文化，以「忠黨愛國」自豪，對於上面交待的人，絕對支持，是死忠部隊，因此被稱為鐵票。中國國民黨就是靠著前述的選舉策略長期掌握政權，只要贏兩票就可繼續維持虛幻的中華民國體制。

【延伸閱讀】

(1) 李筱峰，《台灣民主運動四十年》，台北市：自立晚報社，1987年。
(2) 高玉樹口述，吳君瑩紀錄，林忠勝撰述，《高玉樹回憶錄：玉樹臨風步步高》，台北市：前衛出版社，2007年。
(3) 詹碧霞，《買票懺悔錄》，台北市：商業週刊，1999年。

087

黑金政治—從中國到台灣

李筱峰

「黑」即「黑道」，「金」是「金錢」。1990 年代各項中央民代選舉，在黨國一體的政黨運作過程中，必須靠錢賄選才可以當選，再利用黑道勢力介入地方政治充當護法，使得黑金結合成為左右國家政策的利益團體。其中，具有黑道背景的人士，本身更直接參與選舉進入地方基層政治，之後再進入中央，干預地方與中央的政治資源，藉機將自己的身分漂白，利用開設合法的公司為掩飾，以幫派做後盾，成為妨礙國家政治的絆腳石。故涉及政府、財團、黑道的政治，為黑金政治。

然而黑金政治並非始自 1990 年代，早在 1920 年代蔣介石主控下的國民黨，即已埋下種因。原本在國民黨陣營之中「排無生肖」的蔣介石，從黃埔軍校校長開始發跡，先後鬥倒國民黨內各個大老，掌握軍權，透過「北伐」，攀上中國政治的頂峰。自 1927 年以後，蔣介石主導下的國民黨，與「江浙財閥」建立更密切的關係，成就了蔣、宋、孔、陳「四大家族」的興起。蔣並結交上海黑社會的青幫頭子杜月笙，不僅利用其旗下流氓來暗殺政治異己，也利用他們來掌控金融機構，「黑金」政治於焉形成。

1932 年間，蔣介石的特務要角、「軍統」頭子戴笠，與蔣介石的「換貼」弟兄、上海青幫頭子杜月笙，共同籌組大運公司，經銷航空公路建設獎券，和販賣煙土（鴉片），謀取暴利，來補貼龐大的特務活動經費。杜月笙販賣鴉片的銷售對象還包括美國，美國毒品局就曾記載：中國人董海翁是杜月笙與美國犯罪集團海洛英買賣的主要聯絡人，另一方面又兼任中國外交部長宋子文的保鑣兼司機；美國國務院的檔案也記錄：大量的中國海洛英，是利用外交途徑走私進入美國的；美國財政部的看法是：董海翁是蔣介石的代理人，負責安排將毒品送到美國之各項事宜。

為了個人獨裁與一黨專政，蔣介石製造各種恐怖暗殺，極力打擊在野民主人士，例如 1931 年捕殺鄧演達、1933 年暗殺楊杏佛、1934 年暗殺史量才、1946 年連續暗殺李公樸、聞一多…、1949 年屠殺楊虎城全家，連小孩都不留。而民主人士張君勱、羅隆基、沈鈞儒、鄒韜奮等等，都曾遭其逮捕下獄。不計其數的知識份子，遭一介獨夫迫害。他手下的「軍統局」（戴笠、毛人鳳主持）、「中統局」（陳立夫、陳果夫主持）等特務組織，以及上海角頭杜月笙主導的青幫，都成為他暗殺政治異己、整肅異議人士的工具。

「黑」「金」一體兩面的政權，勢必應驗艾克頓的名言「權力使人腐化，絕對的權力使人絕對腐化」。蔣介石掌控的國民黨黑金政權的腐敗，罄竹難書，茲舉 2003 年 10 月 25 日美國紐約時報回顧蔣宋美齡一生的大篇幅報導來看，足可見其一斑。這篇標題〈蔣女士・105・中國領導人的寡婦死亡〉的報導中，整篇文章從開始到結尾都不斷強調一件事，就是蔣宋美齡A了美國的錢，報導中也呈現了蔣政權在中國的腐敗：「歷史學家們紀錄了蔣介石以殘殺手腕，贏取，保有，最終失去權力的過程。後來幾年，事情變得明朗化，蔣氏家庭A了好幾億用來支援中國抗日和打共產黨戰爭的美援。」、「他們是賊，他們每一個人都是賊」、「他們從我們送給蔣政府的上十億美金裡，偷取了將近七億五千萬美金。他們偷了這筆錢，而且將這筆錢投資在巴西的聖保羅，以及就在這裡，紐約的房地產。」

1949 年 8 月 5 日美國國務院發表的對華白皮書，把蔣政權的貪污腐敗，淋漓呈現。白皮書的序言說：「腐敗是國民黨政權崩潰的致命因素」，這一年年底，國民黨政權終於敗逃到台灣。

戰後初期的台灣地方政治，原本充滿著士紳主導的色彩，揆諸 1946 年各級民意代表，從國民參政員、省參議會議員、各縣市參議會議員，多屬地方士紳或地主。但是經歷了一場腥風血雨的二二八大整肅之後，許多台灣社會菁英消失殆盡。許多劫後餘生的地方領袖對政治產生恐懼與冷漠，不再與聞政治。加以緊接而來的「土地改革」及白色恐怖政治，更讓地方領導階層產生鬆動，地方政治體質逐漸改變，土豪地痞、黑道流氓、地方政客逐漸進入地方政壇，形成劣幣驅逐良幣的現象。埋下了往後國民黨政權在台的「黑金」政治的另一路途。

國民黨敗退來台之後，為了其政權的穩定，以養地方派系穩定其政權，地方派系藉基層金融、介入公共工程等經濟特權，維持其派系發展。進一步將黑道勢力引進樁腳動員系統，久而久之，黑道人物也學會選舉動員模式，參與選舉，進入各縣市地方議會。黑金政治人物利用暴力和賄選等手段控制地方政治勢力，進一步取得官職或民意代表的位置。黑金出身的政治人物，通常在從政過程中，經常又會以貪污等方式來補回在選舉時使用的資金或回饋黑道的支持。

黑金政治包含兩個層面—「政商勾結」以及「政黑勾結」。

前者「政商勾結」的結果，利益輸送等行為相當嚴重，以下的案例也就不足為奇，例如：前立法院長劉松藩非法超貸台中商銀十五億收取佣金一．五億；前高雄市議長朱安雄掏空安峰公司資金二一七億和議長賄選；曾任國民黨中常委的王又曾掏空千億以上；前屏東縣立委郭廷才挪用東港信用合作社存款二十三億，屏東市公園預定地地皮炒作，不法獲利近十九億元；前高雄市長王玉雲中興銀行超貸案違法放貸八百億；前國安局出納組上校劉冠軍貪污洗錢國安密帳二．六億；前東帝士集團總裁陳由豪私挪東華公司八．八億，銀行貸款六二三億中逾期放款兩百億；前立委王令麟掏空力霸、台開和遠倉公司資產共約十二億；前立委廖福本販賣奇美公司假股票詐騙一．六億；新偕中集團總裁梁柏薰以人頭帳戶向華僑銀行超貸冒貸五十三億；海軍軍購處上校郭力恆涉嫌尹清楓命案和拉法葉軍購弊案收取佣金一六五億……，還有施治明、伍澤元、朱婉清、何智輝等等「族繁不及備載」的名單，全為國民黨同志。

至於「政黑勾結」，政權當局與黑道之間往來，相互利用。例如 1984 年 10 月軍事情報局利用外省黑社會組織竹聯幫的弟兄，到美國刺殺華裔異議作家江南，爆發的江南命案是政黑掛鉤的極致。

台灣民主化之後，黑道人物不僅更積極參選各級地方首長及民意代表，進一步攀升進入國會。1994 年警政署檢肅科就指出，883 名縣市議員當中有 28 名是流氓，29 名是幫派份子，150 名有黑道關係。1995 的情治報告，鄉鎮民代表 37.8% 具有黑道背景，縣市議員約 26.5%，中央民代約 3%。

黑道背景的人士成為民意代表，他們不僅藉此「漂白」，並藉此貫串「人脈」「錢脈」，他們利用在地方的強大勢力當選，在任時利用其身分為自己的「事業」護航。

黑道治鄉治縣甚至治國的模式有以下六種：掌握地方派系的金脈(農會、地方信合社)、介入公共工程、土地買賣或炒作、選舉賄選或恐嚇、股市投機炒作、經營不法事業等。

從基層金融逾放款情形及呆帳數目，可以看出地方金融被政治權力掏空的「失金」程度，例如 2000 年屏東縣逾放金額高達 260 億；同年全國各地農會信用部逾放比超過 50% 的農會就有 15 家，超過 30% 的有 37 家，台灣省農會逾放比高達 90%。

三大黑金法案：「農發條例」（2000 年 1 月）、「地方首長、農漁會幹事解職鬆綁條例」（2007 年 5 月）、「博弈條款」（2009 年 1 月），顯示了「黑金治國」的可悲與可惡。

【延伸閱讀】

(1) 李筱峰，《台灣人應該認識的蔣介石》，台北：玉山社。
(2) 陳國霖，《黑金—台灣政治與經濟實況揭密》，台北：商周出版，2004 年。
(3) 邱花妹，〈透視黑金關係〉，《天下雜誌》，2000 年 1 月 1 日。

088

蔣杜公報與反攻大陸神話

陳文賢

早在韓戰時，美國總統杜魯門就已經向在台灣的中國國民黨政府呼籲，停止所有對中國本土的海空作戰行動。特別是指出「台灣將來的地位，應待太平洋恢復安全，再以與日本締結和約或基於聯合國的考慮作成決定。」自從美國宣布台海中立化宣言到台灣決議案〈或福爾摩沙決議案〉都不主張協防台灣及澎湖以外的外島，特別是指金門及馬祖，蔣介石雖然不滿但也無可奈何。反而是北京政府認為如果拿下金門及馬祖這些外島，反而可能會讓蔣介石政權崩潰，或會更坐實為獨立存在的台灣政府，而此一獨立的台灣政府就會與中國完全沒有領土上的牽連關係，中國人民解放軍就更無理由奪取台灣，因此北京方面在盤算之下，還是讓蔣介石據有金門及馬祖並派兵駐守，以做為國共之間仍能維持談中國統一的基礎。曾經短暫停止砲擊金門，之後中國因擔心美國政府藉此要求蔣介石放棄金門及馬祖才又展開對金門的砲擊。

1955 年 10 月 21 日美國國務卿杜勒斯在台北與蔣介石展開數次會談，雙方於 10 月 23 日發表聯合公報，其中有關反攻大陸的部分述及「中華民國認為恢復大陸人民之自由乃其神聖使命，並相信此一使命之基礎，建立在中國人民之人心，並達成此一使命之主要途徑，為實行孫文先生之三民主義，而非憑藉武力。」聯合公報中英文用的是不使用武力〈not the use of force〉但蔣介石政府卻將其改為不憑藉武力。無論如何，蔣介石想使用武力反攻大陸的行動已經得不到美國的認同及支持。但是蔣介石政府仍透過國民黨的機關報「中央日報」廣為宣傳不憑藉武力並非不使用武力，並強調政府已經放棄武力反攻大陸是項錯誤的看法。總之，蔣介石為了維持統治台灣的「合法性」，斷然不可能讓人民知道他已經放棄武力反攻大陸。

1970 年 4 月 21 日蔣經國任行政院副院長時訪問美國，與美國總統尼克森及美國駐中華民國大使馬康衛〈Walter P. McConaughy〉在白宮會談，在座的尚有外交部次長沈劍虹及駐美大使周書楷。在論及台灣的安全時，蔣經國向尼克森說明中國共產黨正準備以類似突襲珍珠港的方式攻擊台灣並會繼之以軍隊的登陸。但蔣經國也向尼克森提出保證，中華民國將不會使用武力攻擊大陸，即使是小規模的攻擊也不會，但是將會使用政治的手段達成反攻大陸的目標。可見長年以來兩蔣父子都深知美國政府不會支持他們使用武力反攻大陸，同時也知道自己並沒有這樣的軍事力量與能力，反攻大陸沒有美國的支持更是紙上談兵。但兩蔣卻將反攻大陸訂為國策，強迫灌輸台灣人民這樣的觀念，並以此名義動用更多的資源，花費在此一虛懸的目標，使得無法真正腳踏實地建設台灣造福台灣人民。

【延伸閱讀】

（1）李明峻（譯），戴天昭（著），《台灣國際政治史》（台北：前衛，2002）

（2）Foreign Relations of the United States, 1969-1976, Volume XVII, Washington, D.C.: U.S. Department of State.

089

聯合國 2758 號決議案

陳文賢

尼克森政府在 1971 年 8 月間針對聯合國的「中國代表權」問題首次正式提出「雙重代表權」的看法，試圖解決中華人民共和國進入聯合國的問題。所謂「雙重代表權」即是美國在支持中華人民共和國加入聯合國的同時，反對將中華民國驅逐出聯合國。其間，美國也一再試圖說服國民黨政府讓出安理會常任理事國的席位成為一般會員國。當時日本的佐藤榮作首相亦派前首相岸信介為特使前往台灣，試圖說服蔣介石，但蔣介石仍堅持「漢賊不兩立」的立場而加以拒絕。

美國於 1971 年聯大時提出所謂「雙重代表制」，也就是贊成中華人民共和國進入聯合國，但反對驅逐中華民國在聯合國的席位。1971 年聯合國大會的議程上有關中國代表權的問題有兩個項目，第一個項目是由阿爾巴尼亞等國所提出，「恢復中華人民共和國在聯合國的合法權利」，第二個項目則是美國所提出的「中國在聯合國的代表權問題」。

在審議第一個項目時，一共有三件決議草案，第一件草案為阿爾巴尼亞等國所提要求恢復中華人民共和國在聯合國之合法權利。第二件草案為美國等國所提之關於「重要問題」。第三件草案也是美國等國所提要求確認中華人民共和國進入聯合國為安全理事會常任理事國，但也同時確認中華民國在聯合國的代表權繼續受到保障。

一如往年，美國提議大會先表決「重要問題」的提案，獲得大會同意。表決結果是 55 票贊成，59 票反對，15 票棄權。也就是說中國代表權的問題已經不再是重要問題，不需三分之二的多數通過來加以決定。換句話說，簡單的多數決就可以決定到底是北京還是台北的政府合法的代表全中國。

其後美國為求至少保住中華民國在聯合國大會的會員席位，而動議將阿爾巴尼亞提案分段表決，意即先表決是否恢復中華人民共和國在聯合國的權利，再決定保留中華民國在聯合國大會席位的問題，但沒有成功。

沙烏地阿拉伯代表則提程序問題發言，要求考慮其提案，提議繼續維持中華民國政府在聯合國的席位，直至台灣人民在聯合國監督下舉行公民投票，來決定是否成為中立的獨立國家或與中華人民共和國合併，但也未獲大會同意處理。

中華民國代表團眼見已無任何方式保住其在聯合國的席位，為了避免被請出會場的尷尬及保住最後的尊嚴，由中華民國政府出席聯大常會代表團代表周書楷（當時任國民黨政府的外交部長）提程序問題，要求發言獲得許可。遂登台發言宣布決定不再參加本屆大會任何進一步的議事程序，發言完之後即率代表團全體成員退出大會議場，並舉行記者招待會發表退出聯合國的公開聲明。

聯合國大會主席在中華民國政府代表團退出聯合國大會會場之後，將阿爾巴尼亞所提之案交付表決，結果以 76 票贊成，35 票反對，及 17 票棄權，通過了聯大 26 屆大會 2758 號決議案。

聯合國大會 2758 號決議案的全文如下：

大會，回顧聯合國憲章的原則，考慮到，恢復中華人民共和國的合法權利對於維護聯合國憲章和聯合國組織根據憲章所必須從事的事業都是必不可少的，

承認中華人民共和國政府的代表是中國在聯合國組織的唯一合法代表，中華人民共和國是安全理事會五個常任理事國之一。

決定：恢復中華人民共和國的一切權利，承認她的政府的代表為中國在聯合國組織的唯一合法代表並立即把蔣介石的代表從它在聯合國組織及其所屬一切機構中所非法佔據的席位上驅逐出去。

中華民國政府失掉聯合國席位的次日，亦即 10 月 26 日，蔣介石特為此事發表告全國同胞書，言及中華民國本漢賊不兩立之立場及維護憲章之尊嚴宣布退出聯合國，並強調毛共匪幫是中華民國的一個叛亂集團，對內殘害人民，罪惡如山，是全中國人民的公敵。

雖然國民黨政府講中華民國退出聯合國，事實上以上述 2758 號決議文來看，中華民國政府並未被趕出聯合國而是蔣介石的代表被驅逐出聯合國及其所屬一切機構，至今聯合國及其週邊組織的中國席位也沒有改變，因為中華民國政府與中華人民共和國政府過去一直都聲稱自己代表全中國，只是在 1971 年

10 月 25 日之後聯合國所承認的中國是改由北京政府取代台北政府為唯一及合法的中國政府代表。易言之，原來在聯合國的中華民國政府所擁有的中國席位就由北京所繼承。

【延伸閱讀】

（1）外交部，《中華民國出席聯合國大會第二十六屆常會代表團報告書》，1972。
（2）陳勝，《瞄準聯合國》（台北：新新聞，1995）。

090

「漢賊不兩立」政策與「賊立漢不立」

陳文賢

台灣和聯合國有一段從 1949 年到 1971 年共 22 年的歷史關係，主要是因為中國國民黨在中國和中國共產黨的內戰中敗退下來，於 1949 年將中華民國政府搬到台灣。中華民國是聯合國於 1945 年 10 月成立時的創始會員國，雖然 1949 年 10 月 1 日在北京已經又成立了中華人民共和國，但是因為國際局勢的改變，使美國當時仍繼續支持逃亡到台灣之中華民國政府，才保住了中華民國在聯合國的會員資格。也因此，台灣才和聯合國有了 22 年的關係。

由於中華民國在第二次世界大戰期間是同盟國的一員，同盟國中最主要的國家是美國及英國，其次還有在亞洲、非洲及拉丁美洲的一些國家，共同對抗軸心國，也就是發動侵略造成二次世界大戰的國家，主要的軸心國包括德國、日本及意大利等國家。因中華民國是同盟國一員，當時也因統治有廣大的中國領土及人民，在美國總統羅斯福倡導成立聯合國之時，中華民國即受邀參與。之後同盟國戰勝軸心國，結束了第二次世界大戰，聯合國正式成立後，中華民國也變成聯合國安全理事會的五個常任理事國之一，還有美國、英國、蘇聯及法國，也就是一般過去所稱的聯合國五強。

中華民國雖然在美國支持下保住了聯合國大會及安全理事會常任理事國的席位，但是從 1949 年起即一直遭到中華人民共和國的挑戰。中華人民共和國於 1949 年 10 月 1 日成立之後，其外交部長周恩來即向聯合國致函，要求聯合國驅逐在聯合國中佔據中國席位的蔣介石代表。中華人民共和國認為它才是全中國唯一及合法的代表，在台灣的蔣介石政權是一個叛亂組織，所以聯合國應該立即驅逐蔣介石派駐聯合國的代表，將他所竊佔的席位歸還給中國。

支持中華人民共和國的國家如蘇聯及印度等也都支持北京的立場。美國由於對共產主義勢力擴張之擔憂及東西方陣營冷戰開端之際，才改變原本對敗逃到台灣之蔣介石政府所抱持之不支持的立場，轉而繼續支持中國國民黨政府在聯合國的席位。

從 1950 年起，支持北京的國家在聯合國要求由中華人民共和國取代中華民國在聯合國的席位，而美國為了確保中華民國在聯合國的席位提出緩議的提案而獲得聯合國大會的同意而通過，亦即是美國提案由聯合國成立一個委員會來討論在聯合國的中國代表權歸屬的問題。因為在 1950 年代冷戰期間支持美國的聯合國會員國較多，這一個委員會每一年都沒有辦法對於中國代表權到底應歸給台北還是北京達成決議，因此在聯合國的中國席位一直由在台北的中華民國政府所代表。

中華民國不僅因美國此一緩議的提案，使在聯合國的席位獲得保障，同時也繼續保有在聯合國安全理事會常任理事國的席位。1955 年蒙古人民共和國（今國名已改為蒙古）申請加入聯合國時，中華民國認為蒙古為中國領土的一部份，不能申請加入聯合國，第一次動用否決權。

到了 1960 年，因為在亞洲及非洲新而獨立的國家紛紛申請加入聯合國，也使支持中華人民共和國的聯合國會員國愈來愈多，美國被迫在支持中華民國在聯合國的席位問題改變原來緩議的策略。美國提案認為「中國代表權問題」是屬於「重要問題」，而重要問題需要出席聯合國大會會員三分之二以上的同意才能獲得成立，亦即是若要由中華人民共和國取代中華民國在聯合國的席位，則需出席聯合國大會之會員三分之二以上的同意才能成立。

而每次聯合國大會在決定「中國代表權」是不是重要問題時，都能獲得出席聯合國大會之會員一半以上的通過，因此要得到三分之二之出席會員的同意當然就更不可能。也因此，從 1960 年到 1969 年，中華民國在聯合國的席位都能依靠美國此一重要問題的提案，在大會期間內積極拉票而獲得保住席位。

甘迺迪總統於 1961 年 1 月就任美國總統，國民黨政府對於民主黨籍的甘迺迪總統是否支持其反攻大陸的政策比較過去堅決反共的艾森豪總統有更多的疑慮。但對美國政府而言，甘迺迪就任後，仍延續艾森豪政府不支持蔣介石以軍事武力反攻大陸的政策。

另一方面因國際情勢的變遷，甘迺迪為了支持中華民國政府在聯合國的席位而進一步有了「兩個中國」或「一中一台」的構想。在 1961 年已有馬來西亞聯邦、賽浦路斯與奈及利亞等亞非國家，主張應該由有關各國談判或成立適當的機構來解決「中國代表權」的問題。此點也顯示已有更多的國家認為應該接受中華人民共和國加入聯合國，但同時確保中華民國的會籍。即使是和中華人民共和國有邦交關係的英國，都強調他們投票贊成中華人民共和國擁有聯合國的席位，但並不表示就此決定了台灣的主權及代表權的問題。

甘迺迪政府的國務卿魯斯克在他的回憶錄《如是我見》（As I saw it）中就指出，他個人認為1949年之後就已經有兩個中國的出現，美國承認國民黨政府是國際環境變化下的選擇。但美國從來沒有承認國民黨政府代表全中國，國民黨政府只是美國所承認之唯一的中國政府，因為共產黨政府及國民黨政府互不承認對方，而使美國政府沒有與雙方建立關係的空間。

魯斯克也提到曾經向國民黨政府提及「兩個中國」的構想，結果遭到台北方面的斷然拒絕。後來因為中華人民共和國在寮國及越南問題上的日趨強硬及美國國內支持國民黨政府勢力的反彈，迫使甘迺迪在1963年11月22日被暗殺之前就不再提「兩個中國」的問題。

國民黨政府曾經於1955年使用否決權封殺蒙古入會案，但也引起蘇聯動用否決權封殺日本申請進入聯合國的案子。1961年蒙古和茅利坦尼亞（Mauritania）一起向聯合國提出入會申請，但由於美國為了保護國民黨政府在聯合國席位所提的「重要問題案」，需要聯合國出席大會會員國過半數以上的支持，因此有些非洲國家成為「重要問題案」能否通過的重要關鍵。

甘迺迪政府向國民黨政府說明若再動用否決權阻擋蒙古入

會的後果，因為一旦非洲國家茅利坦尼亞也被否決入會，則一些非洲國家（特別是十一個法語系的非洲國家）可能會為了報復而反對「重要問題案」。最後國民黨政府選擇棄權而沒有動用否決權，蒙古等入會案才順利通過。

但在 1960 年代這十年間，要保住中華民國政府在聯合國的席位卻是愈來愈困難，因此美國及其他支持中華民國政府的國家也曾提出兩個中國都留在聯合國的想法及提議，不過都在蔣介石堅決主張「漢賊不兩立」的政策下，無法獲得接受，甚至連討論的空間都沒有。蔣介石認為他所代表的政府才是中國正統及合法的政府，他稱北京的政府為匪偽政權，因此堅決主張絕對不與北京的匪偽政權並立於聯合國的立場。

1960 年代，主要的國家如法國、意大利及加拿大都相繼與中華民國斷交，轉而承認中華人民共和國的北京政府為國際社會合法的中國政府代表。法國在 1964 年與中華民國斷交而改與中華人民共和國建交。這對加拿大支持中華民國在聯合國的席位造成一些影響，因為加拿大擁有數百萬法裔的人口。1968 年 6 月加拿大舉行國會選舉，獲得大勝的自由黨黨魁杜魯道 (Pierre Trudeau) 即是來自法裔人口最多的魁北克省。杜魯道競選時所提出的重要外交主張中即包括與中華人民共和國建交。1969 年 1 月加拿大與中華人民共和國雙方即就互相外交承認問題開始正式接觸，經過將近兩年的談判，終於在 1970 年 10 月 13 日雙方公布建交公報。意大利則在同年 11 月 16 日和中華人民共和國建交。

1970 年 10 月聯合國大會對於「中國代表權」是否為重要

問題一案，表決結果以 66 票比 52 票再次確定為重要問題。接著表決阿爾及利亞所提恢復中華人民共和國之會籍及權利的提案（當時蔣介石政府稱為「排我納匪」案），雖然以 51 票比 49 票通過，但因沒有超過出席投票會員的三分之二（棄權的有 25 票），而未能排除中華民國政府在聯合國代表中國，但是雙方的票數已更為接近，對中華民國政府在聯合國的席位保衛戰已經拉出嚴重的警報。

美國也深知要繼續靠「重要問題」議案來阻擾北京進入聯合國已經是愈來愈難獲得國際社會的支持，同時也是完全漠視兩個中國政府同時存在的事實。

日本表示贊成一個國家即使分裂成兩個以上，只要具備有國家的條件，都應獲准加入聯合國。荷蘭政府建議由安理會先通過台灣為新會員國，再通過由北京政府代表中國。美國因恐重要問題案最後遭到否決，而提出讓中華人民共和國加入聯合國並取得安全理事會常任理事國的席位，但同時讓中華民國保有其在聯合國會籍的「雙重代表權」案。比利時也有類似的主張。

從中加建交談判到聯合國於 1971 年 10 月通過 2758 號決議案，驅逐蔣介石代表在聯合國及附屬組織所佔據的席位，足足有兩年時間。但蔣介石仍舊在外交上堅持「漢賊不兩立」的政策，而未見有任何因應變局之務實的做法。

事實上，早在 1967 年及 1968 年間加拿大、意大利及比利時等國即已向聯合國提案，建議聯合國設立一個研究委員會，來探討讓中華人民共和國加入聯合國，同時又不妨害中華民國會籍一事。但都未能讓蔣介石認清國際社會無法繼續承認其政府代表全中國的事實，終至中華民國政府被迫「退出」聯合國，蔣介石所堅持的「漢賊不兩立」的立場到頭來卻成為「賊立漢不立」的結局。影響深遠的卻是使台灣人民自此喪失參與聯合國及其附屬組織的權利及機會，成為所謂的「國際孤兒」。

【延伸閱讀】

（1）陳啟迪，《中華民國為了生存而奮鬥：我們需要獨立自主的外交》（台北：茂昌，1986）。
（2）錢復，《錢復回憶錄（卷一）：外交風雲動》（台北：天下遠見，2005）。

091

蒙古國與秋海棠神話

張炎憲

依據國民黨官方認定，中華民國的彊域地圖狀似秋海棠，稱呼蒙古國為外蒙古，彷彿還是中國的一部分，尚未獨立。

13 世紀是蒙古極盛的年代。1206 年，鐵木真統一蒙古，被推舉為全蒙古的可汗，封上尊號「成吉思汗」。至 1276 年，忽必烈派軍南下，攻滅南宋，建立大元帝國。蒙古成為跨越歐亞的大帝國。

1368 年，朱元璋建立明帝國，蒙古兵敗退出中國。至 16 世紀滿洲女真人興起，滅明之後，統一中國。滿洲人因與蒙古人同屬北亞民族，瞭解漠北民族的習性，採取籠絡分化的策略，控制蒙古政教，至清帝國滅亡為止，蒙古都臣服於清，為其藩屬。1911 年，中國發生武昌起義，清國滅亡，蒙古不願臣服於漢人政權，活佛哲布尊丹巴被推舉為皇帝，宣佈獨立，號稱大蒙古帝國。之後，在中俄協訂之下，蒙古放棄獨立，中華民國承認蒙古自治。

受到俄國革命成功的影響，蒙古社會主義青年組成蒙古人民革命黨，1921 年在蘇聯協助下，攻下庫倫，成立蒙古人民政府，為安撫舊勢力，仍尊哲布尊丹巴為皇帝，實行君主立憲。1924年5月，哲布尊丹巴逝世，蒙古人民革命黨於11月，通過蒙古人民共和國憲法，改國號為蒙古人民共和國，在蘇聯支持下，實行社會主義，廢除封建制度。

1945年10月22日，在日本戰敗之後，根據中蘇友好條約，蒙古舉行獨立公民投票，99%的人贊成獨立。1946年1月中華民國政府承認其獨立。1949年，國民黨政府流亡台灣之後，1953年宣佈廢棄中蘇友好條約，同時不承認蒙古的獨立。

1955年，蒙古申請進入聯合國，國民黨政府使用否決權封殺入會。1961年，蒙古與茅利坦尼亞（Mauritania）一起向聯合國提出入會申請。國民黨政府欲再次使用否決權，但因顧忌如投否決票，會招致非洲國家的報復，對確保聯合國席位不利，最後選擇棄權而沒有動用否決權，蒙古等入會才順利通過。

1989年，東歐民主化運動浪潮波及蒙古。蒙古成為亞洲國家中，第一個共產主義轉向市場導向的民主政治的國家。1992年頒佈新憲法，改國號為蒙古國，並舉行首次國會選舉，1993年舉行總統選舉。蒙古人民革命黨一黨獨裁至此結束。

由蒙古建國的歷史觀之，中華民國視蒙古為領土的一部分，實在與事實不符，秋海棠的地圖亦是種政治神話。

【延伸閱讀】

（1）傅啟學，《中國外交史》，台北：著者自印，1966年4月。

092

四二四刺蔣

張炎憲

1949 年國民黨政權敗逃台灣，以「中華民國」名號，在台灣厲行軍事戒嚴統治與動員戡亂體制，在 1950 年代、60 年代製造出許多政治案件，而蔣經國多扮演著重要角色。

從歷史跡象觀察，蔣介石逃到台灣時，就開始有計畫栽培蔣經國，以便有朝一日能夠「子承父業」。蔣經國在 1949 年出任國民黨台灣省黨部主委；1950 年 3 月出任國防部總政治作戰部主任；同年兼任國民黨中央改造委員會委員；1952 年 10 月當選國民黨中常委；同年 10 月 31 日成立「中國青年反共救國團」，出任主任，團長為蔣介石；1954 年出任國防會議副秘書長；1956 年任行政院退除役官兵輔導委員會主委；1958 年任行政院政務委員；1964 年任國防部副部長；1965 年任國防部部長；1969 年任行政院副院長兼財經委員會主委。由前述經歷，黨、政、軍、特各方面幾乎都在蔣經國掌握之下，蔣介石的接班地位已是不二人選。

蔣介石為了建立蔣經國的國際聲望，自 1963 年起常派他出國訪問。1970 年 3 月，蔣經國出訪美國計畫經報紙披露後，留學美國的台灣學生圈裡，開始有人表示要給蔣經國一點警告。因為這位情報特務頭子一旦順利接班，台灣民主化顯然更遙遙無期。留美台灣人在絕望之餘乃以行動，向全世界表達台灣人對蔣家政權的唾棄。

1970年4月18日，蔣經國應美國國務卿羅吉斯（William Rogers）的邀請前往美國，做為期10天的訪問。接近中午時分，蔣氏一行人即將進入紐約的廣場大飯店（Hotel Plaza），混在抗議人群中的黃文雄自示威行列中衝出，趨近開槍，被一名機警的美國警官出手推撞，子彈飛向蔣經國頭部上方，隨後三名警察將黃文雄撲倒在地，當一群警察蜂擁而上，一旁散發傳單的鄭自才跳進來營援，兩人同時被警方逮捕。

黃文雄被捕時，高喊「讓我像男子漢般一樣站起來！」充分展現出他不平凡的骨氣與尊嚴。全球各地的報紙都以很大篇幅報導這件「424刺蔣事件」，黃文雄與鄭自才兩人成了台灣人的英雄。營救黃鄭兩人的捐款四處湧來，分別以10萬元和9萬元美金，將黃鄭兩人保釋出來。

在1970年1月1日，世界各地台灣獨立組織，串連組成「世界台灣獨立聯盟」（WUFI）。1月3日發表「台灣人民自救宣言」的彭明敏安全脫出台灣，逃亡瑞典，大大激勵了台灣獨立運動者的士氣。所以當蔣經國要來美國訪問的消息公布之後，黃文雄、鄭自才、黃晴美（黃文雄妹妹、鄭自才妻子）、賴文雄四人即計畫「刺蔣」，決定由黃文雄開槍。

黃文雄，台灣新竹人。1967赴美就讀於匹茲堡大學，加入台獨聯盟，後轉入康乃爾大學攻讀博士學位。鄭自才，成功大學建築系畢業，當時在紐約一家建築事務所工作，擔任台獨聯盟秘書長。

四二四「刺蔣」雖然失敗，但給國民黨蔣家政權極大震撼。蔣經國返台後，從此不再踏出國門。1972 年接任行政院長後，推動所謂的「吹台青」政策，開始起用台籍政治菁英，可能與此有關。

1971 年 5 月中，美國法院的陪審團判決兩人有罪。7 月 6 日刺蔣案宣判時，黃文雄、鄭自才兩人棄保逃亡。鄭自才先逃至瑞士，再轉到瑞典，先後分別在瑞典、英國、美國的監獄服刑。1991 年 6 月 22 日，鄭自才以「黑名單闖關」方式成功地現身在陳婉真的「叛亂餐會」上。

黃文雄逃亡之後，杳無音訊。至 1996 年 5 月 6 日才闖關入境，是最後一位黑名單人士返台。

當年黃鄭兩人犧牲個人大好前途，投入革命行動。對蔣經國開槍，是被壓迫者反抗獨裁者最沈痛的抗議，也是向全世界表達台灣人追求民主獨立的意志。

【延伸閱讀】

(1) 張炎憲、曾秋美、陳朝海編著，《自覺與認同：1950～1990 年海外台灣人運動專輯》，台北：吳三連台灣史料基金會，2003 年。
(2) 黃文雄，〈424 刺蔣事件的回顧與反思〉，出自《自覺與認同：1950～1990 年海外台灣人運動專輯》，台北：吳三連台灣史料基金會，2003 年。

（3）鄭自才，《台灣傳奇：島國之愛——藝術‧建築‧政治》，吳清桂辦公室，1994 年。
（4）陳儀深訪問、簡佳慧等紀錄，《海外台獨運動相關人物口述史》，台北：中研院近史所，2009 年。

093

中美共同防禦條約的終止

陳文賢

美國與中華民國政府於 1954 年 12 月簽訂的「中美共同防禦條約」，一般認為主要的遠因是 1950 年 6 月韓戰的發生。美國艾森豪政府因擔心一旦台灣落入中國共產黨的控制，則美國在西太平洋的第一島鏈防衛就會出現漏洞。而近因則是 1954 年 9 月 3 日中國人民解放軍對金門發動激烈的砲擊，同時調集了約十萬名部隊到福建省沿海。一直到 1955 年 3 月美國發表有關提升戰爭層次及可能動用核武的威脅，才使第一次的金門軍事危機逐漸緩和。

美國國會於 1955 年 1 月幾近一致的同意通過「福爾摩沙決議案」（the Formosa Resolution，或稱台灣決議案），授權美國總統在必要時動用美國軍隊保護台灣及澎湖。但艾森豪總統並不認為美國應該保衛台灣及澎湖之外的離島。中國人民解放軍於同一時間開始攻擊位於基隆及上海之間的大陳島，並於 1 月 20 日攻下大陳島附近的一江山島，中國國民黨政府的守軍七百多人全部陣亡，後來蔣介石在不情願的情況下才下令從大陳島撤軍，但也靠美國第七艦隊的協助才於 1955 年 2 月 11 日完成全部撤離的行動。

美國雖然希望國府亦能從金門及馬祖撤軍，但蔣介石並未接受此一建議，反而增加在金馬的駐軍到十萬部隊之多。蔣介石一方面希望藉此表示反攻大陸的目標並沒有改變，同時也藉此維持中國國民黨政府統治台灣的合法性，一方面則希望藉此綁住美國對防衛台灣的承諾。

不過，中美共同防衛條約的內容僅同意防衛台灣及澎湖，至於其它中華民國政府所控制的領土（當時指的是金門及馬祖及上述之大陳島及一江山等離島），則可由雙方協商同意來加以決定。至於條約的有效期，雙方同意不設期限，不過任何一方可以在終止條約的一年之前向對方提出終止的通知，一年到期之後，條約效力就自動終止。1978 年 12 月美國卡特（Jimmy Carter）總統於宣布和中華民國政府斷交轉而承認中華人民共和國，同時向國民黨政府提出終止中美共同防禦條約的通知，該條約於 1979 年 12 月 31 日正式失效。

中美共同防禦條約長達四分之一世紀之久，被認為是保住了從中國敗退到台灣而風雨飄搖的蔣介石政權，當然也因為中美共同防禦條約的簽署讓台灣免於被中華人民共和國所侵犯。但因為蔣介石政府有了美國所提供的安全保障之後，就更無視於對台灣人民政治自由及人權保障的打壓，1949 年在台灣開始實施的戒嚴統治卻要等到 1987 年才獲解除。而此一時期自稱「自由中國」的蔣介石政府事實上是既無法代表中國更談不上民主。

美國終止了中美共同防衛條約更造成中華民國政府統治下的台灣人民人心惶惶，有辦法脫產移民的也不在少數。

當今馬英九做為國家領導人在面對中國仍不放棄武力犯台又以一千四百多枚的飛彈瞄準台灣的情況下，非但不思考強化台灣與美國的安全合作關係，卻在 2010 年 4 月在接受美國有線電視台 CNN 的訪問時說，台灣永遠不會要求美國人民為台灣而戰。台灣安全當然首靠台灣人民保家衛國的意志，但公然先主動表明不需友邦協助確是國際社會的異數，連南韓及日本都與美國簽署有軍事安全同盟條約，也不曾聽聞這兩國的國家領導人說不會要求美國人為他們而戰的發言。在中國軍事武力日增但馬政府卻有這樣不切實際的安全思維及作法，可說讓台灣的國家安全更加的令人憂心。

【延伸閱讀】

(1) 張淑雅，〈中美共同防禦條約的簽訂：1950 年代中美結盟過程之探討〉。
(2) 《歐美研究》，24(2)：PP51-99，1994。
(3) 王景弘，《採訪歷史：從華府檔案看台灣》（台北：遠流，2000）。
(4) 李潔明，《李潔明回憶錄》（台北：時報出版社，2003）。

094

美麗島事件

張炎憲

二二八大屠殺與美麗島事件是影響戰後台灣歷史發展最深遠的事件。二二八大屠殺事件之後，台灣人在國內不敢奢談政治，關心國事，但在海外卻展開獨立運動。美麗島事件之後，新世代繼之再起，展開民主運動，突破種種禁忌，使得台灣成為民主自由的國家，國民黨也因此勢衰，獨裁威權體制逐漸瓦解。

美麗島事件的發生有其國內外因素。1971 年 10 月 25 日，蔣介石的代表被趕出聯合國之後，蔣介石和國民黨政府所宣稱代表中國的說法被刺破，在國內已無法以此神話矇騙台灣人民。因此蔣經國於 1972 年出任行政院院長之後，一方面拉攏台灣人菁英，一方面更加壓制台灣歷史文化，強調台灣與中國五百年前是一家，血濃於水的大中國感情。但台灣知識菁英看到國際局勢逆轉，擔憂台灣前途，乃集結力量，展開對國民黨政府的批判，要求民主、自由與人權。1975 年《台灣政論》的發行就是黨外菁英的首次吶喊，緊接著 1977 年的選舉，因國民黨選舉舞弊而爆發中壢事件，使得國民黨不敢作票，黨外勢力得以躍進。這些變化是新時代的象徵，促使黨外菁英更有信心，對抗國民黨政府的威權。

1978年底，舉行立法委員和國民大會代表增額選舉，黨外人士組織助選團，串聯全台，聲勢驚人。但在最後衝刺階段，12月15日美國宣佈將於1979年1月1日與中華人民共和國建交，與中華民國斷交。此舉逼得蔣經國宣佈中止選舉，以因應變局。

黨外人士為了延續民主運動，在1979年展開各種活動，試圖突破國民黨的封鎖，而國民黨則採取壓制的手段，不願民主運動力量壯大。因此雙方對抗越來越激烈，衝突事件不斷，如1月22日余登發父子被捕與橋頭示威，寫下戒嚴時期首次戶外公開示威遊行的紀錄；4月27日，地下刊物《潮流》在台中出刊，是一本沒有向政府登記而公開發行報導黨外運動的刊物；6月1日，康寧祥的《八十年代》創刊；6月29日，桃園縣長許信良因參加橋頭示威，被公務員懲戒委員會通過懲處停職二年的處分；7月28日，黨外人士在台中舉辦活動，被憲警強力驅散；8月7日，《潮流》的攝影記者陳博文和印刷商楊裕榮被補；8月24日，《美麗島》雜誌創刊，9月8日在中泰賓館舉辦創刊酒會，《疾風》人士場外示威；11月29日，黃信介住處和美麗島高雄服務處同遭搗毀；12月9日黨外「人權日遊行」宣傳車司機姚國建、邱勝雄被高雄鼓山分局逮捕，稱為「鼓山事件」。這些對立衝突，正是風雨欲來之前的徵兆。

12月10日，美麗島雜誌社舉辦「世界人權紀念日」活動，但南警部宣佈提早冬令演習，在市區全面部署鎮暴部隊及憲警。中午時分，大批憲警開始管制高雄市扶輪公園、美麗島服務處附近的路口，鎮暴部隊也突然出現在平靜的市區，他們在一排又一排的巨型鎮暴車前呼口號、踢正步，車上的探照燈在冬日午後不斷發出刺眼光芒，詭譎的氣氛令人不寒而慄。

美麗島雜誌社在這晚將舉行台灣首次的「世界人權日」紀念會，申請場地的過程卻一再遭到主管機關刁難，但黨外陣營決心要辦到底。因原先預定的場地扶輪公園已被封鎖，黨外人士決定轉向中山路與中正路交接的大圓環；傍晚6點多，他們手持象徵人權之光的火把，引導群眾從服務處出發，緩緩前往圓環。此時鎮暴部隊也開始在四周部署。

演講本在平和氣氛下進行，但由於鎮暴部隊大軍壓境，巨大的鎮暴車噴出不明煙霧，造成群眾騷動不安，引發第一波衝突。群眾四處散逸，後經引導陸續回到服務處，黨外陣營以演講和歌唱安撫群眾，希望和平收場。但鎮暴部隊再度逼近，並施放催淚瓦斯，甚至將鎮暴車開進人群，終於引發雙方激烈衝突，多人受傷掛彩，至午夜方休，現場一片狼籍。

高雄事件發生隔日，各大媒體嚴厲譴責「陰謀份子的暴行」，指美麗島人士意謀反動叛亂，憲警雖遭到暴力份子的挑釁毆打，但仍堅持「打不還手、罵不還口」。 憲警受傷畫面不斷出現，社會各界紛紛表態慰問，彷彿美麗島人士已成千夫所指的妖魔。

12月13日清晨，呂秀蓮、姚嘉文、林義雄、張俊宏等黨外菁英陸續被捕，而立委黃信介經立法院秘密會議通過後，也遭憲警逮捕。施明德在圍捕時趁機脫逃，警方懸賞高額獎金追緝，期間他曾嘗試變裝整型，也獲得長老教會高俊明牧師伸出援手，但在逃亡 28天後，仍遭逮捕。長老教會高牧師、林文珍長老等多位民主運動支持者，被牽連入獄。

在國際人權組織、美國友人和海外台灣人的聲援下，國民黨將美麗島人士分成三批，公開審判。黃信介、施明德、林義雄、姚嘉文、呂秀蓮、陳菊、林弘宣、張俊宏等8人接受軍事審判。施明德判處無期徒刑，黃信介處14年徒刑，其餘均處12年徒刑；周平德等33人移送司法審判，32人被處6年以下不等的有期徒刑，1人獲判無罪；藏匿施明德而遭牽連的高俊明牧師等10人，接受軍事審判，最後被判處7年至2年不等的有期徒刑。由於是公開審判，報紙可以直接報導美麗島人士在法庭上的言論。他們對台灣關愛、疼惜的心意，以及擔憂台灣未來，願意為台灣付出的決心，深深感動台灣人，為之落淚傷心者不計其數，而改變對美麗島人士的觀感，國民黨特意醜化污衊的宣傳也無形中破解。

國民黨政府逮捕美麗島人士，以為從此黨外運動勢力必將衰退，再等20年民主運動才有可能再起。但事與願違， 1980年再次開放選舉之後，辯護律師、受難者家屬及黨外新生代紛紛投入民主運動，擴大參與層面，引領改革風潮，終於在1986年組織民主進步黨，迫使國民黨政府解除戒嚴、黨禁和報禁。所以美麗島事件是台灣戒嚴體制邁入自由民主社會的關鍵。

【延伸閱讀】

1. 新台灣研究文教基金會，《珍藏美麗島：台灣民主歷程真記錄》1- 4冊，台北：時報出版，1999年12月13日。
2. 張炎憲、陳朝海編，《美麗島事件30週年研究論文集》，台北：吳三連台灣史料基金會，2010年12月10日。

095

林宅血案

張炎憲

1979年12月10日，因黨外人士舉辦世界人權日遊行，爆發高雄事件。12月13日，軍警在全台發動大逮捕。經二個多月的審問，在1980年2月20日，警備總部宣布黃信介等8人由軍事檢察官以軍事叛亂罪提起公訴，同案被押之另33人移送司法機關起訴。

2月26日，美麗島事件被捕人士首次准予家屬探監。林義雄母親在會見時，看到林義雄被刑求的烙痕，哀嚎大哭。

據毛清芬說，她在2月28日早上10時，一個一個打電話給家屬希望得到受刑人的訊息，大多數的家屬不在家，只有林義雄的母親在，問及探監的情形，林母回答說：「我是媽媽，我和他的三個女兒都去了，他的臉色很不好。……被刑得沒做的事都認了……」，後來國民黨說林宅血案發生前有海外的怪電話，推說是林義雄的美國友人家博（Bruce Jacobs），其實是毛清芬打的。這是林母對外最後的談話。

2月28日中午，林義雄的母親游阿妹被殺13刀，慘死在林宅地下室樓梯旁，一對6歲的雙胞胎亮均與亭均各被刺一刀喪命，而長女奐均被刺 6 刀重傷，後送醫急救脫險。林義雄的妻子方素敏則因探監而倖免於難。兇手以短刀捅入，接著橫向反勾，刀刀致人於死，由於兇手手法極為專業，應為受過軍事訓練的人所為，故社會大眾都認為是出自情治單位之手。

最初警方疑是熟人所為，後又懷疑家博可能涉案。但後來這些說法都無法成立。治安單位還為此懸賞 200 萬元緝凶，但至今仍未偵破。2009 年 7 月 29 日，最高檢察署宣布證據不足，難以偵破而結案。

林義雄家宅後由台灣基督長老教會基督徒與海外基督徒募款買下，建立教會，稱為「台灣基督長老教會義光教會」。每年 2 月 28 日上午 9 點都會舉辦追思禮拜，隨後專車前往宜蘭林家墓園舉行追思活動。

2 月 28 日是 1947 年二二八大屠殺事件發生的日子，無數台灣民眾被國民黨政府逮捕槍殺，是台灣人最大傷痛的日子。33 年後的同一天，竟然有人進入林宅，殺死林母與兩名雙胞胎，無非是在警告台灣人不可反抗國民黨，如果敢反抗，下場就是死亡一途。在二二八這一天，痛上加痛，多了三條亡魂，台灣人更會記得二二八這一天的苦難，更會激發台灣人奮鬥的意志。

【延伸閱讀】

（1）方素敏編，《只有香如故 -- 林義雄家書》，台北：天堂鳥發行，1984 年。

（2）台灣建國聯合陣線，《二二八林義雄事件專輯》，台北：台灣建國聯合陣線，1980 年。

096

陳文成事件

張炎憲

1981年5月20日，去國6年獲密西根大學博士學位，任教於卡內基美隆大學的陳文成，攜妻子陳素貞與未滿周歲的兒子翰傑，返台省親。並受邀至台灣大學、文化大學和中央研究院作專題演講，而有返台任教的打算。

返台假期結束，陳文成原訂7月1日返美，但出境證卻一直下不來。6月30日，警總第一次約談陳文成，前後共談了兩小時。7月1日，陳文成和弟弟陳文華一起至出入境管理局打聽出境證的事，但得不到答覆。7月2日早上，三名警總人員來家裡帶走陳文成，說要「和他談一談」。陳文成被帶走後，徹夜未歸，毫無音訊。陳素貞在焦慮之下，透過各種管道聯絡警總，也都找不到人。

下午兩點多，有人打電話到家裡，說陳文成被車撞死，屍體在台大醫院太平間，家人趕赴台大醫院查詢不獲。沒多久，古亭分局來電，叫陳家人去作筆錄和領屍。父親陳庭茂和妻子陳素貞聞訊趕往，看到了陳文成的手錶、衣服和鞋子。警察說屍體在殯儀館，自己去看吧。陳庭茂和陳素貞等人趕到殯儀館，看到陳文成的屍體，手肘、手指都是刺洞，大腿淤青，頭歪一邊，眼睛睜得大大的。陳庭茂幫他闔上眼，一碰到他的頭，血就從嘴角流下來。

事實上，當天清晨陳文成已被發現陳屍台灣大學校園，上身穿襯衫下著西褲，但皮帶拉在胸前的襯衫外面，好像用來拖屍體用的。雙腳襪不見了，左腳套著一隻皮鞋，右腳鞋子掉落，鞋子裡塞有一張一百元新鈔票。這種錢俗稱「腳尾錢」，就是古代劊子手在行刑之後，將錢塞在死者腳下，以便留給運走屍體的人。

7 月 6 日台大病理教授方中民至地檢處解剖，一邊肘骨斷了九支，一邊斷了三支，滿腹是血；肝肺都壞了，只剩心臟還好；腎臟一邊破碎一邊腫脹；胃腸是空的；恥骨斷裂，四肢完好；十指彎曲發黑；肘邊裂開十多公分，背後有四條血痕；後腦掀開，完好。

7 月 7 日根據聯合報、中國時報的報導：警總發言人徐梅鄰說，陳文成寄錢給施明德，是叛國。根據證人的證詞和法醫的解剖報告，初步判斷，陳文成係自高樓墜地致死，跳樓的原因，可能是「畏罪自殺」。

7 月 17 日，檢察官開列死亡證明；「高樓墜落，內出血過多休克致死」。7 月 19 日，台北地檢處公布陳文成案調查報告，有三個結論：1. 台大研究圖書館東北角發現死者陳屍處是第一現場。2. 死者由研究圖書館五樓太平梯台墜下，擦碰二樓太平梯平台外沿墜地死亡。3. 截至目前尚未發現有他殺佐證，意外死亡或自殺皆有可能。

陳文成命案發生之後，台灣同鄉會在美國各地舉行追悼與示威。美國國會為此在 7 月 30 日、10 月 6 日舉行兩次公聽會，指責國民黨在美國從事校園間諜活動，威脅台灣留學生的自由。

9 月 21 日，在卡內基美隆大學校長塞爾特的堅持下，美國退休法醫魏契終於被允許來台「檢視」陳文成的屍體，但不被允許「驗屍」，該校統計系系主任狄格魯隨同來台。美聯社駐台記者周清月堅持用「驗屍」一詞，而被取消採訪資格，被迫離台。10 月 2 日，狄格魯和魏契的報告中指出「我們判斷陳文成死於他殺」。並將此報告寄給蔣經國總統，要求繼續調查，以伸正義，但國民黨政府不理不睬。

1987 年，陳庭茂等籌備「陳文成博士紀念基金會」，但屢次被教育部以「命案未破」為由駁回。1990 年 5 月方以「台美文化交流基金會」通過。2000 年 7 月，民進黨政府成立之後，才得以正名為「陳文成博士紀念基金會」。

陳文成命案在 1990 年代之後，民進黨籍立委舉辦陳文成死因公聽會，監察院也要求重新調查，但都不了了之。

2001 年，陳寶月委託律師向台北地方法院檢察署提起告訴，控告前警總總司令汪敬煕上將等五人涉嫌殺人、陳文成陳屍地點並非第一現場、陳死前疑曾遭人刑求、頭部遭重擊或以藥物迷昏後自高處拋下等疑點。2009 年 7 月 29 日，高檢署做成結案，仍然維持過去檢察官的判定，並將五人予以不起訴處分。

陳文成命案其實牽涉到國民黨職業學生公然在美國校園監控台灣留學生的言論自由。陳文成是一熱血青年，富有正義感，曾在同鄉會聚會時，公開批判國民黨政府，並捐款給美麗島雜誌社，而被職業學生打小報告，列入監控名單。待其返台，警總以監控約談處置，而發生命案。其間真相至今未明，但從陳文成命案的發生，國民黨政府壓制言論思想自由，甚至不惜約談恐嚇的手段昭然若揭，也是台灣人民束手無策，生活在獨裁威權恐怖的最好證明。

【延伸閱讀】

（1）深耕雜誌社編輯部編，《陳文成博士紀念集》，台北：陳庭茂發行，1982 年。
（2）陳庭茂，《我的轉捩點》，台北：陳庭茂發行，1985 年。
（3）陳文成紀念基金會，《麥子落地：陳文成博士殉難十週年紀念集》，台北：台美文化交流基金會，1991 年。

097

江南命案

蘇瑞鏘

劉宜良，筆名江南，1932 年出生於中國江蘇省，1949 年隨國民黨政府來台，曾就讀於國防部政治幹部訓練班及政工幹校，日後曾任《台灣日報》駐華府特派員。

1984 年 10 月 15 日，劉宜良被暗殺於美國加州大理市自宅車庫前。他被殺的原因一直眾說紛紜，有人認為與他已寫的《蔣經國傳》有關，也有人懷疑是因為他正在撰寫《吳國楨傳》而惹惱政府部份高層人士。

該命案經過美國方面的調查，追查出行兇者是臺灣竹聯幫的陳啟禮、吳敦及董桂森。不久，根據陳啟禮口述的錄音帶的內容，進一步查出指使陳啟禮等人暗殺江南者，竟是臺灣當時擔任國防部情報局局長的汪希苓中將、副局長胡儀敏少將，以及第三處副處長陳虎門上校。而董桂森更在海外直指蔣經國總統之子蔣孝武（時任國家安全會議副秘書長）乃是此一暗殺事件的主謀，案情於是節節升高。

針對此案，國民黨當局一方面以「掃黑」之名發動「一清專案」，逮捕陳啟禮、吳敦等人；另一方面，則將汪希苓、胡儀敏與陳虎門一併送交軍法機關審判。或許是受到江南命案的影響，1985 年 8 月 16 日，蔣經國在接受《時代》雜誌專訪時表示：「從未考慮由蔣家人繼任國家元首」。該年 12 月，蔣經國在主持國民大會行憲紀念大會時更宣示：「蔣家人不能也不會」競選下一任總統。接著，蔣孝武被外派到日本、新加坡等國，淡出權力核心。

1990 年，劉宜良的遺孀崔蓉芝在美國控告中華民國政府，最後獲得一百四十五萬美元的人道恩賜金。2006 年，陳水扁總統為展現政府對追求轉型正義的堅持，指示國防部將「江南案」的機密檔案予以解密，並移交給檔案管理局進行整理與公開。

論者以為：「國民黨政權運用特務統治，有效控制台灣社會，但一九八〇年因為情治人員的張狂與濫權，統治正當性嚴重腐蝕。靠著情治系統起家的蔣經國也因為情治機關的失控，終遭反噬。為了國民黨政權的延續，蔣經國揮刀自宮，宣告蔣家王朝的提早終結。江南案的發生成了壓垮駱駝的最後一根稻草」。

在兩蔣統治時期，國民黨當局在臺灣大肆殘害政治異己；由江南案也可看出，其情治首長甚至還指使幫派份子到海外殘殺異己。由此更可證明，臺灣戰後的「黑金政治」絕對不是始自李登輝總統主政的時期，而是濫觴於蔣氏父子當政的時代。

【延伸閱讀】

（1）薛化元、陳翠蓮、吳鯤魯、李福鐘、楊秀菁，《戰後台灣人權史》（臺北：國家人權紀念館籌備處，2003），頁 124-125。

(2) 陳翠蓮，〈回顧江南案〉，《自由時報》，2004年10月16日。

(3) 〈江南案判決1985.9.5〉，民視新聞網「臺灣筆記」，資料來源：http://www.ftvn.com.tw/Topic/CaringTW/TWnotes/0905.htm。

098

刑求與國家暴力

蘇瑞鏘

刑求是國家暴力的具體展現，向為文明國家所不容。然號稱實施民主政治的國民黨當局在執政中國時期，情治人員以刑求、乃至暗殺等暴力手段對付異己的情形即時有所聞；1945 年國民黨政權代表盟軍接管台灣之後，更將這套國家暴力的政治文化帶到台灣來。尤其在兩蔣統治台灣時期，雖有諸多國內相關的法規範（如「刑事訴訟法」、「軍事審判法」）、乃至眾多國際人權公約（如聯合國〈世界人權宣言〉、〈公民權利和政治權利國際公約〉）明白禁止以酷刑等強暴手段進行不正當訊問，然刑求逼供的情形卻仍史不絕書。

以 1982 年臺北市土地銀行古亭分行發生 500 萬元現金遭強盜搶劫事件一案（即李師科案）為例，起先警方在偵辦過程中懷疑計程車司機王迎先涉案，隨即將之逮捕到案。然在偵訊過程中，相關員警卻對王迎先刑求逼供，因而導致王氏跳河自殺。再以 1996 年空軍作戰司令部謝姓女童遭到姦殺一案為例，當時軍方偵辦小組認定涉案者為士兵江國慶，最後導致江國慶被處死。然今據台北地檢署認定，當年軍方偵訊者乃是以「暴力、脅迫之訊問方式，使江國慶心生畏懼」而認罪，進而造成此一冤案。

除了一般刑案，政治犯被刑求的情形則更加普遍。在官方資料中，情治單位雖屢稱絕無刑求，但其曾有刑求之事實仍可從若干蛛絲馬跡窺見一斑。例如，在黃良盛一案中，國安局即自承偵訊人員「竟以刑訊，誘致迫供，卒以偽詞，構成假案」。而情治人員日後亦有留下刑求紀錄者，例如 1950 年時任保密局偵防組長的谷正文，日後回憶他當年如何下令刑求牽涉山地工作委員會案的黃天：「『帶進去打一打。』我下達刑求的命令。……黃天被拖進組長辦公室後面的空房間，霎時間，只聽見拳腳聲和慘叫聲令人不忍卒聞。十五分鐘之後，黃天被架回訊問室，奄奄一息地側趴在桌子上，血水從髮叢間、眼角、鼻孔和嘴角汩汩流出，身子抖得厲害。」

另外，從國民黨當局高層官員當時的意見或日後的回憶，亦直接或間接可見白色恐怖時期曾有刑求的情事。例如 1949 年監察委員丘念臺呈給蔣介石的報告，即建議勿「嚴刑酷罰」。又如 1958 年由王雲五擔任主任委員的「總統府臨時行政改革委員會」，即建議政府嚴禁逮捕、拘禁、審問機關對被拘禁之人施以刑訊。再如 1976 年時任行政院長的蔣經國，在行政院院會中指出：「多年來政府再三告誡治安機關，絕對不可刑求」。然需要長官「再三告誡」，表示治安機關一犯再犯。

至於刑求的方法，據學者歸納，約可分為疲勞夜審、強光照射、喝鹽水、裸身受凍、老虎凳、風火棒、坐飛機、掛首飾勳章、夾指頭、拔指甲、針刺指縫、灌水刑、蹲馬桶、通電流、其他莫名的酷刑以及對女性的特殊酷刑等類型。此外，據稱亦有所謂「十八般武藝」之刑訊方法，有些與前述類似，包括：

剝指甲、夾手指、拔牙齒、蹲木幹、灌辣椒水、灌汽油、入冰室、綑打、吊打、背寶劍、轉車輪、通電、強光燈照射、遊地獄、陰道通牙刷、燒龜頭、過份手淫、塞石灰、灌尿、吃狗屎等等。

刑求的結果，有些致死：例如吳炳麟疑遭辦案人員刑求致死。有些則致疾：例如曹昭蘇自述被打破睪丸；又如李蒼降之妻李曾碧麗自述「被以自己的長髮所結的髮辮吊上空中刑求」，而導致胎盤早期剝離，下體血流不止。有些則發瘋：例如在中國青年自覺運動案中，許席圖疑因受不了酷刑而發瘋；又如在興臺會案中，吳炳坤亦疑因不堪酷刑而發瘋。有些甚至自殺：例如《新生報》女記者沈嫄璋據說遭到情治單位施以酷刑，因而在獄中上吊身亡。

這些刑求的作為，不僅違反國際人權公約，也違反國內相關法規範，甚至觸犯刑法殺人罪與傷害罪。然至今真正遭到懲處者卻相當有限，這是近年來台灣在推動「轉型正義」（transitional justice）過程中的重大遺憾。

【延伸閱讀】

（1）蘇瑞鏘，〈臺灣政治案件之處置（1949-1992）〉，臺北：國立政治大學歷史學系博士論文，2010。

（2）薛化元，〈李師科案〉，收入：許雪姬（總策劃），《臺灣歷史辭典》（臺北：行政院文化建設委員會，2004），頁 385。

（3）谷正文，〈張清杉二次活逮蔡孝乾〉，收入：谷正文（口述），許俊榮、黃志明、公小穎（整理），《白色恐怖秘密檔案》（臺北：獨家出版社，1995），頁 131-132。

099

國家安全法

張炎憲

1949 年 5 月 19 日，台灣省警備總司令部公佈自 20 日起台灣省實施戒嚴。同年 6 月 21 日，總統府公佈實施「懲治叛亂條例」，是屬於處置叛亂犯的特別刑法。翌年（1950 年）6 月 13 日，公佈施行「戡亂時期檢肅匪諜條例」。這是國民黨建構強人黨國體制的重要依據，也是摧殘壓制民主、自由與人權的惡法，使得台灣民眾活在恐怖之中。

1980 年代民主運動風起雲湧，國民黨政府已無法阻擋民主潮流，蔣經國總統於 1987 年 7 月 15 日宣布解除戒嚴。依戒嚴法第 10 條的規定，戒嚴時期犯內亂外患等罪者，解嚴後可依法上訴，然在解嚴前夕立法院通過「國家安全法」，其中第 9 條第 2 項規定：「刑事裁判已確定者，不得向該管法院上訴或抗告」，剝奪解嚴後政治犯可以上訴的權利。而 1991 年 2 月 27 日，大法官會議所做出的釋字第 272 號解釋，稱該條規定：「係基於此次戒嚴與解嚴時間相隔三十餘年之特殊情況，並謀裁判之安定而設，亦為維持社會秩序所必要」，而裁定國安法的法條合憲。

隨著民主政治的不斷推展，立法院在 1991 年廢止「懲治叛亂條例」，1992 年修正「刑法 100 條」，白色恐怖時代才走入歷史。1995 年制訂「戒嚴時期人民受損權利回復條例」，1998 年進一步制訂「戒嚴時期不當叛亂暨匪諜審判案件補償條例」，並依此條例成立「財團法人戒嚴時期不當叛亂暨匪諜審判案件補償基金會」，承辦政治受難者的補償作業。但因國安法的規定，政治受難者無法上訴或抗告，使得「叛亂罪名」仍未能經法院再判決宣布無罪而得到「平反」。在解嚴後，台灣邁向民主自由之際，「國家安全法」的存在，仍是「轉型正義」未能真正落實的所在。

【延伸閱讀】

（1）徐桂峰編著，《第一惡法－國安法》，台北：民進雜誌社，1987 年。

100

520 農民運動

李筱峰

1988 年 5 月 20 日，由於面對農業開放導致權利可能受損問題，5 月 20 日，由雲林農權會主導南部農民北上遊行請願行動（由林國華擔任總指揮，蕭裕珍擔任副總指揮），4000 多名來自全島各地的農民，聚集在立法院前面，要求政府禁止美國火雞、水果進口。結果下午二點在南京東路、林森北路口因遭警方封鎖，發生首次衝突。而後在立法院前與警方爆發激烈衝突，警民雙方均有多人受傷，歷經多次衝突，數十位大學生於晚間十點多進入警方與群眾之間，要求和平。次日凌晨，憲兵隊展開驅離行動，學生首當其衝，遭毆傷、逮捕。但被驅散的群眾仍與警方發生零星的衝突，直到清晨六時才告一段落，總計 130 多人被捕，96 人被移送法辦。這是台灣有史以來最大的農民請願行動，而過程之激烈又為前所未見，因此，甚至引起國外媒體之廣泛報導。其後由於情治單位指控農民有預藏器具準備進行暴力行動的現象，最後遂由學者介入進行所謂的 520 調查報告，批評檢調單位指控不實。

這次的 520 農運事件發生在蔣經國去世由李登輝繼任總統

的四個多月之後。在國民黨當中資歷尚淺、黨齡不深的李登輝，忽然躍居總統大位，頗遭黨中大老之忌。因此，政治觀察家認為，這一次大規模對520農民請願示威採取如此嚴厲的鎮壓手段，乃是軍方故意給農經學者李登輝總統難堪，以打擊李登輝在民間的聲望。所以，事後李登輝只好忙著南下巡視農村，並向農民們宣示說：「我李登輝不來照顧你們，誰來照顧你們？」李登輝在接掌過去威權政治的殘餘，要應付統治階層的保守勢力，又要面對社會民間的改革要求，520事件似乎正是一個考驗的起點。

【參考資料】

(1) 李永熾監修，薛化元主編，《台灣歷史年表：終戰篇Ⅲ》，台北：業強出版社，1992年。

(2) 伊原吉之助，《台灣 政治改革年表・覺書(1988)》，奈良：帝塚山大學，1990年。

101

國民黨主流與非主流鬥爭

陳儀深

1988年1月13日蔣經國猝逝，李登輝在意外中繼任為總統，近兩年的繼任期間雖在立法院完成「資深民代退職條例」的初步改革，但基於「民主化的工程卻尚未累積一磚一瓦」的使命感，決定競選下一任的總統。李登輝為求往後六年能貫徹意志、降低改革阻力，乃公佈李元簇為副手人選，但這項決定卻引起當時的行政院長李煥、國防部長郝柏村、國安會秘書長蔣緯國等人的反對，準備在1990年2月11日的國民黨臨中全會杯葛。

臨中全會對立的雙方，以總統候選人決定方式之爭作為攻防，當時擁護李登輝的主流派主張起立表決，反對李登輝的非主流人馬則主張以票選方式決定，表決推選方式時，非主流人馬以70票不敵主流派99票（11票棄權），最後李登輝、李元簇在中央委員起立舉手後，被確定為第八屆正副「總統」候選人。儘管非主流派在此役中失敗，但並不表示雙方的鬥爭就此落幕，非主流派已準備將戰線延長至3月21日國民大會集會選舉第八屆正副總統時。

依憲法規定，國民大會代表可以簽名連署方式產生總統副總統候選人，3 月 4 日資深國大代表滕傑等人在三軍軍官俱樂部，舉辦推舉「林（洋港）蔣（緯國）配」的集會，非主流派意圖直接透過在國大選舉總統時的對決，取代李登輝李元簇。

然而，非主流派在推派人選的過程中，經歷不少波折。原本資深國代連署支持的是「蔣林配」，蔣自覺不妥，好不容易說服他們改成「林蔣配」，這個過程可能行政院長李煥、國防部長郝柏村都一無所知，他們聯袂去遊說林洋港出馬的時候，才知道林蔣配的事。等到蔣緯國去了一趟美國回來，與郝見面時，突被郝告知與林洋港搭配之人選已換成陳履安。但 3 月 6 日晚上在陳長文家那一場重要的協調會，林洋港坦言能爭取一百二十票的連署，完全是蔣緯國的關係，假定他不來就沒有票云云，終於還是恢復林蔣配。「林蔣配」的參選，事後在李登輝看來，「林洋港只是李煥與郝柏村奪權鬥爭的棋子，反撲的保守勢力要一個虛位的本省籍人士當樣板，不會真把權力交到台灣人手上。」

由於當時串連反對李登輝的勢力至少包括行政院長李煥、國防部長郝柏村、國安會秘書長蔣緯國、司法院長林洋港和一群資深國代，一時給李登輝帶來甚大的壓力，感慨台灣的政治與中國的權力鬥爭毫無二致。不過經過精密的估票，3 月初在六百多位國代中，「林蔣配」的鐵票未及提案門檻，無法取得參選資格，此外，李登輝一方面發動黃少谷、陳立夫、辜振甫、謝東閔等「八大老」出面勸退，另方面也勤跑每一位代表的家中拜票，加上省議會議長蔡鴻文主動找林洋港懇談，3 月 9 日下午林洋港乃在台北賓館辭謝國代的推舉，10 日蔣緯國也接著宣佈退選，結束這場延續一個多月、又被稱為「二月政爭」的國民黨權鬥戲碼。

國民黨主流與非主流鬥爭源於 1990 年 2 月國民黨臨中全會為推選正副總統候選人時，擁護李登輝的主流派與反李勢力的非主流派之間的起立與票選之爭。在主張票選的非主流派失利，李登輝、李元簇成為國民黨正副總統候選人後，非主流派為奪權，仍醞釀推派林洋港、蔣緯國搭檔參選，但在八大老出面勸退等因素下，3 月 10 日以蔣緯國宣布退選告終。這場「二月政爭」，可說是中華民國政府流亡至台灣以來最激烈的宮廷鬥爭，開啟日後黨內一連串的反李鬥爭，乃至對黨內分裂及新黨、親民黨成立，都有深遠的影響，直到 2001 年李登輝遭開除黨籍為止，以支持或反對李登輝為主要標的的主流與非主流鬥爭，才終告落幕。

【延伸閱讀】

(1) 李登輝受訪，鄒景雯採訪記錄，《李登輝執政告白實錄》，台北：印刻出版有限公司，2001。
(2) 蔣緯國口述，劉鳳翰整理，《蔣緯國口述自傳》，北京：中國大百科全書出版社，2008。
(3) 官麗嘉，《誠信—林洋港回憶錄》，台北：天下文化，1995。

102

國統綱領

李福鐘

1990年李登輝總統剛開始構思大陸政策體制應該如何組成時，他在行政院大陸委員會（陸委會）之上設計了一個「國家統一委員會」（國統會）的機構，屬於總統府，並預備以之掌控陸委會，以便完全主導大陸政策。結果掌控陸委會的安排因行政院長郝柏村反對而未付諸實現，不過國統會仍按原計劃成立，成為李登輝總統的「純諮詢」機構。這個機構在1991年10月7日第一次開會，委員之一的國策顧問陶百川在會上提出要求制訂一份綱領文件，做為「國家統一」的方針藍圖。1991年2月23日國統會第三次委員會議通過全文七百餘字的「國家統一綱領」，這就是「國統綱領」的由來。

嚴格來說，國統會成立與頒布國統綱領，都欠缺法源依據。前者是個「黑機關」，人事由總統府支援，經費則來自第二預備金；後者是沒有法律基礎的政策宣示，卻由行政院在第2223次院會中通過：「交本院大陸委員會協調各機關配合辦理」。這對講究「依法行政」的民主國家政府來說，難免有違法亂紀的嫌疑。依據民主政治原理，國統綱領涉及到全體台灣人民福祉，並攸關未來國家政策走向，竟然不需要任何法定程序，也不交由國會監督，便要求行政機關參照辦理，實屬匪夷所思。

持平而論，國統會是台灣 1990 年代初期由威權朝向民主轉型階段的產物，由總統一聲令下成立，事先只與行政院交換意見，而且完全未經過民意機關討論。成立之初，一度準備依「動員戡亂時期臨時條款」第四項規定，由總統直接宣布定位為「動員戡亂機構」。眾所周知，臨時條款第四項是 1960 年代蔣介石為擴大總統權力而與國民大會交換利益所通過的修憲條文。國統會最後因為行政院長郝柏村抵制，成為純諮詢機構。如此這般「虛擬」的機構，卻又通過了中央政府必須遵循照辦的「國統綱領」。此一矛盾，說明國統會先天上所具有的威權主義性格；而國統綱領的頒布，更是違背了憲政主義（constitutionalism）的原理及程序。即使出於總統之授權，在憲法規範下，總統之職務是否擁有行使這些作為的權力，不無可議。至少在 1991 年 4 月底臨時條款廢止後，總統之權力實不應再逾越憲法所規定之分際。自始便主張國統會「於法無據」的民進黨，[1] 其對國統會的質疑，實非過誣。

此外，國統綱領所訂定的最終目標，在於「實現中國的統一」，而且這個統一的中國，必須包含台灣在內。這樣的政策方針，直接與「中華民國在台灣」的主權現狀發生衝突。作為總統的諮詢機構，卻以變更現實上的國家主權狀況作為最終目

1 見民進黨第 5 屆第 38 次中常會（1992 年 10 月 7 日）通過之「民主進步黨現階段兩岸關係與對中國政策」。

標，不能不說是嚴重的矛盾。對第一屆國統會委員來說，除了具有民進黨背景的康寧祥之外，基本上一面倒支持訂定國統綱領，也就是說，對他們而言這個矛盾似乎並不存在。然而象徵國家主權行使者的李登輝總統，實不應忽視此一與其職務有違的政策與邏輯衝突。對此，李登輝主政期間一直未予正視。

直到2006年2月，陳水扁總統方裁示國統會「終止運作」，原負責業務人員歸建，而國統綱領「終止適用」，並依程序送交行政院查照。陳水扁總統刻意避開了「廢除」的字眼，然而於法無據的國統會與國統綱領，歷經十五年才正式走入歷史。

【延伸閱讀】

(1) 李福鐘，《國統會與李登輝大陸政策研究》，台北：五南圖書出版公司，2010年9月。

(2) 李登輝口述，鄒景雯採訪記錄，《李登輝執政告白實錄》，台北：印刻出版公司，2001年5月。

103

中華民國百年最大的軍購貪瀆弊案

陳文賢

在現實國際社會中，弱小者為求安全及生存之道本就包括與大國簽訂同盟條約或加入集體安全體系。過去中華民國政府與美國簽訂「中美共同防禦條約」對於嚇阻中華人民共和國以武力渡海攻台自是發揮很大的功能。但以中華民國政府統治台澎金馬相對於中華人民共和國的人口及領域，硬是要美國撐腰做為全中國的代表，就脫離了國際現實，最終落得聯合國通過決議案驅逐蔣介石的代表及美國與中華民國政府斷交的結局。而中華民國賴以自衛的武器來源幾乎也只剩下美國一國，但向美國採購武器卻又需看美國對台海局勢的評估及中國的反應而定，1982 年美中發表的「八一七公報」即明言美國會視台海情勢的緩和，逐年降低對台軍售的質與量。影響自我防衛最大的又莫過於讓軍購變成為政黨鬥爭的籌碼及向中國交心表態的祭品。

從歷史看，韓戰的爆發，加深美國杜魯門政府對圍堵共產主義勢力擴張的決心，美國提供蔣介石政府軍事及經濟援助。也因為韓戰及 1954 年 9 月中國人民解放軍的砲轟金門，同時又因中華民國政府被排除在東南亞協防公約之外，美國艾森豪政府與蔣介石政府於 1954 年 12 月簽署了「中美共同防禦條約」。此一條約的簽署讓蔣介石得以解除解放軍渡海攻台的心頭大患。蔣介石也曾積極要求美國出售包括潛艦在內的武器，但都沒有得到美國政府的同意。從 1949 年 12 月中國國民黨政府敗逃到台灣至 1979 年 1 月 1 日美國與中華民國政府斷交為止，美國提供了近 47 億美元的軍援給國民黨政府，美國也幾乎成為中華民國唯一最重要武器的來源國。

1979 年美國卡特政府和中華民國政府斷交轉而承認中華人民共和國政府為中國唯一及合法的政府，雖然當時蔣經國提出「莊敬自強，處變不驚」的口號來穩定風雨飄搖的中華民國政府，幸美國政府同年也通了「台灣關係法」，根據該法美國提供台灣防禦所需的武器及裝備，也才讓蔣經國政府鬆了一口氣。台灣也在該法之下適時的獲得美國提供先進的防衛性武器，例如 1994 年向美國購得 120 架 F-16 戰機，總價高達 40 億美元。

1988 年中華民國政府李登輝總統批示向南韓採購蔚山艦，但在當時參謀總長郝柏村訪問法國後，突然決定改向法國採購總價為 27 億美元的六艘拉法葉艦，而引發驚人的中華民國國軍貪瀆事件及現役軍人海軍武獲室執行長尹清楓上校遭到殺害的慘案。尹清楓上校因被疑是擬報告採購弊端及降低標購拉法葉艦的底價而擋人財路，於 1993 年 12 月慘遭殺害，遺體被發現在宜蘭東澳外海。據民進黨籍立法委員謝聰敏的調查，涉及佣金收取的中華民國政府官員多達數十人之多，此外也涉及中華人民共和國官員及相關人士非法收受佣金，因法國政府拒絕公布名單且將之列為極機密，以致涉及貪瀆舞弊人員的名單至今仍無法為世人所知。

拉法葉艦貪瀆弊案成為中華民國百年最大的軍購醜聞，貪瀆官員牽涉之廣及層級之高，被認為若真正要揭發弊端恐有「動搖國本」之虞。法國前外交部長杜馬〈Roland Dumas〉在其著作《考驗與證據》〈The Ordeal and the Evidence〉一書中即指陳中國國民黨高層因拉法葉艦採購案所收受的佣金即高達四億美元之多，中國共產黨高層也收受一億美元的佣金。台灣雖然歷經民進黨執政八年，但現今國民黨重掌政權且大肆慶祝「精彩百年」之際，拉法葉艦採購案乃成為最隱晦的貪瀆弊案而貪瀆真相恐難見天日。雖然中華民國政府也曾於1997-1998年向法國採購了60架幻象2000-5型〈Mirage 2000〉的戰鬥機，但因為中法關係的更加密切及北京政府的壓力，該項軍購成為法國和中華民國政府的最後一筆軍事交易。

在所謂緩和台海兩岸緊張關係下，馬英九政府主張「外交休兵」的政策，當然向美國採購先進的防衛性武器必然會引起中國領導人的惱怒，也因此在對美軍購方面基本上都是虛應故事。2001年4月24日美國布希政府宣佈軍售台灣的清單包括四艘紀德級驅逐艦、四艘柴油動力潛艇及12架P3型反潛巡邏機，但中國國民黨因在立法院占多數，自2000年5月起一直杯葛陳水扁政府向美國採購武器的預算案，至馬英九執政後三年的今天〈2011年7月〉，仍未見任何積極向美國採購這些武器的跡象，引起美方懷疑台灣自我防衛的決心。

在國共兩黨大和解之下，以前的「共匪」變成中國國民黨領導階層擁抱及崇拜的對象。但在中國仍部署一千多枚飛彈瞄準台灣又不放棄以武力解決台海問題的情況下，更導致軍人「不知為何而戰、為誰而戰」且軍紀日漸鬆弛的結果，連帶的當然影響了台灣人民的安全及福祉。

【延伸閱讀】

（1）陶伍柳，《陳水扁震撼》（台北：大村文化，1994）。
（2）陳水扁，《國防黑盒子與白皮書》（台北：福爾摩沙基金會，1992）。

104

刑法100條箝制言論自由

張炎憲

1991年5月1日，國民黨政府宣布終止動員戡亂時期，調查局旋即在9日，以參加「獨立台灣會」為由，依叛亂罪刑，逮捕陳正然、清大研究生廖偉程及社運人士王秀惠、原住民林銀福等4人。這與行政院院長郝柏村反對台獨，唯恐動員戡亂時期終止之後，無法遏止台獨活動有關。在學生和社會民眾抗議下，5月17日懲治叛亂條例被廢除，獨台會案4人同時被釋放。

同年8月30日郭倍宏二度闖關返台被捕（第一次是1989年底）。9月2日李應元被捕。10月18日台建組織林永生、林雀薇、賴貫一被捕，19日許龍俊、江蓋世、鄒武鑑被捕。20日，台獨聯盟台灣本部舉辦第一次盟員大會，王康陸闖關返台參加被捕。翌年（1992）1月23日陳榮芳被捕，2月8日陳婉真被捕。這些被捕事件都牽涉到刑法100條言論思想即可入罪的規定。因此廢除刑法100條，才得以保障言論思想的自由。

在終止動員戡亂時期之後，警調單位仍然繼續抓人，黑名單並未解除，海外台灣人仍然是有家歸不得，因此而有廢除刑法 100 條的行動出現。

1991 年 9 月 8 日，蔡同榮所領導的「公民投票進入聯合國」在台北舉行遊行。遊行隊伍在中山北路通往南路的陸橋邊，被憲警阻止，以鐵絲網擋住群眾。遊行決策小組提出三項要求：1. 以台灣名義加入聯合國；2. 釋放台獨政治犯黃華、郭倍宏、李應元三人；3. 廢除刑法 100 條。但不被當局接受。於是群情激憤，不肯罷休，衝突情緒日漸升高。此時陳師孟登上指揮車向群眾廣播，如果國民黨不接受三項要求，將在 10 月 10 日國慶閱兵時，舉辦反閱兵遊行，群眾情緒才被疏解，而逐漸散去。

9 月 21 日，「100 行動聯盟」成立，提出廢除刑法 100 條的主張，與國民黨代表協商破裂。「100 行動聯盟」乃以「愛與非暴力」的抗爭精神，展開「反閱兵、廢惡法」的行動，獲得醫界、學界、學生、社運界的支持，並獲社會大眾的廣泛共鳴。

10 月 9 日下午 6 時之後，聯盟開始在台大醫學院基礎醫學大樓前集結、靜坐抗議。民眾自動自發前往參加者越來越多，軍警則層層包圍住醫學大樓，禁止群眾再進入靜坐區。10 日凌晨，警方開始進行驅離行動，將靜坐者逐一扛離現場，載往別處。唯獨李鎮源坐鎮大樓前，警方不敢動他，深怕引起更大的不滿與衝突。

反閱兵行動之後，聯盟至各地演講，宣傳理念，引起社會共鳴。在改革聲浪壓力下，立法院於 1992 年 5 月 15 日三讀通過刑法 100 條修正案，廢除和平內亂罪，改「預備或陰謀」為「強迫或威脅」，才能構成罪狀。郭倍宏、李應元、陳婉真、黃華、王康陸、張燦鍙等因此陸續獲得釋放，240 件相關案件獲不起訴，台獨言論不再入罪。從此台灣步入言論思想自由的年代。

【延伸閱讀】

(1) 張炎憲、陳鳳華訪問，《100 行動聯盟與言論自由》，台北：國史館，2008 年 5 月。
(2) 李瓊月，《台灣醫界大師：李鎮源》，台北：玉山社，1995 年 12 月。
(3) 林山田，《抗爭 100：廢除刑法第一百條抗爭札記》，台北：自立晚報，1991 年。

105

「參與」、「重返」與「加入」聯合國

陳文賢

聯合國是全世界最大的政府性國際組織，是以國家為參加資格的國際組織。全世界的國家中，只有極少數的幾個國家如教廷（The Holy See）及台灣尚未加入聯合國。教宗因是全世界天主教徒的宗教領袖，教廷選擇不加入聯合國有其特別考量，但教廷仍是聯合國唯一的觀察員。

根據一般「國家」的定義，即國家所具備的條件：主權、固定的人口、固定的領土及一個有能力與其他國家交往的政府，台灣因符合這些條件理應被認為是一個國家，但台灣雖是被國際社會視為是一個事實上獨立的國家卻未能獲得多數國家的外交承認。

台灣目前不被承認為法理上的獨立國家，問題是出在中國在國際社會對台灣的強力打壓。中國認為台灣是中國的一部份並藉此強調台灣沒有資格加入聯合國。許多國家礙於中國的壓力也不便承認台灣是個國家。因此，若以外交承認作為認定國家的標準之一來看，台灣目前因邦交國數目太少且未包括任何一個在國際社會較有影響力的大國，因此在加入國際組織方面遭遇很大的困難。

1993 年中華民國立法院通過一項決議案要求政府重返聯合國。中國國民黨政府從 1993 年起就一直在每一年的聯合國大會期間，透過友邦在聯合國總務委員會提案，要求聯合國成立特別委員會，依會籍普遍性的原則以及平行代表權的模式，審視中華民國政府未能參與聯合國的特別情況，此一模式一直用到 1996 年，也都受到中國及其友邦的阻礙，例如巴基斯坦及古巴等國家聯合發言反對討論台灣參與聯合國的問題。因此關於中華民國政府參與聯合國的提案在聯合國總務委員會的討論表決中就被否決。提案得不到總務委員會的同意，也就不可能在聯合國大會中討論。在 1997 年及 1998 年兩次聯合國大會期間，國民黨政府則請其友邦提案，要求聯合國大會審查 1971 年聯大所通過的 2758 號決議案，恢復在台灣的中華民國參加聯合國的各項法定權利。

2000 年民主進步黨贏得總統大選，比較中國國民黨之執政期間，民進黨凸顯台灣是一個主權國家的作法。中國國民黨接受「一個中國」，因此，中華民國的領土及人民仍包括今天之中華人民共和國及蒙古的領土，而這兩者都是聯合國的會員國，因此也可以想像要以「中華民國」之名義參與或重返聯合國的不切實際。

2006 年 12 月陳水扁總統在接見外賓時表示，政府正在研議以「台灣」的名義申請加入聯合國，這應該是民主進步黨自 2000 年執政以來有關台灣國家定位之一項很重大的政策宣示。觀之台灣過去要參與聯合國所採用的名義及方式，例如以「中華民國」（Republic of China）、「中華民國在台灣」（Republic of China on Taiwan）或「中華民國（台灣）」（Republic of China《Taiwan》）之名義希望能參與聯合國，非但自陷於「一個中國」的泥沼而無法得到國際社會的正視及支持，同時讓台灣的友邦也陷入無法在不挑戰中國代表權的情況下支持台灣入聯的困境。

2008 年總統大選期間由民主進步黨所推出俗稱的「入聯公投」及由中國國民黨推出之「返聯公投」兩項公投案，但兩項公投案均未達公投法規定的 50% 以上的投票率而宣告失敗。雖然 35.82% 的選民投下公投票且其中贊成的比例高達 94.01%，但還是未能成案。如果以 2005 年荷蘭政府在其為是否通過歐盟憲法所舉辦之公投前，宣稱只要投票率達 30% 就會接受公投的結果做為決策的依據，則台灣於 2008 年之後政府就能依循人民對台灣加入聯合國如此高比例的支持率而繼續推動台灣入聯的努力。

在這裡也必須釐清「入聯」及「返聯」所代表的意涵，「入聯」當然是以台灣作為國家申請加入聯合國，而「返聯」則是以中華民國的名義重返聯合國。而以中華民國的名義重返聯合國的意義卻又會回到 1971 年前與北京政府爭取到底誰才真正代表中國的問題，而聯合國大會於 1971 年的 2758 號決議案已經確定北京政府是聯合國及其周邊組織唯一及合法的中國政府代表，因此以中華民國名義返聯勢必要在聯合國重新掀起與北京爭奪誰代表中國的問題，這在現實政治上是完全不可能也不可行。雖然以台灣的名義申請加入聯合國在可預見的未來仍是困難重重，但總比要將北京政府趕出聯合國而讓台北政府代表中國在聯合國的席位務實，至少以台灣的名義申請加入聯合國總還存在著可能性。但馬英九於 2008 年當選總統後推動「外交休兵」的政策，而於 2009 年起就不再要求友邦於聯合國大會期間提出有關 2300 萬台灣人民未能參與聯合國的問題及提案。

【延伸閱讀】

(1) 陳隆志，《以台灣之名》（台北：允晨文化，2007）。

(2) 劉世忠，《歷史的糾結：台美關係的戰略合作與分歧(2000-2008)》（台北：新台灣國策智庫，2010）。

106

全國性人民團體不能冠以「台灣」

許志雄、羅承宗

第二次世界大戰後蔣介石政權軍事接管台灣，卻將台灣視為中國的一省。在中國國民黨政府的眼中，台灣屬於中國，只是中國的一個地區而已。這種思維直接反映在各種法律、制度及措施上，關於人民團體的立案作業亦不例外。

迄 1999 年 4 月止，內政部一向以「社會團體許可立案作業規定」為依據，要求人民團體應冠以所屬的行政區域名稱。若屬於全國性社會團體者，則要求其名稱應冠以「中國」或「中華民國」或「中華」的行政區域名稱，不但昧於「中華民國只剩台灣」的政治現實，也對人民團體參與國際社會活動造成很大的困擾。析言之，無論是「中國」、「中華民國」還是「中華」，在英文翻譯上無法避免使用 China 一詞。然而在國際社會上，中華人民共和國乃 China 的唯一合法代表，更是聯合國常任理事國。因此當頂著 China、Chinese 字樣的我國團體於國際活動時，當然容易被混淆為隸屬於中華人民共和國的組織。此種情形對長期受中國打壓，導致外交艱困的我國而言，無疑更是雪上加霜。直到台灣法學會從 1995 年起經歷一連串更名訴願、行政訴訟乃至於聲請釋憲後，才有了一絲轉機。

詳言之，台灣法學會原名中國比較法學會，於 1970 年 12 月成立，1971 年 1 月 18 日獲內政部准予立案為全國性學術團體。成立之初為符合上開法令要求，因此使用「中國比較法學會」名稱。惟因台灣本土意識日益增長，遂於 1995 年會員大會表決通過正名案，報請內政部備查。內政部卻依上開規定，認為該會更名於法無據，易與臺灣省級的人民團體相混淆，因此不准該會變更名稱，並要求回復使用舊有名稱。對此駁回更名處分，台灣法學會主張內政部前述「社會團體許可立案作業規定」，其性質屬於無法律明文授權的法規命令，不可引為限制人民結社自由的根據。台灣法學會經提起訴願、再訴願均遭駁回，而行政訴訟也敗訴後，於 1997 年 7 月間聲請司法院大法官解釋。

司法院大法官在 1999 年 4 月 1 日作出釋字第 479 號解釋，指出團體名稱之選定，攸關該團體存立之目的、性質、成員之認同及與其他團體之識別，自屬結社自由保障範圍。對團體名稱選用之限制，必須符合憲法第 23 條所定要件，以法律或法律明確授權之命令始得為之。內政部以逾越母法的行政命令強制人民團體冠上所屬行政區域名稱的作法違憲，應即失其效力。同年 5 月 15 日內政部本此釋憲意旨同意辦理更名，使得台灣法學會成為第一個內政部准予以「台灣」為名立案的全國性團體。

總的來說，所幸有台灣法學會的據理力爭，終於在 21 世紀前夕掙脫對全國性人民團體名稱法令上的不合理桎梏。然而從黨國威權時代以來藉由政治權力控制與教育洗腦灌輸所造成的國家認同錯亂，讓這種觀念上的桎梏仍遺禍至今。進入內政部網站「全國性人民團體名冊查詢系統」，可以發現繼續錯亂地打著中國名號運作的全國性人民團體仍不在少數，諸如：中國人事行政學會、中國考政學會、中國政治學會、中國統計學社、中國土地經濟學會、中國工程師學會、中國公共安全協會、中國公共關係協會、中國心算學會、中國文藝協會、中國書法學會、中國畜牧學會、中國教育學會、中國測量工程學會 .. 等族繁不及備載。至於政黨部分，在內政部備案政黨名冊裡編號天字第 1 號的政黨，更是目前執政的中國國民黨。由此觀之，馬政權於執政後積極推動各種態勢明顯的傾中政策，就相當為「名實相符」了。至於所謂「以台灣為主、對人民有利」的最高施政原則，終究只是中國國民黨一時的選舉語言罷了。

【延伸閱讀】

（1）司法院釋字第 479 號解釋文暨解釋理由書。

（2）李筱峰，《快讀台灣史》，玉山社，2002 年初版，臺北市。

107

鳥籠公投法

陳儀深

2003 年 11 月 27 日立法院三讀通過的公民投票法，同年 12 月 31 日公佈施行，實踐〈中華民國憲法〉保障人民可以經由公投程序創制、複決全國和地方性公共政策議題的權利。公投法完成立法與實施，象徵直接民主在台灣的具體落實，以及主權在民的真正體現，對於彌補「代議政治」的缺失，強化民主正當性和參與感有積極的助益。然而，公投法對於公投提案的發動、審議、表決等程序以及議題方面等實施條件的限制甚多，反不利於促進公投的實施。台灣此一限制人民行使直接民權的公投法，堪稱為全世界最嚴苛的公投法，以致於遭到學界批評為「公投限制法」或「鳥籠公投法」。

在國內，承繼黨外理念的民主進步黨長期致力於催生公民投票制度，此與其黨綱第一條中以公民投票建立台灣共和國，制定新憲法的立場有關。民進黨推動公投的方式，一方面在體制內爭取公投立法，包括在立法院多次提案〈公民投票法草案〉，以及在國民大會，希望透過修憲，廢除國大建制或廢掉國大的全國性創制複決，使人民重新擁有公民投票的權利，另方面結合體制外的社會運動，例如 1994 年展開以要求政府循公投途徑解決核四廠興建爭議為主要訴求的核四公投運動，向政府施加壓力。然而，在國內統獨意識形態對立的政治環境下，公民投票被刻意化約為支持台獨的主張，以致於長期受到中國國民黨的強力抗拒，造成公投立法一再受挫。

1999 年 5 月 9 日，民進黨通過效力等同於黨綱的〈台灣前途決議文〉，不再積極主張台獨制憲，認定台灣已是一主權獨立的國家，進而主張任何有關獨立現狀的變動，必須經由台灣全體住民以公投方式決定，同時也建議「台灣應儘速完成公民投票的法制化工程」。2000 年政黨輪替，由一向支持公投法法制化的民進黨取得執政權，加上同年 4 月第六次修憲的成果，國民大會被改為非常設化機構，且限縮其職權，不再列入全國性創制複決權，而使之回歸人民，公投立法就在以上描述的有利條件下，出現了曙光。

2000 年 10 月核四停建，導致朝野關係急速惡化並造成政治僵局，次年 2 月行政院宣布核四復工，陳水扁總統宣示要以公投解決爭議，但因來自國民黨的杯葛，2001 年及 2002 年的公投立法行動皆無具體進展。2002 年 9 月核四公投促進會發動苦行，2003 年 3 月至行政院靜坐，對民進黨政府構成實際壓力，促使陳水扁總統於 5 月利用加入世衛問題提出合併選舉舉辦公投的主張，隨之行政院宣佈規劃以行政規則發動公投，遂使國親兩黨決議轉向，欲透過推動公投立法約束行政院舉辦公投。

2003 年 3 月起，國親兩黨在政黨競爭、總統選舉的考量，以及來自民意和社會力對〈公民投票法〉支持的壓力下，從原先在立法院聯手抵制的立場轉為支持推動立法，甚至於 10 月 23 日主動提出〈公民投票法草案〉。在國親不反對公投的情況下，立法院最終在 2003 年 11 月 27 日以國親版草案條文為準完成立法程序，僅有防衛性公投條款原是出自於民進黨版草案。2004 年 3 月 20 日，陳水扁總統依據〈公民投票法〉第十七條關於防衛性公投的規定，發動第一次全國性的公民投票，不過這次公投因投票人數未達法定投票門檻而遭到否決。

公投法的法制化，標誌了台灣的民主發展進入新的里程碑，不過，這部公民投票法本身卻充滿缺陷。首先，在發動權方面排除了行政部門藉由任何形式對各項議題辦理或委託辦理公民投票的可能（除總統發動的防衛性公投外）。其次，在議題方面排除了修憲的創制，限於法律之複決、立法原則之創制、重大政策之創制或複決，以及憲法修正案之複決。再者，在程序上，對提案、連署、通過都設置相當高的門檻，例如依〈公民投票法〉第三十條，對公投案投票結果的規定，投票人數需達全國、直轄市、縣（市）投票權人總數二分之一以上，且有效投票數超過二分之一同意者，即為通過，反之，不足前項規定者，均為否決；而且，人民發動的公投案必須先經過按立法院政黨席次比例組成的審議委員會的審議。

公民投票法制定的立意，是希望當政府及代議機關無法確實符合民意時，能讓做為國家主權者的國民全體通過公民總投票的方式真正表達國民總意志，亦即藉由「直接民權」的行使以救濟「間接民權」的弊病。然而，台灣的公民投票法，對公投加諸許多限制，尤其是在程序上的高門檻規定，反而妨礙人民公投權的行使，明顯違背了公投精神和直接民主的價值。這種過度限制人民公投權，藉公投之名扼殺公投權利的公投法，才會被譏諷為「公投限制法」或「鳥籠公投法」。

【延伸閱讀】

(1) 林佳龍主編，《民主到底：公投民主在台灣》，台北：財團法人台灣智庫，2007。
(2) 林佳龍主編，《公投與民主：台灣與世界的對話》，台北：財團法人台灣智庫，2009。

108

真調會條例

許志雄、羅承宗

2004年3月19日下午，就在總統投票日前一天，尋求連任的陳水扁總統與呂秀蓮副總統於臺南市遭到槍擊受傷。次日照常舉行投票，結果陳呂獲勝，但雙方得率票相差僅0.228%。國、親兩黨無法接受敗選事實，認為落敗係受「兩顆子彈」槍擊案影響，並進而質疑該案的真實性。以此為藉口，國、親兩黨遂利用國會多數優勢，於同年9月24日強行立法通過「三一九槍擊事件真相調查特別委員會條例」（簡稱真調會條例）。該條例以追求真相為名，卻完全不顧憲法權力分立制衡與人權保障原理，徹底破壞法治國的根基，故引起民間團體及輿論嚴厲批評。同年12月15日，司法院作成釋字第585號解釋，宣告「有關三一九槍擊案刑事責任偵查權專屬真調會、全部案卷證物移交真調會、真調會行使職權不受國家機密保護法及刑事訴訟法等法律規定限制、不得以涉及國家機密等理由規避或拒絕說明、以及真調會有權對相關人作出限制出境處分等條文均屬違憲」。在區區僅有19條的真調會條例裡，居然絕大部分的核心條文都同時被宣告違憲，真調會堪稱台灣邁入民主化以後最惡名昭彰的憲政怪獸。

真調會條例遭釋字第 585 號解釋宣告違憲後，立法院雖檢討修正該條例，並於 2006 年 5 月 1 日公布，惟該修正並未完全遵循釋字第 585 號解釋意旨，仍難脫違憲之嫌。果不其然，司法院於 2007 年 9 月 28 日針對真調會條例再作成釋字第 633 號解釋，宣告該條例第 8 條之 2 第 3、4 項關於罰鍰，以及第 11 條第 3 項關於調用人員行政機關不得拒絕等規定違憲。

2008 年總統大選前，中國國民黨主席馬英九屢次表示本案真相未明，乃司法、警察的奇恥大辱，並以查明真相為凝聚選票的號召，順利當選總統。馬英九就任後，隨即重用真調會成員王清峰與陳肇敏，分別賦予法務部長與國防部長要職，一副全力要讓「兩顆子彈」真相大白的態勢。不過一轉眼三個年頭就這樣過去了，其間真調會完全停擺，不論馬英九、王清峰或其他曾經猛烈質疑三一九槍擊案真相的政治人物，似乎都完全忘掉自己過去的所言所行，也不再追究所謂的真相了。眾所皆知，倘若三一九槍擊案有什麼政治陰謀，基於中國國民黨政府與軍、警、檢、調根深蒂固的親密關係，當能輕易予以拆穿。如今三年已過，王清峰、陳肇敏各因死刑執行爭議與八八水災責任被迫下台，而 2004-2006 年間千方百計成立的真相調查委員會，於馬英九執政後也不再設置。由此更能證明，真調會的存在，乃是於民進黨執政時期在野政治勢力不惜紊亂憲政秩序以達奪權目的而生。一旦 2008 年 5 月成功取得政權後，真調會也就「鳥盡弓藏，兔死狗烹」，所謂「真相調查」只是幌子罷了。

【延伸閱讀】

(1) 司法院釋字第 585 號、633 號解釋文暨理由書。

(2) 羅承宗，〈說好的「真相」呢？〉台灣時報，2011 年 3 月 19 日，頭家心聲。

109

NCC 之亂

許志雄、羅承宗

國家通訊傳播委員會（NCC）的建置乃仿效美國「聯邦通信委員會」（Federal Communication Commission, FCC）而來，主要負責通訊傳播的監理與審查相關業務。2005 年 10 月 15 日立法院通過國家通訊傳播委員會組織法，隔年 2 月 22 日 NCC 正式成立運作。

將通訊傳播監理業務從行政院新聞局、交通部等機關抽離，合併由一採取委員會制的獨立機關統籌專責辦理，立意堪稱良善。不過 NCC 組織法草案在立法院審議期間，適逢相關廣播電視事業換領新證的高峰期，引發政黨角力，加上朝小野大的政治環境，立法院中國國民黨黨團及親民黨黨團遂參考「三一九槍擊事件真相調查特別委員會條例」前例，依政黨比例方式分配原則推選 NCC 的委員。此一委員產生方式，雖非直接依立法院各政黨（團）在立法院所占席次比例分配委員人選，但卻藉由依政黨比例推薦組成的審查會，將政黨之手公然伸入獨立行政機關委員人選產生過程中，實質掌控 NCC 委員人選的決定權，將作為國家最高行政機關的行政院，貶低成替政黨決定背書的角色，嚴重破壞憲政體制。行政院對本案聲請釋憲，司法院於同年 7 月 21 日作成司法院釋字第 613 號解釋，宣告 NCC 委員產生方式違憲。但可議的是，大法官未宣告該違憲法律立即失效，而讓此違憲機關在兩年落日期間繼續運作，導致 NCC 委員屢傳涉及違法失職的情事。

2007 年 4 月間行政院的一份調查報告指出，NCC 成立不久即有諸多違法失職事項，例如：包括副主委劉宗德、委員吳忠吉與謝進男違法兼職；吳忠吉以兒子充當司機；委員李祖源、劉幼琍審查中視、中廣股權交易案時在場未利益迴避；NCC 違反收回中廣音樂網及寶島網等行政院既定政策。其中，行政院對吳忠吉及劉孔中委員以其未具職業駕照資格的直系血親及二等親旁系姻親擔任公務車駕駛，依法移送監察院審查及停職；至於主委及副主委批示違法公文部分，以書面告誡。

民主政治就是政黨政治，政黨在體制及法律規範內，透過和平非暴力的手段（選舉是最常見的方式）參與政治，從事政治上的興革。取得執政權的政黨掌握國家行政大權，接受國會監督，兩者間彼此相互制衡，倘若執政黨表現不佳，在野黨自有透過選舉輪替執掌政權的機會。然而回到 2004 年後台灣的政治環境，雖然民進黨贏得 2004 年總統大選而繼續執政，但不甘落敗的在野黨卻利用國會多數優勢，不惜破壞憲政制衡秩序以達政治奪權目的。2005 年以政黨比例組成委員的 NCC，就是繼真調會後誕生的另一頭違憲怪獸。

最後附帶一提，當年這頭違憲怪獸的領導人，亦即中國國民黨推薦的第 1 屆主委蘇永欽，於 2010 年 8 月間受馬總統提名為司法院副院長暨大法官人選。雖在民間司法改革基金會的評鑑報告裡，明白指出蘇永欽從威權戒嚴時期起，針對言論自由、主權、黨禁、羈押權、公投等幾乎所有憲政民主或人權重大爭議問題，都提出了許多支持威權、限縮民主與壓制人權的保守意見。其道德操守，也有多項嚴重瑕疵，包括踐踏程序正義，護航馬英九到政大法律系任專任副教授等，因此評價其「非常不適任、非常不推薦」。不過這些批判對一意孤行的馬政權而言，終究是馬耳東風，無關痛癢。

【延伸閱讀】

(1) 司法院釋字第 613 號解釋文暨理由書。

(2) 汪平雲，〈照妖鏡與魔戒傳奇—釋字第 613 號解釋的深度解讀〉，月旦法學雜誌，第 137 期，2006 年 10 月。

110

陳雲林來台事件

陳儀深

2008 年 11 月 3 日，中國海峽兩岸關係協會（海協會）會長陳雲林率領代表團訪臺，參加 11 月 4 日開始在臺北圓山飯店舉行的兩岸協商談判，滯台期間引發一連串大規模群眾抗爭運動。由於警方的高維安戒護與粗暴鎮壓，甚至出現撤收國旗、強制驅逐持國旗群眾等（禁止主權伸張的）情況，遂釀成嚴重的流血衝突，招致外界對馬政府執政下民主人權倒退及主權流失的疑慮和批評，也激起大學生「野草莓運動」等接續對集會遊行法的檢討聲浪。

2008 年 5 月馬政府上台以後，積極展開與中國間的對話和交流。6 月 12 日，海基、海協兩會在北京舉行協商談判（即「第一次江陳會談」），就兩岸包機直航等多項兩岸合作交流議題達成共識。會後海基會董事長江丙坤邀請海協會會長陳雲林於同年秋天訪臺，參加以簽訂三通協議為主要目標的「第二次江陳會談」。

11 月 3 日中午，陳雲林與代表團搭機抵台，下榻圓山飯店，發表簡短談話表示，這行任務有兩項，第一是空中直航、海上直航與食品安全等議題協商並簽署協議，第二是就全球金融海嘯對兩岸經濟的衝擊進行研討，同時聲明商談任務明確單純，不會涉及兩岸政治問題或島內政治議題。下午，陳雲林抵台後的首站，拜會前海基會董事長辜振甫遺孀辜嚴倬雲。陳雲林訪台期間，民進黨從 3 日到 5 日在立法院旁邊的濟南路發起「為台灣守夜，向中國嗆聲」晚會，並安排 6 日馬陳會當天發動「圍城計劃—黃絲帶行動」。

4 日上午九時江陳會正式在圓山飯店登場，經過一個半小時的會談，達成多項共識。一是就第一次江陳會達成的兩項協議進行檢討，二是就下午簽署兩岸空運、海運、郵政、食品安全四項協議最後確認文本，第三對未來的兩岸關係情勢及協商交流議題進行交換意見，並且達成初步共識。下午舉行簽署協議儀式，雙方簽署四項協議文本，完成第二次江陳會談四項議題的協商。會後陳雲林趕往晶華酒店與行政院陸委會主委賴幸媛見面，陳雲林迴避「主委」稱謂，僅以「很高興見到妳」帶過。晚間，國民黨榮譽主席連戰在國賓飯店設宴款待陳雲林一行，場外發生激烈的警民衝突，晚宴被迫提前結束。鄰近抗議現場的上揚唱片行當時播放「台灣之歌」，警方卻以歌曲有加劇抗議民眾情緒的疑慮為由，直入店內強制店家關閉，並要求拉下鐵門，此舉引起抗議民眾不滿，現場爆發衝突。

5 日上午，立法院長王金平前往圓山飯店，與陳雲林舉行早餐會，王金平向陳雲林表示，對台灣參與國際社會、撤除導彈等台灣人的期待，中國方面應有更善意的回應，陳雲林則以「這是軍事互信問題，當前還是先在經貿上做好」迴避問題。下午，陳雲林一行人前往新竹科學園區參訪，園區對外要道實施嚴格交通管制，動員至少二千五百名警力維安，陣仗遠超過過去曾參訪竹科的外國元首規格。

5 日這一天，民進黨主席蔡英文在國際記者會中強調，警察執法過度而侵害人權，政府以過度警戒及過高規格接待中國訪客，令人驚覺台灣彷彿回到威權時代，且當國旗的展示變成一種禁忌，甚至在它所代表的國土上被政府執法單位沒收，無異在否定人民以行動伸張主權。晚間蔡英文在「為台灣守夜，向中國嗆聲」的晚會中痛批馬政府「完全執政、完全封殺！」，質問馬英九「你選擇的是台灣還是中國？」「要自由還是戒嚴？」「要民主還是獨裁？」並號召群眾隔天下午走上街頭，參加圍城行動。當日警方在數次駁回民進黨圍城行動申請後，最終同意開放凱道部分路段，核准集會遊行。

晚間，國民黨主席吳伯雄在晶華酒店宴請陳雲林，場外部署近千名警力維安，與到場包圍抗議的數百名群眾數度爆發激烈的流血衝突，造成多人受傷。群眾持續圍困到 6 日凌晨，以致吳伯雄、陳雲林等人無法離開，被困在酒店長達八個小時。內政部長廖了以和警政署長王卓鈞凌晨進入台北市警察局中山分局坐鎮指揮，鎮暴警察在凌晨一時三十七分展開強制行動，以優勢警力驅散民眾後，陳雲林等人於兩點十五分由側門離開晶華酒店。海基會在深夜發出新聞稿指出，這件事傷害台灣觀光與國際形象，民主進步黨需負全部責任。這起事件也於隔天登上國際媒體版面，包括美聯社、德國通訊社及路透社都以即時新聞報導。

6日上午10點，馬英九總統召開記者會，發表對近日抗爭事件的回應。馬總統表示對於昨晚晶華酒店前的衝突感到憂心和失望，並批評民進黨背棄和平理性示威的承諾，也強調中華民國是主權獨立國家，絕對會以「中華民國的總統」身分接見來賓。

原定下午在台北賓館登場的馬陳會，臨時提前至上午11時舉行。會中馬英九總統僅表達對兩會簽署四項協議的辛勞，陳雲林沒有發表任何談話，隨後雙方互贈禮物，就結束不到十分鐘的接見儀式。其中，陳雲林在贈禮時避談「總統」職稱，以「您」稱呼馬英九。

馬陳會的提早舉行，顯係為避開群眾壓力而然，蔡英文痛批政府不斷迴避人民的聲音，只會激怒民眾。為因應變化，民進黨在蔡英文主席領軍下的圍城活動也提前到11點展開。警方在高維安的戒備下，和陸續向台北賓館附近的中山南路集中的抗議群眾，爆發幾波激烈的肢體衝突。面對活動發生衝突的狀況，蔡英文曾上台呼籲群眾和平，但場面仍一度失控。為緩和場面，民進黨指揮中心將遊行隊伍帶開至濟南路，但仍有民眾繼續留在景福門與警方對峙。下午五點半，蔡英文在濟南路指揮部宣佈圍城結束，下令解散，但群眾並未完全散去，且部分轉往陳雲林下榻的圓山飯店外持續抗爭。當時，陳雲林在飯店內舉辦答謝晚宴，向台灣警察與媒體致意，但由於抗爭行動的影響，到場賓客稀落。圓山飯店外的衝突歷經數小時，到7日凌晨一時警方以強力水柱驅離群眾。對此，晚間蔡英文也召開記者會，強調民進黨圍城已結束，圓山飯店的抗爭不是民進黨動員的。

7 日，上午八時陳雲林要離開圓山飯店時發表離台感言，對這次來台期間警方的辛勞深表感謝，並歡迎台灣民眾到中國旅遊參訪。十時陳雲林與代表團搭機離台，結束五天的訪台行程。

對於馬政府在陳雲林來台期間侵犯人權、自我矮化主權的作為，後續也引發社會上的批評和反制行動。例如自 11 月 6 日開始，以台大學生為主的三百名大學生，在行政院前靜坐，訴求修正集會遊行法的「野草莓運動」於焉展開。

【延伸閱讀】

（1）維基百科，〈陳雲林事件〉。http://zh.wikipedia.org/wiki/%E9%99%B3%…，2011 年 7 月 24 日點閱。
（2）謝明海，〈陳雲林事件總檢討〉。http://taiwanyes.ning.com/profiles/blogs/…，2011 年 7 月 24 日點閱。
（3）躲藏世界，〈《一八九五》與陳雲林事件〉。http://blog.roodo.com/cjliu/archives/7696059.html ，2011 年 7 月 24 日點閱。

111

擁抱黑暗核能政策 罔顧人民生命安全

王塗發

2011年3月11日，日本福島核能電廠發生災變，震驚全球。災變以來，各國政府紛紛宣布應對之計，以求確保核能安全，並檢討調整核能政策。歐盟決定立即檢討核能運用政策，強調提高風力、太陽能發電等再生能源比重。其中，德國除了主張暫緩興建新核電廠，並宣布7座老舊核子反應爐暫停運作三個月，且重新考慮另17座延後除役的原先打算。即使是開發中國家，如中國也立即對既有核電廠進行全面安檢，並暫停審批新的核能項目，菲律賓也宣佈停止核能計畫。然而，在台灣，長期擁抱黑暗核能政策的中國國民黨政府卻無動於衷！

馬英九政府連最起碼的全面檢查現有核電廠安全，都不願立即進行，還強調我國核電廠建於岩盤之上，較福島電廠地勢為高，甚至還有原能會副主委黃慶東宣稱其安全有如「菩薩坐在蓮花座上」，台電更大言不慚地說，我們的核電廠比日本的安全十倍！台灣核一廠的防震係數設計為0.3G（重力加速度），僅為日本福島核電廠0.6G的一半，核二、三、四廠也僅0.4G，憑什麼說「我們的核電廠比日本的安全十倍」？這不僅是睜眼說瞎話，更完全漠視我國核電廠建立在斷層帶上的事實（美國「華爾街日報」報導也指出，全球有十四座核電廠位處高活動斷層地震帶，台灣四個核電廠都名列其中）：核一、核二廠位於「山腳斷層」兩邊，核三廠距「恆春斷層」僅 1.5 公里。至於核四廠，不僅離「枋腳斷層」不到 2 公里，在其半徑八十公里海域內，更有七十多座海底火山，其中 11 座是活火山。

而且核四廠追加經費，由原預算 1,697 億元提高到 2,800 億元以上，台電還違法擅自變更與安全有關設計 7 百多項，經移送監察院調查；近年來重大工安意外頻傳，甚至核島區的工程也傳出偷工減料情事。事實上，核四計畫自 1996 年 10 月將「統包」改為「非統包」後，就弊端叢生。台電於 2006 年 2 月說明核四計畫落後的七大原因時就指出，「統包」改為「非統包」後，邊設計、邊採購、邊施工互為牽連糾葛，且設計變更及設計衝突多。此外，核四廠尚未完工已遭雨水（2008 年 9 月 13 日辛樂克颱風雨）淹沒。這樣的「拼裝、泡水車」核電廠，如何能說「比日本的安全十倍」？

面對如此令人難安的台灣核能系統，馬英九竟還自我感覺良好，公然宣稱，核一至核三廠可以承受六級地震，阻擋十二公尺高的海嘯，只有在發生緊急危險情況才要停止運作，與核四一樣，只需加強安全措施，核能政策不會改變！而所謂的核能政策不會改變，是指目前馬政府規劃的「能源發展政策」：核四 1 號機組於 2011 年開始商轉、2 號機組於 2012 年底開始商轉，且既有核能機組延後除役（打算延長 20 年）。日本福島核災對全球造成的危害，竟絲毫也撼動不了馬政府的核能政策！

真是無語問蒼天！

馬政府的「能源發展政策」實即「核能發展政策」，因為他們將核能視為安全、乾淨、便宜的能源，且認為台灣沒有足夠的替代能源。為了要擴張核能發電，就先高估未來十年的經濟成長率與能源需求，並維持偏高的備用容量率，然後將原本2020年再生能源與天然氣發電的「下限」目標（再生能源發電裝置容量至少6,388 MW、天然氣1,400萬噸）設為「上限」，而得出非擴張核能發電不可的結論。這與三十年前提出核四計畫的理由如出一轍，也讓人想起十年前「核四計畫再評估」時，擁核者所編織的歪理及「以核易核」（存核四廠而將核一廠提前於2009年除役）的大謬論。三十年過去了，核四廠尚未蓋好，台灣也從未缺電，早已戳破「不蓋核電廠就會缺電，台灣沒有足夠的替代能源」之大謊言。但如今這個政府卻搬出同樣的理由來繼續推動核能政策，而且核一、二廠不僅不提前除役，竟還要延役二十年！

其實，會不會缺電，要從電力需求與電力供給兩方面來探討。就算可能會缺電，也應先從需求面管理著手，如改善產業結構（降低高耗能產業比重），建構智慧型電網系統，採行時間電價措施，以縮短尖離峰用電差距與節約用電，及降低合理備用容量率等，來解決可能缺電的危機。僅就合理備用容量率來檢討。所謂備用容量率是指超出尖峰負載（一年中某一天某個時段，例如8月8日11：00~13：00，用電量最高峰）的發電容量占全系統發電容量的比率；這些備用發電容量是為了因應萬一電力系統中某些機組發生意外事故致無法發電時作為備胎之用。如以台灣電力系統中3個最大的獨立機組的裝置容量占全系統的比重作為合理的備用容量率（若一部機組發生意外而出狀況的機率為萬分之一，則3部機組同時出狀況的機率為兆分之一，趨近於零），則10%的備用容量率已是綽綽有餘，超過10%將造成電力投資的資源浪費。尤其是投資於大型電廠（如核能電廠與燃煤電廠）的浪費更大。

事實上，台灣在1990至1996年間，備用容量率僅維持在7.4%與4.2%之間，也沒有缺電；且那段期間台灣的平均經濟成長率比1997年以後的平均成長率還高。依能源局的統計資料，台灣在2009年的電力備用容量率高達28.1%，而核能發電的裝置容量僅占10.7%，核能發電量也僅占總發電量的18.1%；這表示即使把三座核電廠全部關閉，還有10% ~17%的備用容量率。倘核四廠兩部機組如規劃期程於2012年底前商轉（發電量約占全電力系統的7%），則2013年以後台灣的備用容量率將高達30%以上；而這是比尖峰負載高出的電力，在離峰用電（約尖峰用電的七成左右）期間將有高達45%以上的閒置電力！台灣三十年來都沒缺過電，建核四完全是浪費的投資！一旦核四商轉，將有更多既有電廠被閒置，淪為備胎。

退一步而言，當上述需求面管理的手段都努力做到了，而未來仍可能出現電力不足時，自然就得從供給面著手。此時才該考量該不該蓋核電廠或選擇其他替代能源。而台電為了要蓋核電廠，當然就編織核電是安全、乾淨、便宜的能源之神話，以及台灣沒有足夠的替代能源之渾話。當反核團體提出汽電共生、提升發電效率、擴大天然氣複循環發電、積極開發再生能源及改善產業結構等替代方案時，台電都認為不可行或會大幅影響電價。但事實上，自 1991 年 6 月 1 日經濟部實施新的汽電共生系統購電費率以來，台灣的汽電共生發電量即迅速增加。汽電共生發電總裝置容量在 2000 年為 5,134.6MW(百萬瓦)，占當時台灣發電系統 34,772.3MW 的 14.8%，遠超過核四的裝置容量(2,700MW)。到 2009 年，更高達 7,719.3MW，是核四的 2.86 倍。而汽電共生則是當初在規劃核四廠時未曾列入考慮的替選方案，如今早已足以取代核四還大有餘裕。

就發展再生能源來看，台灣具有相當大的潛能。根據英華威公司對台灣發展風力發電潛力的評估，台灣的風資源，光平地就足夠設立約 3,000MW（大於核四廠的裝置容量），而全島的風資源則足夠設置至少 5,000MW。另依台灣大學地質科學系教授宋聖榮，引述國科會在 2008 年所推動能源型國家科技計畫報告書，估計台灣地熱的發電容量可達 7,100MW，相當於 2.6 座核四廠的發電容量。另外，台灣發展太陽能發電的條件與潛力遠優於高緯度的德國與日本（目前發展太陽能發電最積極的國家），且七、八月高峰用電期間正是台灣太陽能發電可以發揮最大效率的時候。目前台灣太陽能電池的產能已超過 10GW（一百億瓦），全球排名第二，但 99.5%以上都輸出國外，自己卻用不到 0.5%，國內實有非常大的可發展空間。台灣的再生能源要在 2020 年之前大量取代傳統能源，譬如將其占發電系統比重由 6.0% 提高到 12%以上（還遠低於德國 2020 年的 20%）並不難，是政府要不要做，以及有無決心與毅力的問題。

台灣已有太多的備用電力，又具有豐富的再生能源，即使沒有核電台灣也不會缺電。因此，民進黨主席蔡英文主張：「2025年達成非核家園目標；核四不裝填燃料、不商轉」，是具體可行的。甚至以日本福島核災為鑑，立即關閉既有核電廠，最遲明年（核四建好、不商轉）就可達成非核家園目標。問題在於執政者是否有顆「台灣心」，或是僅具「中國情」？！

然而，當台灣擁有25%以上的備用容量率，政府還要讓核四商轉，更提高備用容量率時，要台電收購再生能源發電，只是額外增加台電的支出而已，台電當然會找尋各種理由來阻礙再生能源的發展。因此，台電就在各種場合誤導說，核能發電是目前所有發電形式中最便宜的，每度僅新台幣0.67元左右，若以再生能源取代核電，電價將大幅上漲。但美國Keystone Center的估計，2007年的核能發電均化成本為每度8.3~11.1美分，以當時美元兌台幣1：32.443計算，折合新台幣2.693~3.601元。台灣的核能技術、設備、材料都靠國外進口，建廠成本又比國外高，台灣的核能發電成本怎麼可能只有美國的23.4%~17.5%呢？

關鍵在於Keystone Center的評估是「經濟成本」，在可行性研究報告中比較各種發電方式的單位成本所採用的就是這種成本，但台電卻老是拿他們自己編製的核電「會計成本」來欺騙誤導社會大眾。會計成本深受電廠每年實際發電量及電廠折舊年限（會計上）的影響。當燃氣電廠被台電規劃為尖載機組（尖峰用電時才發電），如果年發電量不到基載機組的核電廠的一半時，燃氣發電的會計成本就會被高估一倍以上。而會計上的折舊年限可能少於二十年，則核一、二廠已不再攤提折舊費用（即已不計建廠成本），又使核電廠的會計成本低估至少六成。

其實，根據原核四計畫可行性研究報告的資料，當時估計的核電成本為 2.703 元 / 度（原規劃 2000 年完工的價格），其中固定費用為 1.908 元 / 度。現在建廠成本由原預算 1,697 億元提高到 2,800 億元以上，將使固定成本提高為 3.148 元 / 度以上。因此，如果以核四計畫可行性研究報告的資料來推算，核四廠每度電的成本將約為 3.948 元（2000 年的價格），以躉售物價指數（2008 年為 2000 年的 1.288 倍）來換算，2008 年的核四廠之發電成本約為 5.085 元 / 度，是台電的「會計成本」的 8 倍多！這樣的發電成本不僅高於火力發電的成本，也高於再生能源中的陸上風力發電及生質能發電成本。而這個發電成本還低估運轉維護費（不到燃煤發電的一半）、除役成本與核廢料處理費用。若依經濟部最近所說，三座核電廠除役至少要花費三仟億元，遠高於當年三座核能電廠的建廠費用（核一、二、三廠分別為 296.2 億元、610.72 億元、903.21 億元），則未來核四發電的每度成本恐怕還要再提高 2 元以上。

上述核能發電成本尚不包括核電對海洋生態、文化古蹟的衝擊、造成社會不安與對立的代價、核災可能造成的損害與犧牲…等社會外部成本。這些外部成本更是難以估計的天文數字。如以 1986 年前蘇聯車諾堡最嚴重核災事故造成方圓三十公里永久淪為廢墟，以及此次日本福島核災對日本造成有史以來最慘重的災難，搬到台灣來的話，台灣恐有滅國之虞。這樣的代價，台灣是承受不起的。這樣的外部成本，台灣人是付不起的！

【延伸閱讀】

（1）王塗發，2011.06，「核電經濟成本知多少」，第二屆民間國是論壇：「核去核從的台灣能源政策」，台灣經濟學會、財團法人宜蘭人文基金會、財團法人台灣文化基金會主辦，台北市，2011 年 6 月 26 日。（會議手冊第 80-87 頁。）

（2）王塗發，2011.04，「核電危機成本　台灣付不起」，玉山周報第 94 期，2011 年 4 月 6 日，第 8-10 頁。

（3）王塗發，2009.09，「台灣綠色能源產業發展之願景」，發表於「台灣新能源產業之挑戰與對策研討會」，台灣管理學會，2009 年 9 月 6 日。（會議手冊第 10-28 頁。）

（4）王塗發，2009.04，「以綠色能源取代死亡能源」，玉山周報典藏版，2009 年 4 月 10 日。

（5）王塗發，2000.12，「核四存廢之經濟分析」，月旦法學雜誌，第 67 期，12 月，第 58-72 頁。

（6）王塗發，2000.09，「核四廠不應續建」，經濟前瞻雙月刊，第 71 期，9 月，第 27-33 頁。

112

財閥治國　小民遭殃

王塗發

台灣在馬英九主政下，不僅走殖民經濟路線，也更向財團靠攏，等同財閥治國。馬政府與中國政府簽署 ECFA，不僅是為了要建構「一中市場」，也是為了石化、鋼鐵等大企業、財團，特別是石化財團的利益著想。一上台就大幅調漲油價，以及經濟部所規劃的「石化工業發展政策」，也都是為了圖利特定石化財閥。馬政府對財團、大企業提供獎勵與租稅減免優惠，但卻忽視相對弱勢的工農中低收入者、中小企業、中南部地區等的照顧，使財閥得利、小民遭殃。因此，說馬政府是財閥治國並不為過。

馬政府一上台，即於 2008 年 5 月 28 日解凍油價，大幅調漲汽、柴油的價格，導致 6 月份消費者物價指數年增率高達 4.97%，使 2008 年「痛苦指數」（物價上漲率加失業率）升高到 7.67（2000 到 2007 年平均僅為 5），創下 1981 年以來（第二次石油危機之後）的最高紀錄，令全國中低收入民眾苦不堪言。

但馬政府仍以「尊重市場機能」為由，堅決漲足油價。問題是，我國油品市場為兩家石油公司所壟斷的寡占市場（實質上是聯合壟斷的市場），並不是自由競爭的完全競爭市場，「市場機能」完全失靈。而所謂「漲足」，就是將成本增加的部分完全轉嫁給消費者，但完全轉嫁在完全競爭市場是不可能的。因此，油價「漲足」是「完全不尊重市場」的作法。更不用說台灣中油公司是國營企業，負有穩定物價的政策任務。以「尊重市場」為由調漲油價，只是完全不負責任的託詞！

馬政府實施的浮動油價機制，不僅浮動機制方式及運作不夠透明公開，台灣中油的浮動油價計算公式，「表面上」說是反映國際原油價格變動幅度的八成，但事實上這個計價公式讓中油有相當大的獲利空間。自浮動油價實施以來使得中油轉虧為盈，大賺數百億元；更讓人事成本遠低於中油而經營效率又遠高於中油的台塑石化公司賺得荷包滿滿、年年暴利。

問題在於，這個油價計價公式其實是『黑箱作業』。油價每週調整一次，而中油向國際購買原油約七成是長期合約購買、三成是現貨市場購買，當油價持續上漲時，期約購買那部分的油價其實沒有漲，但中油若將其跟著現貨購買部分一起漲，社會大眾也無從知道，因為中油始終以商業機密為由，拒絕公開其購油成本占總營運成本的比例，及其購油成本結構之相關資訊。而且，依中油的財務報表資料，中油的購油成本占總營運成本的比例只有六成多，若依國際原油價格變動幅度的六成調整油價，就已完全轉嫁給消費者，已是不應該。現在依國際原油價格變動幅度的八成調整油價，而台灣的油品市場又是只有中油與台塑石化聯合壟斷的市場，當然會讓中油轉虧為盈，更讓台塑石化年年暴利！

至於經濟部所規劃的「石化工業發展政策」，則設定乙烯自給率至少達 90%之目標，乃是為了要推動「國光石化」計畫與六輕第五期擴建計畫。依該規劃評估說明書，由於六輕相關計畫之量產，我國乙烯自給率已由 1997 年之 39%提升到 2009 年之 105%。而對比 1997 年之後我國的經濟成長率，卻遠低於 1997 年之前的經濟成長率。這顯示，乙烯自給率高既非維持高經濟成長率的充分條件，亦非必要條件；也表示在 1997 年之前我國有 60%以上的乙烯必須仰賴進口，乙烯顯然並非不能進口。西歐各國因重視環境污染問題，自 2000 年以後就開始增加乙烯之進口量，而本身則無新產能增加。為了「不增加環境負荷」，實不該強行設定乙烯自給率至少達 90%之目標。設定該目標也違背「永續能源政策綱領」中降低對化石能源與進口能源的依存度的「低依賴」政策原則。因為乙烯上游的原油 99.5%以上要仰賴進口，擴產愈多乙烯，對原油的進口依賴度就愈高，石油危機時台灣經濟受到的衝擊就愈大。

馬政府所規劃的「石化工業發展政策」，顯然是為了要配合通過「國光石化」計畫與六輕第五期擴建計畫。該規劃方案先設定未來石化工業發展願景，須維持國內雙石化體系均衡發展，且乙烯自給率至少達 90%之目標，然後對未來乙烯需求作出高估的預測，最後自然得出必須推動「國光石化」計畫與六輕第五期擴建計畫的方案。這是「先射箭再劃靶」的作法。

除了先設定須維持雙石化體系均衡發展及乙烯自給率至少達 90%之目標的不當外，在該規劃方案中還提到，預計到 2010

年，中國乙烯生產能力有望提升到1,400萬噸，但只能滿足其國內需求的50%而已，因此特別強調，面對如此龐大的市場需求，台灣業者宜加快對石化產業的投資。這才是馬政府推出該「石化工業發展政策」的真正動機，顯然是為了石化財團的永續利益！

另外，馬政府上台後，一再對財團及富人減稅，圖利財閥，罔顧社會公平正義。說是為了吸引資金回流，大幅調降遺產及贈與稅，由50%調降至10%。結果是資金回台大炒房地產，導致房價飆漲，在台北市區動輒一坪六、七十萬元，豪宅則一坪上百萬，甚至兩百萬元以上，讓一般市井小民即使節衣縮食三、四十載，也買不起一間三十坪的小窩。在馬政府主政下，中國國民黨的權貴與財閥可以享盡廣廈豪宅的奢華，而許許多多的市井小民卻淪為無殼蝸牛！

【延伸閱讀】

(1) 王塗發，2011.05，「殖民經濟與財團利益優先的經濟政策」，新台灣國策智庫「馬政府執政三週年座談會」，2011年5月14日。(收錄於Taiwan Brain Trust Newsletter No. 8, May 2011，「檢析馬政府執政三年之經濟政策」，第4-6頁。)

(2) 王塗發，2010.09，「從學界反對國光石化開發案談台灣的產業發展政策」，新世紀智庫論壇第51期，2010年9月30日，第113-116頁。

(3) 王塗發，2010.08，「馬英九環保救國？石化誤國！」玉山周報第60期，2010年8月5日。

113

痛苦指數與貧富差距雙創新紀錄

王塗發

在經濟學裡，通貨膨脹問題與失業問題可說是最重要的兩大經濟問題。因為這兩大問題相當棘手，也都會給一般人民帶來痛苦，所以經濟學家便把通貨膨脹率（物價上漲率）加上失業率稱為「痛苦指數」。也因為這兩大問題影響人民的生計既深且鉅，會造成所得分配的嚴重不均，貧富差距的懸殊，甚至釀成動盪不安的社會問題，所以任何一個政府都不該、也不敢加以忽視，唯獨馬政府例外。

通膨問題是導致中國國民黨被中國共產黨打敗、逐出中國的主要原因之一。當時（二次大戰後）中國的惡性通貨膨脹還輸出到台灣，造成台灣史上第一次嚴重的惡性通貨膨脹，物價飆漲，一日三市，老百姓必須以大布袋裝的鈔票購買民生必需品。台灣第二次與第三次高度通貨膨脹，發生在 1974 年與 1980 年石油危機時，消費者物價指數分別上漲 47.5%與 19%，是成本推升型通貨膨脹，也是政府因應無方所致。而最近國際上的通膨加上失業問題，則是造成北非與中東「茉莉花革命」的主因。然而，在台灣的馬政府卻對通膨問題似乎沒有感覺。

首先，在 2008 年初國際油價飆漲，當時的民進黨政府為了穩定國內物價，採取凍漲油價措施因應，但馬團隊在 3 月勝選後尚未上任前，就先預告油價自 6 月起解凍，要尊重「市場機制」來反映調漲，且要「一次漲足」。結果造成油商與消費者的預期心理，油商大肆囤油。而 5 月 20 日上任的劉內閣又以囤油太危險為由，於 5 月 27 日下午 5 時召開記者會，不顧政府誠信，宣布油價提前於 28 日零時開始調漲。

油品不只提供市場作最終消費用，又是生產的中間投入。油價上漲必然會透過生產體系轉嫁各部門，而導致百物皆漲，最後造成「停滯膨脹」的局面（通膨與經濟衰退同時存在，通常是由「成本推升型」的物價上漲所致，前兩次石油危機所導致的通膨就是如此）。果然，在油價解凍調漲後，當年 6 月消費者物價指數（CPI）年增率即飆高達 4.97%，並使 2008 年的「痛苦指數」升高到 7.67（2000 到 2007 年平均僅為 5），創下 1981 年以來（第二次石油危機之後）的最高紀錄，令全國中低收入民眾苦不堪言。

最近由於北非與中東的「茉莉花革命」，導致國際油價再度飆漲，加上因氣候變遷導致全球糧荒，以及美國聯準會實施第二次量化寬鬆貨幣政策，導致國際熱錢流竄至新興經濟國家，造成各新興經濟國家通貨膨脹的極大壓力，台灣也無法倖免。因此，油價漲、糧價漲、房價漲、…物價樣樣都漲，但唯獨薪水不漲。更慘的是，馬政府還火上加油，不僅不凍漲油價，還讓健保、勞保、國民年金等跟著喊漲。勞工實質薪資停滯甚至倒退，還要面對物價上漲、房價飆高等問題，市井小民真是「屋漏偏逢連夜雨」，苦上加苦！

在失業率方面，馬政府上台後失業率就節節升高。2008 年 6 月的失業率為 3.95%，7 月突破 4%，12 月突破 5%，2009 年 7 月突破 6%，達 6.07%，8 月更飆高到 6.13%，創台灣史上最高紀錄，之後才逐漸下降；2009 年平均失業率達 5.85%，亦創下史上最高紀錄。2010 年失業率雖緩步下降，但仍處於相對高檔，平均失業率 5.21%，是史上次高。若按教育程度別觀察，則以大學及以上程度者失業率 5.62%為最高，其次為高中（職）程度者 5.58%；若按年齡層觀察，則以 15 至 24 歲年齡者失業率 13.09%為最高。這顯示，剛踏出校門的青年畢業生找不到工作的情況相當嚴重。若加計想工作而未找工作者（有些人因長期找不到工作而退出勞動市場）的廣義失業率，則 2009 年高達 7.35%，史上最高，2010 年雖有下降，但仍高達 6.57%。

馬政府不僅締造台灣痛苦指數三十年來新高紀錄，也創下台灣史上貧富差距最懸殊的紀錄。根據主計處的資料，2010 年 1~12 月平均失業人數 57.7 萬人，其中初次尋職者 10.5 萬人，非初次尋職者 47.2 萬人；因工作場所歇業或業務緊縮而失業者 24.0 萬人，占非初次尋職者的 50.85%。而工作場所歇業或業務緊縮則與企業外移（主要是西進中國）有關。

企業不斷大量西進乃形成三角貿易（台灣接單、海外生產）持續攀升。經濟部的統計資料顯示，2010 年我國國內接單，但在海外生產（絕大部分是在中國）的比率高達 50.43%，創史上新高，也顯示即使外銷訂單金額創新高，卻有超過一半的產能是在國外營運。經濟部投資審議委員會的統計資料則顯示，去年一整年核准赴中國投資金額高達 122.3 億美元，亦創史上新高，年增率更攀升達 101.87%；相反的，去年外資來台投資金額則減少 20.56%。

海外生產比重超過五成的三角貿易雖對 GDP 的成長有貢獻，但主要是企業主及大股東獲利，並無助於促進國內就業，反而因企業外移，而造成勞工失業及薪資倒退的困境。依主計處的資料，2010 年 10 月，製造業實質薪資為新台幣 36,208 元，比 2009 年下降了 3.4 %（2009 年為 37,477 元，成長率 -8.4%），比 1995 年的 36,269 元還低，等於回到 15 年前的水準；服務業實質薪資為 38,405 元，比 2009 年下降了 8.6%（2009 年為 42,035 元，成長率為 -2.5%），比 1992 年的 39,031 元還低，等於回到 18 年前的水準。

如此經濟發展的結果，自然會造成所得分配不均的惡化與貧富差距的擴大。依主計處的資料，2009 年政府移轉收支前五等分位所得差距倍數（前五分之一最高所得組家庭的所得份額與後五分之一最低所得組家庭的所得份額的比）為 8.219，創史上新高，比 2007 年的 7.523 倍高出近 0.7 倍。2010 年勢將再創新紀錄，因為經濟成長率達 10.47%，但實質薪資卻繼續負成長，企業主及大股東等高所得者獲利，而受薪階層的中低所得者卻反而受到傷害。

【延伸閱讀】

（1）王塗發，2011.03，「馬英九締造三十年來台灣痛苦指數新高紀錄」，新世紀智庫論壇第 53 期，2011 年 3 月 30 日，第 110-114 頁。

(2) 王塗發，2011.02，「體檢馬政府施政的經濟發展成果]，Taiwan Brain Trust Newsletter No.5 February 2011, pp.8-10。

(3) 王塗發，2010.08，「台灣貧富差距創新高的警訊」，玉山周報第 62 期，2010 年 8 月 26 日。

(4) 王塗發，2009.02，「體檢馬政府的拚經濟政策」，看守台灣季刊，第十一卷第一期，2009 年春季，第 10-19 頁。

114

「外交休兵」讓台灣主權陷入危機

陳文賢

馬英九政府「外交休兵」的政策推動以來，台灣的國際地位與主權受到的傷害引發國內外關注此一問題的人士相當大的憂心。馬英九政府所推行的「外交休兵」絕對是台灣外交的自我畫地設限，從「外交休兵」政策推動以來，唯一讓馬政府可以大張旗鼓自詡成績的就是台海兩岸關係的緩和，及兩次獲准派員以 Chinese Taipei 的名義及以觀察員的身份參加世界衛生大會。但以接受「一個中國各自表述」的「兩岸共識」並以 Chinese Taipei 的名義為前題的參與，被認為是矮化中華民國或台灣的國格甚至是自我矮化主權所換來。馬英九政府派員以觀察員的身份參加世界衛生大會並非獲得永久觀察員的身分，因此必須經世界衛生組織每年視情況決定是否邀請台灣派員參加，台灣未來是否能繼續參與很可能必須看中國的態度而定。更何況台灣參與的身分不是以世界衛生組織的觀察員，只是該組織每一年召開之年度大會也就是世界衛生大會的觀察員。

外交休兵換來兩次參與世界衛生大會的開會是否值得應該審慎加以評估，更何況該事件也可能令人認為台灣參與國際社會必須得到中國的核可，而非台灣長年的努力及美、日等民主國家的支持所促成。該事件所引發的有關台灣主權遭矮化甚至自我放棄對台灣主權的堅持之憂慮及影響更是值得探究

馬英九政府認為在外交休兵及台海兩岸關係大幅改善的情況下，應該會讓北京在國際社會上對台灣展現一定程度的善意。2009 年 3 月 31 日經立法院通過「經濟社會文化權利國際公約」及「公民與政治權利國際公約」兩項公約並由馬英九總統於五月中簽署批准後，請託帛琉等四友邦連署並送至聯合國祕書處存放，聯合國祕書處雖加以收件但在 6 月 15 日回函表示聯合國並沒有立場接受存放台灣的該兩項人權公約，所持的理由是依據聯合國 2758 號決議文，「承認中華人民共和國代表為聯合國的唯一合法的中國代表」而加以拒絕。此一外交的失敗也凸顯馬英九「一個中國，各自表述」的片面期待非但沒有得到北京的善意回應，也未獲得國際社會的認同。

馬英九接受一中原則及其外交休兵政策讓原本支持台灣入聯的友邦例如巴拉圭及海地等國在 2009 年的聯大召開之前即公開的表示，不會在聯大為台灣加入聯合國一事發言，對台灣拓展國際空間造成一定的影響。1993 年起政府每一年透過友邦向聯合國表達參與或加入聯合國的意願，但 2009 年馬英九政府卻停止透過友邦在聯合國為台灣參與或加入聯合國發聲，違反歷年來政府努力的方向。

馬英九界定台灣與中國的關係是特殊關係但並非是國與國的關係，據他說因為兩邊的憲法都不允許在其統治之區域有一個國家存在，因此也不可能在國際社會得到雙重承認。從歷史

的角度看，這與蔣介石時代置台灣於「一個中國」的政治意識型態之下所造成對台灣外交及國際地位的傷害也相當雷同。

台灣的主權在馬英九主政之下就是一點一滴的流失， 2010 年 10 月的東京影展中，中國代表團居然要求主辦單位將台灣代表團的名稱改為中國台北或中國台灣。另外，台灣是亞洲醫學生學會的創始國，而中國是觀察員卻提案要求將台灣的名稱改為中國的台灣。這都是與政治無關但同樣遭中國打壓的例子。2011 年 2 月菲律賓將包括十四名台灣人在內的犯罪嫌疑犯遣送至中國，更對台灣在國際社會的主權傷害產生深遠的影響。菲律賓認定在馬英九政府同意一個中國以及菲律賓認定的中國為北京的中華人民共和國的前題下，將涉及犯罪嫌疑的台灣人遣送至中國。這些例子都再三凸顯馬英九以外交休兵希望換取中國善意回應之一廂情願的看法，而造成對台灣主權的傷害。

【延伸閱讀】

（1）羅致政、宋允文主編，《解構「一個中國」：國際脈絡下的政策解析》（台北：台灣智庫，2007）。

115

ECFA與殖民經濟

王塗發

2008年5月20日中國國民黨復辟，馬英九主政以來，馬政府的經濟施政就開始走殖民經濟路線，奉中國為宗主國，要依賴中國（一中市場）來發展台灣經濟。馬英九一上台就決定要對中國全面開放，且要與中國簽署ECFA（兩岸經濟合作架構協議），並於2010年六月中完成簽署，2011年1月1日正式生效，就是要建構「一中市場」，與中國經濟整合，使台灣成為中國經濟的附庸，為馬英九「終極統一」的政治目標鋪路。它其實也就是中國與香港、澳門所簽署的CEPA（更緊密經貿關係安排）之翻版，台灣將實質「香港化」。

總的來說，由於中國的工資與土地租金等生產成本遠低於台灣，市場規模又遠大於台灣，ECFA使台灣與中國經濟整合，將造成另一波台灣企業西進潮，台灣的失業率將居高不下，實質工資將不升反降，貧富差距將不斷擴大，資金、技術、人才將被大量吸往中國，台灣將被掏空。由於對中國的依賴更深，台灣經濟發展的命脈將被掌握在中國的手中，台灣的經濟主權將完全淪喪，被中國併吞將只是時間遲早的問題。

由於中國分別與東協及台灣簽訂雙邊貿易優惠協定，而台灣與東協間則無類似協定，使得台灣與東協間貿易成本高於台灣與中國間或東協與中國間的貿易成本。中國成為東協一中國一台灣經濟區的軸心，而台灣則淪為邊陲。在此情況下，台商自然會選擇增加對中國的投資。再依廠商的投資區位選擇理論，企業會選擇到產品市場潛力大的地方或接近原料產地或生產要素（如勞動、土地）價格較低的地方投資，故未來不論是台商或外商都可能增加對中國的投資。事實上，依經濟部投審會的資料，2010年核准赴中國投資金額高達122.3億美元，創史上新高，年增率更高達101.87%，就足以印證ECFA已造成另一波產業西進潮。投審會的資料也顯示，2010年僑外資來台投資金額減少20.56%；這表示ECFA不但未能使外資增加，反而減少來台直接投資。

簽署ECFA的主要目的是要建構「一中市場」，透過「制度化」、「正常化」與「自由化」，逐漸使台灣與中國經濟完全整合，台灣與中國之間，商品、資金、人員、服務與資訊完全自由流動。由於雙方商品貿易最後將免除關稅，對於生產原來出口到中國須被課徵較高關稅的石化塑膠、機械、鋼鐵等產品之大企業、大財團，可以享受到短期的免關稅利益，所以短期而言，ECFA對某些財團有利。但中國的黑心貨物，如毒奶粉、毒水餃、毒牙膏、毒玩具、毒螃蟹…等，可長驅直入，毒害台灣。而且由於中國的工資與土地租金等生產成本遠低於台灣，中國廉價山寨產品與農產品將可大舉入侵台灣，必然打垮勞力密集的本土產業（尤其是中小企業）與農業，所以ECFA對中小企業是非常不利的。

2010 年核准赴中國投資金額高達 122.3 億美元，創史上新高，年增率更超過一倍，導致去年我國國內接單，但在海外生產（絕大部分是在中國）的比率高達 50.43%，亦創史上新高。這顯示，即使外銷訂單金額創新高，卻有超過一半的產能是在國外營運，等於有一半的就業機會流到國外去，主要是為中國創造大量的就業機會。

由於對中國「全面開放」，目前投資中國占台灣對外投資總額的七成以上（若加上透過英屬加勒比海群島等的間接投資，則高達八成以上），並導致對中國出口占台灣總出口的四成以上，等於在經濟上「把雞蛋都放在同一個籃子（中國）裡」。ECFA 實已把台灣鎖入「一中市場」，經濟幾乎完全依賴中國！但中國國民黨副主席、海基會董事長江丙坤卻認為，經濟依賴中國不是壞事，如果中國不讓我們依賴才是問題。馬政府就是這樣奉中國為「宗主國」，自貶為特區政府，才會有這種「認賊作父」的思維。當經濟完全依賴中國時，台灣經濟發展的命脈就被掌握在中國的手中，台灣就會走上被中國併吞的不歸路，怎能說「經濟依賴中國不是壞事」呢！

由於台商投資中國比重太高，台灣對中國的出口依賴度也偏高，台灣的經濟發展已過度依賴中國，中國的經濟學者胡鞍鋼就曾於 2006 年提出「貿易戰七天亡台論」。他認為，台灣對中國的經貿依賴甚深，中國可採取經貿制裁的手段，限制某些項目產品輸出入台灣，只要七天的時間就可讓台灣俯首就範。這就是「經濟依賴中國」的可能後果！

即使中國未對台灣進行經貿制裁，中共獨裁統治下的改革開放，製造了社會極度的分配不均、社會不滿，很可能在北非與中東的顏色革命後，發生政治危機。屆時，在中共政經不分離的體制下，經濟會受到嚴重的衝擊。台灣與中國經濟綁在一起，必然會因而受創。無論是那一種情況，殖民經濟的下場都是可悲的。

【延伸閱讀】

(1) 王塗發，2010.11，「香港CEPA經驗的啟示」，新台灣國策智庫TBT政策論壇3：解構ECFA：台灣的命運與機會，台北市：新台灣國策智庫出版，2010年11月，第八章，第129-148頁。

(2) 王塗發，2010.08，「ECFA文本裡到處都藏著魔鬼」，玉山周報第62期，2010年8月19日。

(3) 王塗發，2010.06，「從ECFA看台灣的經濟危機與出路」，新台灣國策智庫TBT政策論壇1：ECFA大衝擊：台灣的危機與挑戰，台北市：新台灣國策智庫出版，2010年6月，第三章，第43-65頁。

(4) 王塗發，2010.03，「中國『以經促統』戰略奏效」，發表於「中國反分裂國家法五週年」座談會，財團法人台灣新世紀文教基金會，2010年3月6日。(收錄於新世紀智庫論壇第49期，2010年3月30日，第18-23頁。)

(5) 王塗發，2009.12，「台灣與中國經貿交流的真相與省思」，群策會群策叢書018，ECFA的政經災難—群策會論壇紀實，2009年12月，第57-68頁。

116

「九二共識」與台灣主權危機

李福鐘

所謂「九二共識」，是一項查無實據的兩岸政府間協議。主張其存在者，認為 1992 年 10 月海基會與海協會在香港舉行的會談，以及之後雙方的文電往來，達成了彼此在「一個中國」問題上的默契。認為其不存在者，指出雙方並未就「一個中國」達成任何協議，尤其未簽署任何授權文件，如何證明其存在？

此一「羅生門事件」，緣由必須回溯 1992 年 10 月下旬海基會與海協會所舉行的「香港會談」。為期四天的會議，原本安排的議題是兩岸官方文書認證協商，然而海協會代表不斷以「一個中國」議題作干擾，以致純粹事務性談判難以為繼。我方代表許惠祐最後提出不透過文字書寫，僅以「口頭表達」方式各自陳述己方對於「一個中國」的不同認知，以迴避文字表述始終無法取得共識的難題。對於許惠祐的這個提議，海協會代表周寧仍然拒絕接受。海協會代表團最後在 11 月 1 日中午離開香港，許惠祐則繼續在香港等候四天，然而海協會並無返回香港繼續協商的打算。11 月 5 日，許惠祐率團回到台灣，香港會談以失敗告終，陸委會發布新聞稿表示談判「功虧一簣」。

然而戲劇性轉折隨即出現，海協會副秘書長孫亞夫 1992 年 11 月 3 日上午突然以電話告知海基會，表示願意接受「海基會（在香港會談中）所提以口頭方式表述『一個中國』原則的建議」，至於口頭表述的具體內容，仍待「雙方另行協商」。中國當天並透過其官方媒體新華社發布相關新聞稿，等於片面對外宣布雙方已就「一個中國」問題達成共識。

對於北京方面這一做法，我方政府決策部門並未在第一時間予以回應，直到一個月後（12 月 3 日），才由海基會發函海協會，再一次聲明中華民國政府有關「一個中國」的立場與對岸有所歧異，但是對於海協會所提，由海基會董事長辜振甫及海協會會長汪道涵舉行高層會談的提議，則表示高度興趣。這一轉折的結果，促成了 1993 年 4 月在新加坡舉行的「辜汪會談」。然而究竟 1992 年 11 月雙方之間是否曾經針對「一個中國」問題達成共識，始終各說各話。當時台灣媒體不約而同以「一個中國，各自表述」八個字形容兩岸之間有關「一個中國」爭議的暫時性處置辦法。然而這算不算是一種「共識」？如果是「共識」，其精確的內容或定義又是什麼？

最能夠說明「九二共識」並不存在的事實，是並沒有任何一份文件，能夠證明雙方確實曾就此一問題達成協議。缺少協議文本的談判，能夠談出什麼「共識」來？事實上，即使是「一個中國，各自表述」八個字，中國方面也是不承認的，中國當局有關「九二共識」的標準文本是：「雙方各自以口頭方式表述『海峽兩岸均堅持一個中國原則』」。按照此一文本，即可以咬定台灣政府已承諾「一個中國原則」，也就是「台灣屬於中國一部份」。這與「一中各表」所要強調的「中華民國」，可說天差地別。

由於中國方面對於「一個中國」的標準定義是：「世界上只有一個中國／台灣是中國的一部份／中華人民共和國政府是代表中國的唯一合法政府」，在此一三段論述中，不僅沒有「中華民國」存在的空間，而且台灣只能作為中國概念下的地方政府。因此，在與中國討論「一個中國」問題時，必須格外小心，否則輕易與之達成「一個中國」共識，後果可能是自貶為地方政府。1992 年香港會談既然未曾達成任何協議文本，台灣又何必冒著失去主權的風險，承認有過「九二共識」？

【延伸閱讀】

（1）李福鐘，《國統會與李登輝大陸政策研究》，台北：五南圖書出版公司，2010 年 9 月。

（2）蘇起、鄭安國主編，《「一個中國，各自表述」共識的史實》，台北：財團法人國家政策研究基金會，2003 修訂三版。

揭穿中華民國百年真相

作　　者：（按姓氏筆畫順序排列）
王塗發　李筱峰　李福鐘　許志雄　徐世榮　陳翠蓮　陳文賢
陳儀深　張炎憲　董芳苑　趙慶河　劉熙明　薛化元　戴寶村
羅承宗　蘇瑞鏘
主　　編：張炎憲　李福鐘
發 行 人：張炎憲
執行編輯：陳朝海
封面設計：石朝旭設計有限公司
美編排版：江林信
校　　對：沈亮　郭苓娟　曾秋美　溫秋芬　陳義霖　簡敏雅　陳朝海
出　　版：台灣歷史學會 Taiwan Historical Association(THA)
贊助出版：台灣教授協會
地　　址：10488 台北市南京東路三段 215 號 11 樓
電　　話：02-2712-2836
傳　　真：02-2717-4593
郵撥帳號：19529600
戶　　名：社團法人台灣歷史學會
E-mail　：twhistory@mail.twcenter.org.tw
網　　址：http://www.twhistory.org.tw/
印　　刷：皇城彩色印刷公司
出版日期：2011 年 10 月 10 日
定　　價：400 元
ISBN：978-986-87685-0-5